Report Balanced Scorecard

Strategien umsetzen, Prozesse steuern, Kennzahlensysteme entwickeln

Internet-Adressen:
www.symposion.de/bsc
www.flexible-unternehmen.de
www.innovation-aktuell.de
www.ecommerce-trends.de
www.qm-trends.de

Herausgegeben von
M.G. Bernhard, S. Hoffschröer

Redaktion
I. Rubinich

Mit Beiträgen von
Chr.v. Below, M. G. Bernhard, F. Fredersdorf,
B. Gaiser, S. Hoffschröer, P. Horváth, M. Jähnig,
W. Krebber, W. Landauer, A. Möbus, P. Sinn,
D. Stobbe, J. Tomaschoff, M. Vogel, A. Walter

Symposion
publishing

Impressum

Herausgeber
MARTIN G. BERNHARD,
STEFAN HOFFSCHRÖER

Projektentwicklung
DR. NIKLAS STILLER,
Symposion Publishing

Redaktion
IRIS RUBINICH,
Symposion Publishing

Satz
KAREN FLEMING,
MARTINA THORENZ,
Symposion Publishing

Druck
Zimmermann Druck, Balve

ISBN 3-933814-24-3
1. Auflage Februar 2001

Printed in Germany

Internet-Adressen
www.symposion.de/bsc
www.flexible-unternehmen.de
www.innovation-aktuell.de
www.ecommerce-trends.de
www.qm-trends.de

Redaktionelle Post bitte an
Symposion Publishing GmbH
Werdener Straße 4
40227 Düsseldorf

Die Deutsche Bibliothek – CIP-Einheitsaufnahme
Report Balanced Scorecard – Strategien umsetzen,
Prozesse steuern, Kennzahlensysteme entwickeln
Hrsg.: M. G. BERNHARD, S. HOFFSCHÖER
- Düsseldorf: Symposion Publishing, 2001.
ISBN 3-933814-24-3

Report Balanced Scorecard
Strategien umsetzen, Prozesse steuern, Kennzahlensysteme entwickeln

Dieses Buch stellt für Sie die wichtigsten Fragen und Antworten zum Thema Balanced Scorecard zusammen. Sie erhalten nicht nur einen aktuellen Überblick, sondern auch viele praktische Anregungen. Der Begleitdienst zu diesem Buch lautet: **www.symposion.de/bsc**.
Durch unsere Internetdienste **http://www.flexible-unternehmen.de** und **http://www.innovation-aktuell.de** sowie **http://www.ecommerce-trends.de** und **http://www.qm-trends.de** können Sie sich darüber hinaus über weitere Management-Themen auf dem laufenden halten.

Vorwort (DIETRICH STOBBE) 9

Eine Strategie umsetzen, aber wie? (MARTIN G. BERNHARD, STEFAN HOFFSCHRÖER) 13

Ein Überblick

Grundprinzipien der Balanced Scorecard (MARTIN G. BERNHARD) 21

Balanced Scorecard –
Die logische Konsequenz von strategischen Managementphilosophien (ANDREAS WALTER) 45

Das EFQM-Modell:
Der erste Schritt auf dem Weg zum Integrierten Management (ANDREAS WALTER) 55

Aus der Praxis ...
Wenn Experten berichten

Die Bank Austria Gruppe –
Strategien müssen auch gelebt werden (BERND GAISER, WOLFGANG LANDAUER) 75

Die Alba Gruppe –
Dezentrale Strukturen erfordern mehr Transparenz
(STEFAN HOFFSCHRÖER, ANNETTE MÖBUS) 89

Die »Svenska-Kugellagerfabriken«, Produktdivision Gleitlager –
Gemeinsame Visionen müssen erarbeitet werden (MANFRED VOGEL) 111

Die S-Bahn Hamburg –
Mit der Balanced Scorecard auf Erfolgskurs (MARKUS JÄHNIG) 123

Die Polizei Bremen –
Manager von Ruhe, Sicherheit und Ordnung (WERNER KREBBER) 131

BSC in speziellen Unternehmensbereichen

Balanced Scorecard in der IT –
Den Nutzen für das Unternehmen darstellen (MARTIN G. BERNHARD) 149

Die Wertschöpfung der IT transparent machen –
Siemens Building Technology/Landis Staefa Division (CHRISTINE VON BELOW) 165

Die Bosch GmbH und ihr IT-Grundsatz – Kennzahlen nicht als Selbstzweck
(CHRISTINE VON BELOW) 171

Wissensmanagement steuern –
Die Balanced Scorecard als innovatives Controllinginstrument (PÉTER HORVÁTH) 177

Kennzahlen im Personalwesen –
Sind menschliche Qualitäten messbar? (FREDERIC FREDERSDORF) 189

Das Handwerkszeug ... Einführungsprozesse und Methodik

Strategieumsetzung durch Balanced Scorecard –
Kennzahlensysteme entwickeln und Managementprozesse steuern (MARTIN G. BERNHARD) .. 207

Der Einführungsprozess –
Die Kunst liegt in der gelungenen Implementierung (MARTIN G. BERNHARD) 269

Software-Lösungen realisieren –
Die Umsetzungsphase beginnt (MARTIN G. BERNHARD) 293

Corporate Planning Software –
Ein Hilfswerkzeug für die richtige Lösung (PETER SINN) 309

Ein Blick in die Zukunft

Zusammenfassung und Ausblick (MARTIN G. BERNHARD, STEFAN HOFFSCHRÖER) 325

Autoren

BELOW, CHRISTINE VON
Freie Journalistin und PR-Beraterin, Zimmern o.R.

BERNHARD, MARTIN G.
Dipl.Wirtschaftsing., geschäftsführender Gesellschafter der ECG-Management-Consulting GmbH, Berlin.

FREDERSDORF, FREDERIC
Dr. phil., Privatdozent an der Technischen Universität Berlin, realisiert freiberuflich Forschungs- und Entwicklungsprojekte für Unternehmen, staatliche Institutionen und Non-Profit-Organisationen.

GAISER, BERND
Dr., Vorstandssprecher der im Januar 2001 gegründeten Horváth AG, Stuttgart

HOFFSCHRÖER, STEFAN
Dipl. Betriebswirt, Schwerpunkt: Rechnungswesen, Controlling und Steuerrecht, Mitarbeiter Zentralressort Controlling der ALBA AG & Co. KG

HORVÁTH, PÉTER
Univ.-Prof., Dr., Lehrstuhl für Allgemeine Betriebswirtschaftslehre & Controlling, Universität Stuttgart und Vorsitzender des Aufsichtsrats der Horváth AG, Stuttgart

JÄHNIG, MARKUS
freier Journalist, Köln

KREBBER, WERNER
Freier Journalist, Gelsenkirchen

LANDAUER WOLFGANG
Dr., Leiter der Konzernentwicklung/Projekte, Bank Austria AG, Wien

MÖBUS, ANNETTE
Leiterin Personalentwicklung ALBA-Gruppe, Studium an der Technischen Universität Berlin: Weiterbildungsmanagement.

SINN, PETER
Geschäftsführer der CP Corporate Planning GmbH in Hamburg

STOBBE, DIETRICH
regierender Bürgermeister von Berlin a. D.

TOMASCHOFF, JAN
Dr., Psychiater und Karikaturist, Düsseldorf

VOGEL, MANFRED
Dipl. Ing., Maschinenbau/MBA, Director der »Machine Tools Business Line« der SKF Industrie S.p.A, Torino, Italien und Lehrbeauftragter der Graduate School der Fachhochschule für Technik in Esslingen

WALTER, ANDREAS
Dipl.-Ing., Wirtschaftsingenieur, Leiter der Geschäftsfeldentwicklung Ausland bei der IABG mbH, NL Berlin

Vorwort
von Dietrich Stobbe

Eine Strategie umsetzen, aber wie?
von Martin G. Bernhard, Stefan Hoffschröer

Vorwort

Dietrich Stobbe

Das in den achtziger Jahren entwickelte Shareholder-Value-Verfahren bedeutet eine Unternehmensführung, die unternehmerische Entscheidungen am Eigentümerwert ausrichtet und den Kriterien des Kapitalmarktes standhält. Dahinter verbirgt sich ein wertorientiertes Denken und Handeln in allen Geschäftsfunktionen sowie den internen Dienstleistungsfunktionen eines Unternehmens, die mitunter auch hohe immaterielle Werte vorzuweisen haben. Jeder Einzelne muss sich nach den Ressourcen fragen, die er bindet und nach den Beiträgen, die er erwirtschaftet. D.h. die erbrachten Leistungen müssen höherwertiger sein als die eingesetzten Ressourcen. Nach dem Shareholder-Value-Verfahren – auch wertorientierte Unternehmensführung genannt – werden seit mehr als zehn Jahren zahlreiche Unternehmen in der Welt geführt. Die zentrale Ausrichtung dieses Konzeptes wird also einseitig auf die Interessen der Anteilseigner gelegt, wohinter sich gleichzeitig Gefahren verbergen. Deshalb wurde bei vielen Firmen das Verständnis für den Fokus des Shareholder-Value-Managements im Konzern erweitert, z.B. wurden bei DaimlerChrysler auch die Kunden und Mitarbeiter als Interessengruppen berücksichtigt. Die Zielvorstellungen weiterer Interessengruppen werden im umfassenderen Stakeholder-Value-Ansatz berücksichtigt. Zu den «»Stakeholdern« gehören z.B. die Anteilseigner, Kunden, Mitarbeiter, Lieferanten, Gläubiger oder auch der Staat. Beim Stakeholder-Value-Ansatz ist zunächst zu klären, welche Zielvorstellungen bei der unternehmerischen Zielbildung und Erfolgsmessung einzubeziehen sind. Beim Stakeholder-Value-Management besteht jedoch die zentrale Herausforderung, die verschiedenen Ziele der Interessengruppen in einer ausgewogenen Art zusammenzuführen und kontinuierlich weiterzuentwickeln. Hier setzt das Management-Instrument Balanced-Scorecard an.

Das Balanced-Scorecard-System – entwickelt von Kaplan und Norton Anfang der neunziger Jahre – ist ein innovatives Management-System, das auf der Vision und Strategie eines Unternehmens oder einer Organisation aufsetzt. Auf Basis der Vision und Strategie folgt Zielbildung und Übersetzung in ein in seinen Zielen ausbalanciertes Kennzahlensystem (»Scorecard«), bestehend aus vier Bereichen: Finanzen, Kunde, interne Prozesse sowie Lernen und Wachstum. Damit werden neben finanziellen Kennzahlen auch nicht-finanzielle und zukunftsorientierte Kennzahlen, welche u.a. die immateriellen Werte einer Organisation reflektieren, gebildet. Es lassen sich je nach strategischer Relevanz auch noch weitere Kennzahlenbereiche bilden. In dieses jeweils organisationsspezifische Kennzahlensystem können die Ziele der Stakeholder integriert werden. In den darauffolgenden Schritten wird das Kennzahlensystem herangezogen, um die strategischen Managementprozesse, z.B. Kommunikation der Strategie, Feedback und Weiterentwicklung der Strategie, Unternehmensplanung, Anreizsysteme gestalten etc., des Unternehmens strategieorientiert zu steuern. Balanced Scorecard ist weit mehr als ein Kennzahlensystem, wenn es richtig eingeführt wird. Unternehmen und Organisationen, welche in sehr dynamischen Wettbewerbsumfeldern bestehen müssen, benötigen Management-Systeme, welche eine schnelle Strategieoperationalisierung und –umsetzung ermöglichen. Strategien haben dort längst nicht mehr eine Gültigkeitsdauer von fünf Jahren. Strategien müssen ständig weiterentwickelt werden, operationalisierbar und greifbar für alle Beteiligten sein, um wertsteigernd für alle Interessengruppen zu wirken. Darin liegt die Herausforderung, um schnell und dauerhaft im Wettbewerb agieren zu können.

Balanced Scorecard kann in privatwirtschaftlichen Unternehmen und auch im öffentlichen Sektor (Kommunen, Verwaltungen und in öffentlichen Unternehmen) sowie in internen Organisationseinheiten eines Unternehmens zur Anwendung kommen. Organisationseinheiten, z.B. Informationstechnologie, Forschung, Entwicklung und auch

Personalwesen haben damit ein Instrument, um auch ihre hohen immateriellen Werte durch ein Scorecard-System aufzuzeigen.

Vor dem Hintergrund dieser Entwicklungen und den Möglichkeiten und Herausforderungen des Balanced-Scorecard-Verfahrens begrüße ich das vorliegende Buch. Neben einer kurz gehaltenen theoretischen Einführung werden zahlreiche Praxisbeispiele aus unterschiedlichen Industrien und öffentlichen Organisationen als Anschauungsmaterial zur Verfügung gestellt.

Ich wünsche dem Balanced-Scorecard-Praxisreport eine breite Resonanz.

DIETRICH STOBBE
Regierender Bürgermeister von Berlin a. D.

Eine Strategie umsetzen, aber wie?

Martin G. Bernhard, Stefan Hoffschröer

Eine Balanced Scorecard leitet aus der Vision und Strategie eines Unternehmens strategische Ziele, Kennzahlen und Aktionen in den strategisch relevanten Perspektiven ab. Im »Standardmodell« werden vier Perspektiven für die Bereiche Finanzen, Kunden, interne Prozesse sowie Lernen und Wachstum gebildet. Für diese Perspektiven ist ein spezifisches Balanced Scorecard-Kennzahlentableau zu entwickeln. Dieses aus der Strategie abgeleitete Kennzahlentableau wird entlang der Organisationsstrukturen im Unternehmen heruntergebrochen. Für ein Unternehmen, verschiedene Divisionen, Abteilungen, Teams bis hin zu Mitarbeitern werden Balanced Scorecard-Kennzahlentableaus entwikkelt. Danach erfolgt die Integration in die Management-Prozesse. Im Unternehmen entsteht damit ein neues Management-System. Die strategischen Management-Prozesse (z. B. Kommunikation der Strategie, Anreizsysteme, strategisches Feedback einholen, Unternehmensplanung) werden nach erfolgreicher Einführung durch die Balanced Scorecard gesteuert. D.h. sie werden auf die Strategie ausgerichtet. Eine Balanced Scorecard hat eine enorme mentale Wirkung für Teams und Mitarbeiter: Das Denkverhalten aller Mitarbeiter und Teams im Unternehmen wird auf diese vier Bereiche bzw. die strategisch relevanten Bereiche konzentriert.

Das Balanced Scorecard-Verfahren stellt die Verbindung zwischen der Strategie und den operativen Aufgaben und Tätigkeiten her. Es schließt die bisherige Lücke der Strategieumsetzung durch die Entwicklung von eindeutigen und greifbaren Zielen und Kennzahlen. Die Balanced Scorecard kommuniziert die strategischen Ansätze des Top-Managements und der Unternehmenseigner in das Unternehmen hinein und schärft somit das Bewusstsein für Maßnahmen und Tätigkeiten zur Umsetzung der Strategie. Darüber hinaus wird durch die Abbildung in Kennzahlen das notwendige Messen des Fortschritts als ein Zusatznutzen generiert. Die Vereinbarung, den Strategieentwicklungsprozess des Unternehmens durch Kennzahlen darzustellen, erfordert einen permanenten Soll-Ist-Vergleich. Mit diesem Abgleich wird die Diskussion hinsichtlich gewollter bzw. ungewollter Veränderung am Laufen gehalten und die Organisation besinnt sich Ihrer strategischen Ausrichtung und Aufgabe. Die Balanced Scorecard kann sowohl für gesamte Konzerne und Unternehmen als auch für Unternehmensteile, Geschäftsbereiche, Funktionsbereiche und Projekte angewandt werden.

Dieses Buch versteht sich als ein Leitfaden für die Einführung der Balanced Scorecard. Es soll dem Leser einen praktischen und theoretischen Überblick über das Management-Instrument geben. Die Autoren wollen zeigen, dass die Balanced Scorecard ein hervorragendes System zur Umsetzung von Strategien ist. Das »ausgewogene Kennzahlensystem«, wie die Balanced Scorecard übersetzt heißt, zeigt die Möglichkeiten für die ganzheitliche Erfolgsmessung auf. Die folgenden Seiten enthalten Tipps für die erfolgreiche Umsetzung und beschreiben die Umsetzungs- und Einsatzvielfalt in zahlreichen Praxisbeispielen. Insbesondere durch die Praxisberichte aus Unternehmen verschiedener Branchen und der öffentlichen Verwaltung bietet dieses Buch weitreichende Erkenntnisse zum Thema Balanced Scorecard.

Das Buch erläutert zunächst die Entwicklung des Balanced Scorecard-Ansatzes. In den folgenden Kapiteln wird dieses Instrument mit anderen Management-Philosophien und Management-Reporting-Ansätzen verglichen. Danach kommt der Praxisteil des Buches. Es werden Beispiele über Balanced Scorecard-Einführungen in Unternehmen als auch in Unternehmensbereichen gegeben.

Balanced Scorecard-Beispiele für eine Einführung in einem Unternehmen sind z.B. die:

- Bank Austria,
- ALBA AG & Co. KG,
- SKF Kugelfischer

- S-Bahn Hamburg,
- Polizei Bremen,

Balanced Scorecard-Beispiele für einzelne Unternehmensbereiche und Anwendungsmöglichkeiten in Querschnittsfunktionen sind:
- Einführung Balanced Scorecard in der Informationstechnologie (IT)
- Balanced Scorecard in der IT am Beispiel Siemens Building Technologies und
- Balanced Scorecard in der IT – Robert Bosch – sowie
- in den Bereichen Wissensmanagement und Personalwesen

Die aufgeführten Praxisbeiträge zeigen dem Leser die Vielfalt hinsichtlich Einführung, Umsetzung und Anwendung. Sie beschreiben die Erfolgsfaktoren bei der Einführung und zeigen auch die Klippen und Hindernisse, die für eine erfolgreiche Umsetzung und Anwendung zu überwinden sind. Zum Abschluss fassen die Autoren die wesentlichen Argumente zusammen und beschreiben aus Ihrer Sicht die zukünftige Entwicklung dieses Management-Instruments.

Anschließend werden in den Kapiteln »Strategieumsetzung durch Balanced Scorecard – Kennzahlensysteme entwickeln und Managementprozesse steuern« und »Der Einführungsprozess – die Kunst liegt in der gelungenen Implementierung« theoretische und praktische Darstellungen zum Thema gegeben. Es folgt eine praktische Einführung der Begriffe Vision, Mission und Strategie und Balanced Scorecard. Nachfolgend werden die vier Grundperspektiven mit Beispielen zu strategischen Zielen und Kennzahlen gegeben sowie die Bedeutung der Ursache-Wirkungsbeziehungen aufgezeigt. Danach erfolgt die Beschreibung der Integration in die Management-Prozesse. Im Kapitel zur Balanced Scorecard-Einführung wird zudem für kleine Unternehmens- und Serviceeinheiten ein pragmatisches Einführungsverfahren, »Balanced Scorecard Light«, beschrieben. In den Kapiteln »Software-Lösungen realisieren« und dem Beispiel von Corporate Planning werden verschieden Software-Lösungsmöglichkeiten veranschaulicht.

Der Ausblick gibt einen Überblick über die zukünftigen weiteren Anwendungsmöglichkeiten von Balanced Scorecard, z.B. in mittelständischen und kleinen Unternehmen, Unternehmen die einen Börsengang planen, bei Non-Profit-Organisationen und in unternehmerisch geführten Sportvereinen sowie bei großen kommerziellen Sport-Events.

Dieses Buch richtet sich an alle, die Fragen zur praktischen Umsetzung und zum theoretischen Hintergrund der Balanced Scorecard haben. Somit richtet sich dieses Buch an Führungskräfte in allen Verantwortungsebenen, an Praktiker auf dem Gebiet des Controllings und der Personalentwicklung. Auch für interessierte Wissenschaftler ist dieses Buch eine zusätzliche Informationsquelle, die in eindruckvoller Weise den theoretischen Hintergrund mit zahlreichen Praxisbeispielen verbindet.

Dieses Buch entstand durch eine Autorengemeinschaft verschiedener Fachautoren und Journalisten, die ihre umfangreichen praktischen Erfahrungen aus unterschiedlichen Unternehmen und Branchen sowie aus zahlreichen Projekten in diesem Buch beschreiben.

Wir möchten uns beim gesamten Autorenteam für die Einbringung ihres praktischen und fachlichen Know-hows bedanken. Hervorheben möchten wir hier die Beiträge von Prof. Dr. Horváth, Dr. Gaiser (Horváth & Partner) und Dr. Landauer (Bank Austria). Prof. Horváth und der Beratungsfirma Horváth & Partner ist es zu verdanken, dass durch zahlreiche Veröffentlichungen, zwei Fachbücher, Seminare, Vorträge und inzwischen weit mehr als 40 Balanced Scorecard-Projekte dass Thema in Deutschland eine starke Resonanz gefunden hat.

Herr Martin Bernhard und Herr Stefan Hoffschröer haben neben praktischen Erfahrungen auch bei zahlreichen Vorträgen und Seminaren für das Bildungswerk der Wirtschaft in Berlin und Brandenburg e.V. (bbw) zusätzliche Erfahrungen und Ideen sammeln können. Für die frühzeitige Initiative und die kontinuierliche Unterstützung möchten wir uns in diesem Zusammenhang bei Herrn Peter Gabor bedanken. Durch das bbw konnten bereits seit Mitte 1998 die ersten Seminare zu diesem Thema in Berlin/Brandenburg durchgeführt werden. Weitere

Seminare folgen in Zusammenarbeit mit der Firma Corporate Planning in Hamburg. Hier möchten wir uns bei Herrn Peter Sinn und Frau Sabrina Klein bedanken. Herr Martin Bernhard hat darüber hinaus bei Management Circle seit Mitte 1999 Seminare zum Thema »Balanced Scorecard in der IT« durchgeführt. In diesem Zusammenhang möchten wir uns insbesondere für die Unterstützung bei Frau Elke Ginter-Schubert bedanken. Zudem folgen Seminare und Vorträge beim IIR. Für die dortige Unterstützung möchten wir uns bei Frau Daniela Bretz und Herrn Lutz Hopperdietzel bedanken.

Unser Dank gilt natürlich vor allem auch dem Verlag, Symposion Publishing, insbesondere Herrn Dr. Niklas Stiller und Frau Iris Rubinich für die hervorragende und kontinuierliche Betreuung. Des Weiteren möchten wir uns auch bei Frau Inga Trenn und Herrn Kai Müller von der Firma ECG in Berlin bedanken. Sie haben mit großer Sorgfalt und Initiative bei den Korrekturen geholfen.

Kurzbiographie:
Martin G. Bernhard, Dipl.-Ing., Wirtschaftsingenieur/MBA

Martin G. Bernhard ist geschäftsführender Gesellschafter der ECG Management Consulting GmbH in Berlin. Er ist seit mehr als 12 Jahren als Management-Berater in den Bereichen Strategie, Organisationsentwicklung und Informationsmanagement tätig. Herr Bernhard arbeitete vor seiner Zeit bei der ECG u.a. bei Mercer Management Consulting und bei Arthur D. Little Int. Er studierte Wirtschaftsingenieurwesen an der TU Berlin und vervollständigte dies mit einem MBA.
Bernhard18M@cs.com

Kurzbiographie:
Stefan Hoffschröer, Dipl. Betriebswirt

Stefan Hoffschröer ist im Zentralressort Controlling der ALBA AG & Co. KG seit mehr als fünf Jahren tätig. Vor dieser Zeit war er als Controller in der Readymix-Gruppe beschäftigt. Er studierte an der Fachhochschule in Osnabrück Betriebswirtschaft mit den Schwerpunkten Rechnungswesen und Controlling sowie Steuerrecht.

Ein Überblick

Grundprinzipien der Balanced Scorecard
von Martin G. Bernhard

Balanced Scorecard – Die logische Konsequenz von strategischen Managementphilosophien
von Andreas Walter

Das EFQM-Modell: Der erste Schritt auf dem Weg zum Integrierten Management
von Andreas Walter

Grundprinzipien der Balanced Scorecard

»Business strategy is now the single most important issue... and will remain so for the next five years" (Business Week, Nov. 1997), »Less than 10% of strategies effectively formulated are effectively executed" (Fortune, December 1997), »If you have no vision but only formal plans, then every unpredicted change in the environment makes you feel like your sky is falling« (Mintzberg, 1993), »Eine Organisation, die eine Vision, fünf Unternehmenswerte, sechs Ziele, sieben Prioritäten und acht Erfolgsmessgrößen hat, von denen keine mit der anderen korreliert, hat ein sicheres Rezept für vollständige Verwirrung und Chaos« (Aussage eines erregten Gefängniswärters nach der geglückten Flucht eines Hochsicherheitsgefangenen – Learmont Report, Oktober 1995), »Unternehmen allein über die Finanzzahlen zu führen, gleicht dem Verfolgen eines Fußballspieles via Anzeigentafel« (Jürgen Weber, Markus Hamprecht, Hans Goeldel »Integrierte Planung – nur ein Mythos?« – Harvard Business Manager). Diese Aussagen umreißen die Erfahrungen zahlreicher Unternehmen und Organisationen bei der Implementierung von Strategien. Ein systematisches Vorgehen zur Übersetzung und Implementierung einer Unternehmensstrategie und zur Weiterführung eines Prozesses zur »kontinuierlichen Strategieweiterentwicklung« ist für viele Unternehmen, die in wettbewerbsintensiven und sehr dynamischen Märkten und Umfeldern agieren müssen, überlebenswichtig geworden.

Martin G. Bernhard

Wie entstand Balanced Scorecard?

Der Balanced Scorecard-Ansatz von Kaplan & Norton liefert als strategisches Management-System eine Antwort. Seit der Veröffentlichung ihres Artikels in der Harvard Business Review im Jahre 1992[5] findet dieses neue Konzept weltweit starke Beachtung in zahlreichen Unternehmen und Organisationen. Anfang der neunziger Jahre arbeiteten Robert S. Kaplan (Professor of Accounting an der Harvard Business School) und David P. Norton (Präsident und Gründer der Consulting Firma Renaissance Solutions) an einem Forschungsprojekt mit 12 US-amerikanischen Unternehmen. In diesem Forschungsprojekt wurden die Grundzüge des Balanced Scorecard-Verfahrens entwickelt. Vor dem Hintergrund, dass die bisherigen Kennzahlensysteme überwiegend aus finanzwirtschaftlichen Messgrößen bestanden und zumeist vergangenheitsorientiert waren, wurde nach einem neuen Konzept gesucht. Als Resultat ihrer Arbeit entstand das Konzept der Balanced Scorecard (Abkürzung: BSC), was mit »ausbalancierte« oder »ausgeglichene Kennzahlentafel« übersetzt werden kann.

Balanced Scorecard – ein neues Management-System

In den vergangenen 20 Jahren wurden zahlreiche Methoden zur Strategiedefinition und –findung entwickelt. Diese verschiedenen Methoden, die in die Betrachtungen über Kunden, Wettbewerber, Produkte, Technologien und Trends einfließen und die auf zahlreiche Portfoliotechniken aufsetzen, haben jedoch eine Problemstellung nicht hinreichend berücksichtigt: Die Umsetzung der Strategie! Einfach beschrieben ist die sogenannte »Balanced Scorecard« ein Instrument, dass die Unternehmensstrategie in ein Kennzahlensystem übersetzt. Das Kennzahlensystem wird dann herangezogen, um die Managementprozesse (Kommunikation und Weiterentwicklung der Strategie, Unternehmensplanung, Anreizsysteme, strategische Initiativen etc.) eines Unternehmens oder einer Organisation zu steuern und systematisch im Sinne der Strategie weiterzuentwickeln.

Nachdem in den vergangenen Jahren vermehrt Managementsysteme wie Shareholder-Value und Stakeholder-Value eingesetzt wurden, ist mit Balanced Scorecard ein wichtiger Ansatz entwickelt worden, um Strategien wertsteigernd umzusetzen. Gerade in sehr wettbewerbsdynamischen Industrien haben Strategien immer kürzere Gültigkeitsdauern und müssen ständig angepasst und erneuert werden. Strategie-Formulierung entwickelt sich von einem diskreten Prozess hin zu einem kontinuierlichen Prozess. Auf diese Herausforderungen mit innovativen Konzepten zu reagieren, gerät bei Unternehmensführern immer häufiger zum Balance-Akt. Der weltweite Wettlauf um Kapital zwingt die Unternehmen einerseits zur Verfolgung langfristig wertsteigernder Strategien, andererseits müssen die notwendigen Veränderungen beschleunigt vorangetrieben werden.

Balanced Scorecard ist nicht ein neues Kennzahlensystem – nicht alter Wein in neuen Schläuchen! Vielmehr ist die BSC als strategisches Managementsystem bzw. Führungsinstrument zu verstehen. Neben den bereits bekannten finanziellen Kennzahlen werden weitere Perspektiven (Kunden-, interne Geschäftsprozess- und Lern- und Entwicklungsperspektive) in die Betrachtung mit einbezogen, um ein ausgewogeneres Bild über die Vision und Strategie eines Unternehmens oder einer Organisation aufzuzeigen. Balanced Scorecard ist zudem der Versuch, die Entwicklung eines Unternehmens oder einer Organisation ganzheitlich und dennoch detailgenau zu betrachten. Das Kennzahlensystem wird innerhalb der gesamten Organisation heruntergebrochen. Das Konzept resultiert aus der Erfahrung, dass die klassischen Finanzkennzahlen allenfalls eine Teilauskunft darüber geben, wie gut oder schlecht die Lage eines Unternehmens oder einer Organisation ist. Die eigentlichen Treibergrößen müssen aufgezeigt werden. Denn solche Zahlen sind die Kennzahlen, welche die finanziellen Ergebniszahlen maßgeblich beeinflussen und den Erfolg eines Unternehmens steuern.

Die zukünftigen Entwicklungen eines Unternehmens hängen in hohem Maß von immateriellen Werten und dem sogenannten intellektuellen Kapital ab wie Innovationsfähigkeit, Know-how der Mitarbeiter, Kundenbindungsfähigkeit und Effizienz der innerbetrieblichen Entscheidungsprozesse. Diese spiegeln sich auch in den Scorecard-Perspektiven wieder. Es sind Management-Systeme notwendig geworden, die geeignet sind, besonders für Unternehmen und Organisationen mit hohen immateriellen Werten, Investitionen in zukunftsorientierte immaterielle Bereiche wie z.B. Produkt- und Prozessinnovation, Mitarbeiterfähigkeiten und Wissensmanagement anzustoßen.

Die BSC dient dazu, die Vision und Strategie eines Unternehmens oder einer Organisation zu übersetzen, transparent darzustellen und vermittelbar in die gesamte Organisation zu integrieren.

Investitionen in neue Märkte, neue Produkte, aber auch in neue Techniken und Verfahren, verschlechtern zunächst die kurzfristigen finanziellen Zahlen eines Unternehmens bzw. einer Organisation. Auch Investitionen in das Human Capital eines Unternehmens, z.B. Investitionen für die Mitarbeiterausbildung oder Aufwendungen, um Einsatzbereitschaft, Ideen und Engagement der Mitarbeiter zu fördern, finden selten kurzfristig Ausdruck in einer Verbesserung der Finanzkennziffern, sondern i.d.R. spiegeln sich deren Erfolge mittel- bis langfristig in Prozess- und Produktinnovationen oder den Unternehmensprozessen wider. Die wertschöpfenden strategischen Faktoren und die Bildung immaterieller Werte müssen bei einer strategischen Analyse auch berücksichtigt werden, denn jene bestimmen nachhaltig die Erreichung finanzieller Ziele.

Neben finanziellen Kennzahlen werden auch nicht-finanzielle Kennzahlen, die sog. wertschöpfenden strategischen Faktoren für die Bildung immatrieller Werte, berücksichtigt.

Diese erfolgsbildenden nicht-finanziellen Steuerungsgrößen werden in einem »ausbalancierten« Verhältnis zueinander bestimmt.

Der Balanced Scorecard Ansatz hat sich in der Vergangenheit in den verschiedensten Unternehmen als ein erfolgreicher Ansatz der Verankerung von Vision und Strategie im operativen Tagesgeschäft bewährt.

Aus einer Unternehmensvision und -strategie formuliert die Balanced Scorecard strategische Ziele, Kennzahlen, Messgrößen und Maßnahmen zu den vier verschiedenen Perspektiven.

Ausgangspunkt ist immer eine Vision und eine Strategie für das Geschäft, die eine Antwort auf die folgende Frage liefern soll:

»Wo wollen wir mit unserem Geschäft morgen im Wettbewerb stehen?«

Bleibt eine solche Vision noch unscharf, so sind auch die daraus abgeleiteten strategischen Ziele in der Praxis eher allgemeingültig formuliert. Wenig konkret klingen zum Beispiel Vorsätze wie diese: »Der Kundennutzen und die Kundenbindung soll erhöht, das Kostenmanagement verbessert werden.« Besser wären z.B.: Wir müssen es schaffen, dass unsere Kunden von unseren Produkten träumen. Diese Vision ist zumindest konzentriert auf den Kunden und die Produkte und spricht die Mitarbeiter emotional an (vgl. Kapitel von Martin G. Bernhard in diesem Buch »Strategieumsetzung durch Balanced Scorecard: Entwicklung eines Kennzahlensystems und Steuerung der Management-Prozesse«).

Worauf die notwendigen Anstrengungen tatsächlich konzentriert werden, welche energischen Schritte gegangen werden müssen, bleibt allerdings häufig im Unklaren!

Dies geschieht mit der Konsequenz, dass im Unternehmen alles bleibt wie bisher und auch die Vision und Strategie lediglich in Schubladen abgelegt werden. Die Vision und Strategie sind nicht greifbar.

Alle Aktionen, Projekte und Initiativen in einem Unternehmen oder in einer Organisation werden im Gesamtkontext nachvollziehbar, messbar

Die Balanced Scorecard zwingt dazu, alle strategisch relevanten Prozesse zu identifizieren, monetäre Ziele beziehungsweise Steuergrößen auf einer finanziellen Ebene über Ursache-Wirkungsketten mit den für die Unternehmensstrategie wesentlichen Perspektiven der »Kunden«, »Interne Prozesse« und »Lernen und Wachstum« zu verknüpfen.

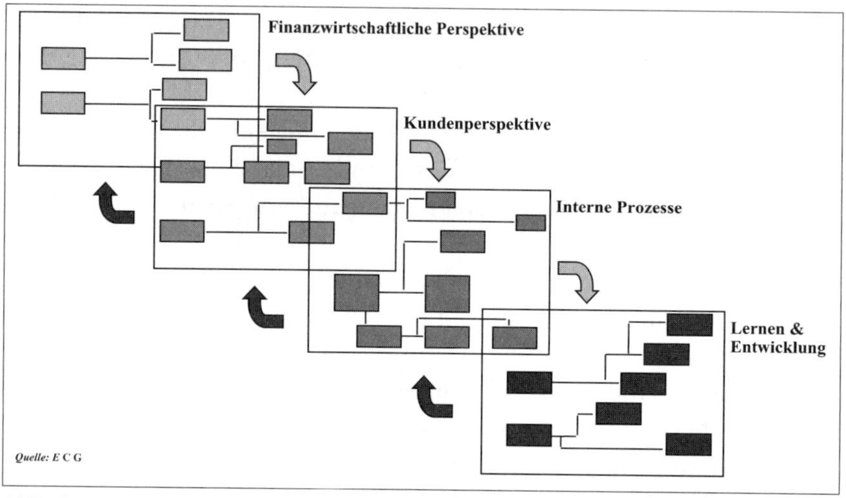

Abb. 1: *Balanced Scorecard beinhaltet neben finanzwirtschaftlichen Kennzahlen noch weitere Kennzahlen*

und steuerbar gestaltet. Monetäre Steuerungsgrößen kommen oft zu spät, weil sie vergangenheitsorientiert und zu stark aggregiert sind, um von den Mitarbeitern im Tagesgeschäft verstanden zu werden. Sie werden daher über Ursache-Wirkungsketten mit Zielen auf den Ebenen »Kunden«, »Interne Prozesse« sowie »Lernen und Innovation« verbunden. Damit betont die BSC die wachsende Bedeutung gerade auch nicht-monetärer Steuergrößen für den langfristigen Unternehmenserfolg, wie sie im Begriff des »Intellectual Capital« zusammengefasst sind: strategisches Management (Humankapital und Strukturkapital), Kompetenzenmanagement (spezifische Fach- und Führungskompetenzen), Innovationspotenzial, Lernfähigkeit, Veränderungsbereitschaft, Wissensmanagement und die Unternehmenskultur.

Das Kennzahlensystem besteht aus mehreren Kennzahlenbereichen (vorgeschlagen werden vier Kennzahlenbereiche, vgl. Abb. 1), den sogenannten »Perspektiven«. Diese Perspektiven sind durch ihre Abhängigkeiten wie ein kaskadisches System untereinander verbunden. Unternehmen, die am heutigen Markt bestehen möchten, müssen ihre

Kunden mit innovativen Produkten begeistern (!), den Wow-Effekt erzielen und dafür sorgen, dass ihre Mitarbeiter entsprechend ausgebildet und vor allem motiviert sind.

Die Kennzahlenbereiche

Ein Unternehmen wird mit vier Perspektiven betrachtet:

⇨ *Die finanzielle Perspektive*
Wie sollen wir gegenüber Teilhabern auftreten, um finanziellen Erfolg zu haben?

⇨ *Die Kundenperspektive*
Wie sollen wir gegenüber unseren Kunden auftreten, um unsere Vision zu verwirklichen?

⇨ *Die interne Geschäftsprozessperspektive*
In welchen Geschäftsprozessen müssen wir hervorragendes leisten, um unsere Teilhaber und Kunden zu befriedigen?

⇨ *Die Lern- und Entwicklungsperspektive*
Wie können wir unsere Veränderungs- und Wachstumspotenziale fördern, um unsere Vision zu verwirklichen?

Zur Nutzung der vier Perspektiven – entsprechend der Regel »You can´t manage what you can´t measure« – ist es jedoch notwendig, diese entsprechend über Kennziffern abzubilden (Vgl. dazu Abb. 2).

Die Grundgedanken dieser vier Perspektiven bzw. Kennzahlenbereiche lassen sich wie folgt zusammenfassen:

Finanzperspektive

Wie sollen wir gegenüber Teilhabern auftreten, um finanziellen Erfolg zu haben?

Mit der Finanzperspektive müssen einerseits die finanziellen Ergebnisse gemessen werden, die von der strategischen Ausrichtung der Unternehmung erwartet werden. Andererseits sind die finanziellen Kennzahlen auch die Ergebniskennzahlen der anderen Perspektiven.

Finanzielle Kennzahlen stellen oftmals nur vergangenheitsorientiert Leistungen dar. Es ist aber notwendig, auch gewünschte Entwicklungen

Kategorie	Strategische Ziele	Kennzahlen	Zielwerte
Finanzielle Perspektive	• Shareholder-Erwartungen erfüllen • Profitables Wachstum erreichen • Betriebliche Performance verbessern	• ROI (Return on Investment) • Umsatzwachstum • Bruttomarge	• Anstieg von 10% auf 16% • 15 % Wachstum • 20% Bruttomarge
Kunden-perspektive	• Herausragenden Service bieten • Kundenwahrnehmung verbessern • Kundenzufriedenheit verbessern • Marktanteil erhöhen	• Reaktionszeit • Ausgaben für Promotion • CSI (Customer satisfaction index) • Marktanteil	• 5% Verbesserung • Anstieg um 200.000,- DM p.a. • 12% Verbesserung • 13% Wachstum bzw. Anstieg
Interne Prozesse	• Stückkosten verringern • Durchlaufzeiten reduzieren • Neue Produkte entwickeln	• Stückkosten • Durchlaufzeiten • Anzahl unterstützter Produktvarianten • Anzahl neuer Produkte	• Reduzierung um 5% • Reduzierung um [illegible]0% • 25% Anstieg • 2 neue Produkte pro Monat
Innovation und Wachstum	• Verbesserung der Technologie-ausstattung • Verbessern der Mitarbeiter-kompetenz	• Mitarbeiterzufriedenheit • IT-Ausgaben / Mitarbeiter • Mitarbeiterproduktivität	• 10 % Anstieg • 18.000,- DM pro Mitarbeiter p.a. • 25% Produktivitätsverbesserung

***Quelle:* E C G**

Abb. 2: *Beispiel einer Balanced Scorecard für ein gesamtes Unternehmen*

> »Financial performance tells me what a company has already achieved. Non-financial performance tells me what it is likely to do«

im finanziellen Bereich als Zielgröße einzuführen (z.B. um eine entwicklungsgeschichtliche Situation eines Produkts darzustellen). Des Weiteren müssen die Finanzkennzahlen die jeweilige Evolutionsstufe des Unternehmens widerspiegeln:

- *Wachstumsphase:* z.B. Umsatzwachstum oder Anteil neuer Produkte am Umsatz
- *Reifephase:* z.B. Benchmarks aus dem Kostenbereich oder Kostensenkungsziele
- *Erntephase:* z.B. Produkt- und Kundenrentabilität, Kennzahlen über die Kapitalamortisation

Kundenperspektive

Wie sollen wir gegenüber unseren Kunden auftreten, um unsere Vision zu verwirklichen?

Die Kundenperspektive ist unterteilt in zwei Gruppen von Kennzahlen: Die sogenannten allgemein anwendbaren »Ergebniskennzahlen« wie Marktanteile, Kundenakquisitionsfähigkeit, Kundenzufriedenheitsgrad, Kundentreue und Kundenrentabilität. Diese sind mehr oder weniger für fast alle Unternehmen anwendbar.

Die »Leistungstreiberkennzahlen« beschreiben die Aspekte, die für die Kunden besonders wichtig sind (das »Wie« zur Strategieerreichung), d.h. wie können...

- Kundentreue und -zufriedenheit im Zielmarkt erzielt werden?
- die Produkt- und Serviceeigenschaften (Funktionalität, Qualität, Preis und Zeit) verbessert werden?
- die Kundenbeziehungen (Kompetenz, Erreichbarkeit, Reaktionsgeschwindigkeit, Service, Transparenz o.ä.) nachhaltig verbessert werden?
- Wie kann das Image und die Reputation stetig verbessert werden?

Interne Geschäftsprozessperspektive
In welchen Geschäftsprozessen müssen wir Hervorragendes leisten, um unsere Teilhaber und Kunden zufrieden zu stellen?

Hierbei geht es weniger um die Verbesserung bestehender Geschäftsprozesse (»kontinuierliche Prozessverbesserung«). Wichtiger ist vielmehr, dass diese Kennzahlen zur optimalen Unterstützung der Markt- und Kundenkennzahlen führen, d.h. dass sie helfen

- potenzielle neue Kundenwünsche zu identifizieren,
- die Produkt- und Prozessinnovationen zu beschleunigen,
- die zeit- und kostengünstige Herstellung und Auslieferung eines Produkts / einer Dienstleistung zu forcieren (Betriebsprozesse) und schließlich
- die Kundenerwartungen und -wünsche durch kundenorientierte Garantien und Wartungsangebote zu befriedigen (Serviceprozesse).

Lern- und Entwicklungsperspektive
Wie können wir unsere Veränderungs- und Wachstumspotenziale fördern, um unsere Vision zu verwirklichen?

Diese an der Zukunft orientierte Perspektive soll neben den strategischen Potenzialen der Informationssysteme die Mitarbeiterpotenziale sowie deren Motivation und Zielausrichtung messen. Die Mitarbeiter, die direkt mit den Kunden und den internen Prozessen zu tun haben, sollen motiviert werden, Ideen und Anregungen zur Verbesserung von Leistungen und Prozessen zu entwickeln. Sie müssen die Unternehmensvision und deren strategische Ansätze kennen, und ihre geleisteten Werte und Arbeiten sollen einen festen und positiven Bezug zur Unternehmensstrategie haben, sonst arbeiten sie im luftleeren Raum.

Neben den bekannten personalbezogenen Kennzahlen wie Mitarbeitertreue und -zufriedenheit sind darüber hinaus weitere Kennzahlen zu den Themen Lernen / Weiterbildung, Motivation, Flexibilität, Teamfähigkeit und Zielorientierung zu definieren, z.B.

- Internationalität der Mitarbeiter

– durchschnittliche Bewertung in der Zielerreichung (Von fünf strategisch wichtigen Projekten wurden drei termin- und budgetgerecht abgeschlossen)

Für jede Scorecard-Perspektive sind die Ziele, Ergebniskennzahlen mit den dazugehörigen Leistungstreibern sowie Vorgaben und Maßnahmen in einer Tabelle zu definieren.

Es geht bei der Entwicklung der Scorecard-Kennzahlen jedoch nicht darum, beliebig viele Kennzahlen zu entwickeln. 14 bis 20 Kennzahlen, Ergebnis- und Leistungstreiberkennzahlen, für eine Balanced Scorecard sind ausreichend. Weniger ist mehr, Konzentration auf die wesentlichen Kernpunkte ist hier wichtig. Dies ist nicht nur für die Top-Scorecard durchzuführen, sondern entlang der Organisationsstrukturen im Unternehmen. Die Frage des Scorecard-Entwicklungspfades – d.h. die Scorecard-Mappe bzw. die Grundarchitektur der zu entwickelnden Scorecards wird im Kapitel von Martin G. Bernhard in diesem Buch »Strategieumsetzung durch Balanced Scorecard: Entwicklung eines Kennzahlensystems und Steuerung der Management-Prozesse« beschrieben. Damit erreicht man das Herunterbrechen der Vision und Strategie bis hin zu Zielen, Kennzahlen und Maßnahmen, die dann als Handlungsrahmen und Arbeitsplan für die einzelnen Teams und Mitarbeiter dienen. Die Herausforderungen im Scorecard-Entwicklungsprozess liegen insbesondere in der Entwicklung der Kundenperspektive sowie in der Lern- und Entwicklungsperspektive.

Aufgrund der Scorecard haben die Mitarbeiter immer die Ziele vor Augen und können mit Hilfe der Kennzahlen den Zielerreichungsgrad erkennen.

Das Balanced Scorecard-Kennzahlensystem ist ein unternehmensspezifisches, aus der Vision und Strategie entwickeltes Kennzahlensystem – ein Unikat!

Kontinuierliche Strategieentwicklung – Die Herausforderung

Eine kontinuierliche Strategieentwicklung und -weiterentwicklung steckt in vielen Unternehmen noch in den Anfängen. In zahlreichen Unternehmen werden nur einmal jährlich im engsten Führungskreis Strategie-Meetings durchgeführt. Die Ergebnisse derartiger Meetings dringen mitunter nicht einmal zu den Mitarbeitern durch! Strategisches Wissen wird mitunter »gebunkert« in bestimmten Management-Ebenen (»Wissen ist Macht«). Eine offene Unternehmenskultur ist notwendig für einen kontinuierlichen Strategieentwicklungsprozess.

Derartige Meetings und Prozesse sind für Unternehmen, welche in dynamischen und wettbewerbsintensiven Märkten agieren, heute überlebenswichtig geworden. Der stetig wachsende exponentielle Wissenszuwachs in einem Unternehmen, der durch entsprechende Unternehmenskulturen, Informationssysteme und Organisationsstrukturen entsteht, muss in den Strategieentwicklungsprozess einfließen. Die Strategieentwicklung muss ein stetiger Prozess werden.

Während auf der einen Seite die Herausforderung besteht, aus dem gewonnenen Wissen die Strategie kontinuierlich weiterzuentwickeln, bestehen anderseits Fragen zur permanenten praktischen Umsetzung der Strategie als einen noch viel wichtigeren und vielschichtigen Prozess. Denn aus der Strategieumsetzung kann durch Feedback-Prozesse strategisches Lernen generiert werden.

Die Strategieformulierung im Informationszeitalter weist nach Simon und Mintzberg folgende Besonderheiten auf:

- Strategien können schrittweise wachsen und entwickeln sich im Verlauf der Zeit
- Festgelegte Strategien können ersetzt werden
- Strategieformulierung und Strategieumsetzung hängen eng zusammen
- Strategische Ideen können überall im Unternehmen entstehen
- Die Entwicklung einer Strategie ist ein Prozess

Hierin liegt eine weitere Schwäche, die in zahlreichen Unternehmen und Organisationen existiert. Es werden zwar Strategie-Meetings in Geschäftsbereichen oder auch in ihren internen Dienstleistungsfunktionen durchgeführt, die meisten Strategie-Meetings beinhalten operative und taktische Fragestellungen aus dem Tagesgeschäft. Die eigentliche kontinuierliche Weiterentwicklung der Strategie, die Identifikation strategischer Fragestellungen, die Erkennung von herausragenden Möglichkeiten sowie die Gewinnung von strategischem Feedback finden aber allzu selten in hinreichender Intensität in solchen Meetings statt. Typische Meetings beinhalten:

- ⇨ Konzentration auf rein finanzielle Kennzahlen und Reports
- ⇨ Maximal ein Drittel der Zeit dient zur Gruppendiskussion und Diskussion von Issues und strategischen Möglichkeiten
- ⇨ Nur teilweise stehen auch Tagesordnungspunkte auf der Agenda, die nicht-finanzielle Themenstellungen beinhalten
- ⇨ In der Regel Konzentration auf ex-post-Reviews von Finanzkennzahlen und ggf. Abweichungen
- ⇨ Fokus der Meetings auf operative Kontrolle und nicht darauf, ob die Strategie der Organisation noch funktioniert (»operative Bereiche" und Finanzergebnisse)
- ⇨ Zu wenig Zeit zur Überprüfung, ob benötigte Ressourcen und Investitionen zur Strategieeinhaltung gemäß dem strategischen Plan vorhanden sind bzw. entwickelt werden können.

Welche Inhalte sollten nun aber diese sogenannten »Strategie-Meetings« haben?

Durch ein Balanced Scorecard-Projekt erhält das Management die Möglichkeit, einen strategischen Lernprozess zu initiieren. Die Strategieentwicklung, Weiterentwicklung der Strategie durch den Balanced Scorecard-Entwicklungsprozess und der Erhalt von strategischem Feedback sollen zum Lernprozess für die gesamte Organisation führen. Dies ist der innovativste Aspekt am Balanced Scorecard-Verfahren. Es geht zunächst nicht primär darum, ein neues weiteres Kennzahlensystem zu

- Strategiemeetings müssen zeitlich und räumlich getrennt werden von Meetings mit Inhalten zum Tagesgeschäft
- Meetings mit strategischen Themen sollten häufiger stattfinden, z.B. vierteljährlich oder soweit notwendig noch häufiger
- Beim Vierteljahres-Meeting bleibt Zeit für neue strategische Überlegungen, Verfeinerung der Leistungstreiber, Korrelationen zwischen den Kennzahlen etc.
- Konzentration voll auf strategische Themen, nicht funktionale Leistungen - Gültigkeit der Strategie überprüfen
- Identifikation weiterer strategischer Themen, die einer Bearbeitung bedürfen
- Meetings sollten sich auf die Interpretation der strategischen Kennzahlen und Issues konzentrieren

Abb. 3: *Inhalte von Strategie-Meetings*

entwickeln, sondern einen neuen Prozess einzuführen. Dieser Prozess ist wichtiger als formalisierte »Kennzahlentechnokratie«. Es entstehen Vorteile für die Organisation:

⇨ Das Management erhält Rückmeldung über den Fortschritt der Strategie
⇨ Oftmals kommen neue Ideen und verwendbare Elemente einer Strategie aus den unteren Ebenen des Managements
⇨ Durch den interaktiven Prozess können permanent Strategieanpassungen vorgenommen werden (Sind die Voraussetzungen für die formulierte Strategie noch gültig?)

Dieser Prozess ist wichtiger als formalisierte »Kennzahlentechnokratie«

Der eigentlich innovative und vor allem herausfordernde Aspekt des Balanced Scorecard-Ansatzes ist also der Strategieentwicklungsprozess, d.h. das Management beginnt auf Basis der Strategie mit der Entwicklung einer Top-Scorecard, bestehend aus den strategischen Zielen (dem Herzstück einer Scorecard), den Ergebnis- und Leistungstreiber-Kennzahlen. Die Top-Scorecard wird dann innerhalb der Organisation heruntergebrochen. Die Kommunikation der Strategie und die Weiterentwicklung und Operationalisierung der Strategie beginnt ...

In verschiedenen Scorecard-Projekten wird auch so begonnen, dass auf Basis der sogenannten »Business-Driver« eine Zuordnung der Business-Driver (und Ziele) zu den Scorecard-Perspektiven erfolgt. Dies ist ein sehr pragmatisches Vorgehen. In vielen Organisationen ist die Strategie nicht exakt formal beschrieben, dafür existieren aber Business-Driver. Die sogenanntenBusiness-Driver sind oftmals eine Mischung aus strategischen Zielen und Entscheidungskriterien. Business-Driver können z.B. sein:

- Customer-Relationship-Management verbessern
- Transformation der existierenden Vertriebs- und Marketing-Aktivitäten in E-Business-Prozesse
- Prozesse und Produkte innovativ gestalten
- Kostenmanagement verbessern
- Mitarbeiter-Skills kontinuierlich verbessern
- Kontinuierliche Verbesserung des Mitarbeiter-Know-hows

Übersetzung der Strategie

Die BSC operationalisiert die spezifische Strategie eines Unternehmens oder eines Geschäftsbereiches nicht nur, in dem Ziele und Steuergrößen als strategisch eingestuft werden, sondern auch in dem sie die Ursache-Wirkungsketten zwischen den vier Ebenen gestaltet und so auf die Gesamtstrategie ausrichtet. Die Steuerungsgrößen dienen als Messgrößen, um die Strategieeinhaltung zu messen. Die Balanced Scorecard soll mit Hilfe dieser vier Sichtweisen die Unternehmensvision / -strategie übersetzen und abbilden.

Die Balanced Scorecard-Kennzahlen lassen sich in zwei Kategorien von Kennzahlen, in Ergebniskennzahlen (Spätindikatoren) und Leistungstreiber (Frühindikatoren), untergliedern. In beiden Kennzahlenkategorien sind sowohl kurz- als auch langfristige Ziele abzubilden. Die Verknüpfung der Kennzahlen erfolgt nach Ursache-Wirkungsbeziehungen, die die Zusammenhänge zwischen Leistungstreibern bzw. Frühindikatoren und Ergebnissen andererseits als Hypothesen aufzeigen sollen. Das »Wie« zur Umsetzung der Strategie wird durch die Ursache-Wirkungsbeziehungen beschrieben.

Balanced Scorecard schließt damit die Lücke zwischen Strategie und Strategieumsetzung und ist zugleich der »Game-Plan« für die Umsetzung (vgl. Abb. 4).

Die Entwicklung der Leistungstreiberkennzahlen und der Ursache-Wirkungsbeziehungen ist ein sehr kreativer Prozess

Mit einer Scorecard für das gesamte Unternehmen ist die Arbeit nicht getan! Die Kennzahlen-Tableaus sind innerhalb des Unternehmens herunterzubrechen – d.h. von der Unternehmens-Scorecard herunter bis zur Scorecard für ein Arbeitsteam oder bis hin zu einzelnen Mitarbeitern. Mit diesem Prozess kann dann auch Feedback über die Strategie gesammelt werden (vgl. Abb. 5).

Daneben hat Balanced Scorecard die Funktion, den gesamten Planungs-, Steuerungs- und Kontrollprozess einer Organisation zu gestalten. Balanced Scorecard ist zudem eine Alternative zur konventionellen Unternehmensplanung. Die Balanced Scorecard kann als Managementsystem für die strategieorientierte Steuerung aller Management-Prozesse einer Organisation herangezogen werden.

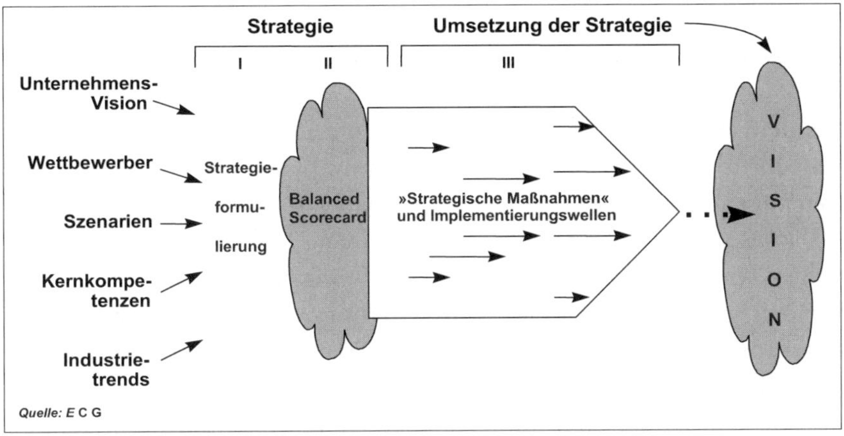

Abb. 4: *Die Balanced Scorecard schließt die Lücke zwischen Strategie und Strategieumsetzung. Die BSC bildet den »Game-Plan« für die Umsetzung der Strategie und ist der übergeordnete Handlungsrahmen für das Unternehmen.*

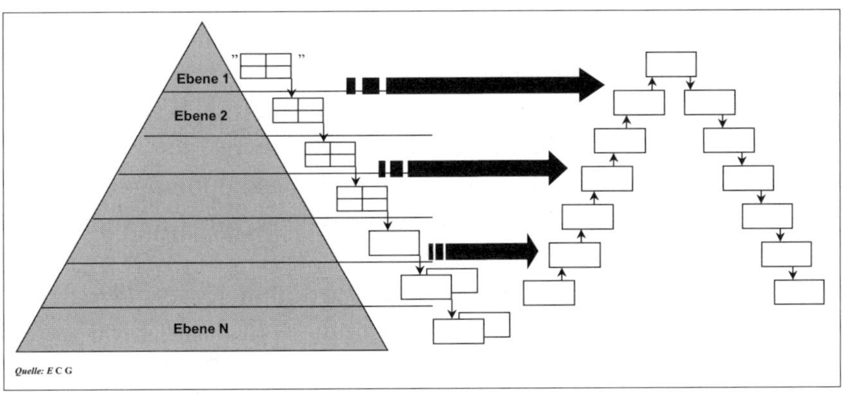

Abb. 5: *Top-down und Buttom-up Prozesse ermöglichen strategisches Lernen und die Weiterentwicklung der Strategie*

Wodurch unterscheidet sich ein Balanced Scorecard-Kennzahlensystem von anderen Kennzahlensystemen?

Seitdem mit Kennzahlensystemen in Unternehmen gearbeitet wird – das dürfte mit dem DuPont'schen Kennzahlensystem zu Beginn des vergangenen Jahrhunderts angefangen haben – hat man begonnen, sich auf kritische Erfolgsgrößen zu konzentrieren. Neben den Finanzkennzahlen wurden sukzessive auch andere Kennzahlen erfasst, z.B. Zufriedenheitsgrade, Marktanteile, Konvertierungsraten, Auftragserfolgsquoten und ähnliche Indikatoren. Es wurden unzählige weitere Kennzahlensysteme entwickelt.

Die klassischen Kennzahlensysteme waren allerdings von zahlreichen Unzulänglichkeiten geprägt:

⇨ Die Verbindung zur Unternehmensstrategie fehlte. Die Kennzahlensysteme waren ausschließlich operativ und zudem vergangenheitsorientiert ausgerichtet;

⇨ Es standen überwiegend nur Zahlen der Bilanz und der Gewinn-und-Verlust-Rechnung im Blickpunkt, nichtmonetäre Leistungsgrößen wurden zuwenig berücksichtigt;

⇨ Es wurde keine Steuerung des Unternehmens ermöglicht, weil sie an Symptomen und nicht an Ursachen anknüpften;

⇨ Fragen der Erarbeitung, Verfolgung und Rückkopplung der Kennzahlen wurden nicht problematisiert, das heißt, ihre Einbindung ins Managementsystem blieb ungeklärt.

In der Wettbewerbssituation der Gegenwart können diese klassischen Kennzahlensysteme das Management somit nicht ausreichend unterstützen. Die Verknüpfung der Balanced Scorecard-Perspektiven folgt der Logik einer Ursache-Wirkungsbeziehung, innerhalb der Perspektiven, zwischen den Perspektiven und zwischen den Scorecards verschiedener Management- oder Organsiations-Ebenen.

Die wesentlichen Unterschiede eines Balanced Scorecard-Kennzahlensystems im Vergleich zu anderen Kennzahlensystemen werden im Folgenden noch einmal zusammengefasst:

- ⇨ Die BSC ist ein organisationsspezifisches Kennzahlensystem – ein Unikat!
- ⇨ Die BSC enthält sowohl vergangenheits- als auch zukunftsorientierte Kennzahlen.
- ⇨ Für die Planung sind verschiedene Planungshorizonte enthalten, d.h. kurz-, mittel- und langfristige Kennzahlen für den Planungsprozess.
- ⇨ In der Balanced Scorecard werden Ursache-Wirkungsbeziehungen im System entwickelt. Diese stellen das Hypothesenwerk über die Strategie dar.
- ⇨ Die Kennzahlen untereinander werden nicht wie im Dupont-Kennzahlensystem hochkumuliert. Im Gegensatz zum Dupont-Kennzahlensystem, das nur aus Finanzkennzahlen besteht, sind in der Balanced Scorecard auch nicht-finanzielle Kennzahlen enthalten, die aus den strategischen Zielen abgeleitet werden. Das heißt: Die kausalen Zusammenhänge zwischen den Kennzahlen lassen sich in der Regel nicht linear abbilden. Wird z.B. die Fertigungszeit pro Produkteinheit um zehn Prozent reduziert, dann bedeutet das zwangläufig nicht das insgesamt zehn Prozent Produkteinheiten mehr produziert werden, sondern vielleicht nur acht Prozent, und der Kundenzufriedenheitsindex verbessert sich vielleicht um eine halbe Note.
- ⇨ Die BSC setzt auf der Vision und Strategie auf
- ⇨ Die BSC dient dazu, die Strategie weiterzuentwickeln
- ⇨ Sie dient der Steuerung von Management-Prozessen
- ⇨ Die BSC zeigt die immateriellen Werte und eigentlichen Treibergrößen

Welchen Nutzen bringt nun ein Balanced Scorecard-System?

Vor einem Balanced Scorecard-Projekt kann man den quantitativen Nutzen nicht oder wenn, dann nur sehr pauschal abschätzen. Auf die monetäre Erfolgsstory von Unternehmen, welche zunächst schlechte

Finanzzahlen hatten und nach der Einführung einer Balanced Scorecard plötzlich eine nachhaltig positive Entwicklung erlangt haben sei hier verzichtet. Es ist im Einzelfall sicher schwer nachvollziehbar, ob solche positiven Entwicklungen wirklich allein auf ein Scorecard-Projekt zurückzuführen sind. Deshalb werden im Folgenden qualitative Vorteile und Nutzenpotenziale aufgeführt:

- Die BSC unterstützt den Prozess, die Konsistenz der strategischen Ziele zu überprüfen, die Unternehmensstrategie kritisch zu hinterfragen und die Umsetzung einzuleiten.
- Im Balanced Scorecard-Entwicklungsprozess wird auch erarbeitet, wie die strategischen Ziele erreicht werden können. Zu den strategischen Ziele werden die Ursache-Wirkungszusammenhänge aufgezeigt, zu dem werden sie in Ergebniskennzahlen und Leistungstreiberkennzahlen übersetzt.
- Die BSC erfasst die Komplexität des Betriebsgeschehens und reduziert diese auf für alle Mitarbeiter transparente Teilaspekte. Mit der Balanced Scorecard werden strategische und operative Unternehmensziele bis zum Team oder sogar bis zum einzelnen Mitarbeiter runtergebrochen. Mit diesem Herunterbrechen ist eben der so häufig genannte Nutzenaspekt als Kommunikationsmittel verbunden. Die BSC richtet die Mitarbeiter und das gesamte Unternehmen mental auf die »Denkkategorien« der (vier) Perspektiven aus.
- Die BSC deckt prozessuale und strukturelle Defizite auf. Nicht strategiekonforme Entwicklungen im Unternehmen können früher und schneller antizipiert werden.
- Die Balanced Scorecard dient als Cockpit mit Ampelsystem für das Führungsmanagement: Eine wesentliche Triebkraft für die Einführung von BSC ist auch der alte Wunsch des Führungsmanagements nach einem Cockpit mit vielen bunten Lämpchen und Zeigern. Zahlreiche Erfahrungen allein bei Strategieumsetzungsprojekten ohne eine BSC haben bereits gezeigt, dass ein Projektmanagementsystem mit aggregierten Projektauflistungen und Ampelsymbolen – z.B. im

Intranet hinterlegt – sehr hilfreich für das Monitoring der Projekte, die Kommunikation und die Transparenz sind.

- ⇨ Die BSC kann als ein Performance-System genutzt werden, wenn Anreizysteme mit den strategischen Zielen verknüpft werden.
- ⇨ BSC schafft Transparenz über die Ziele des Unternehmens, Geschäftseinheiten und die internen Dienstleistungsfunktionen im Unternehmen. BSC strukturiert diese Ziele und richtet die Ziele auf die Vision und Strategie aus.
- ⇨ Durch die Faustformel, lediglich 14 bis 18 Kennzahlen pro Scorecard zu entwickeln, erfolgt eine Fokussierung auf das Wesentliche. Die Ziele und Prioritäten der Führung
- ⇨ Die BSC identifiziert den Wertschöpfungsbeitrag von Geschäftseinheiten und internen Dienstleistungsfunktionen (mit hohen immateriellen Werten). Sie dient zudem in Unternehmen, die nach dem Shareholder Value geführt werden zur Operationalisierung des Wertmanagementgedankens auf allen Führungsebenen und in allen Unternehmenseinheiten mit hohen immateriellen Werten.
- ⇨ BSC ist auch ein strategisches Wissensmanagement-Werkzeug – es dient dem Zusammentragen von Wissen aus allen Unternehmensbereichen und dem »Transport« der Strategie. Die BSC fördert und fordert das Wissensmanagement in vielerlei Hinsicht: Allein der Prozess, strategische Ziele in operative Handlungen zu übersetzen und Messinstrumente festzulegen, verlangt einen Wissenstransfer zwischen Abteilungen, Mitarbeitern und vor allem zwischen verschiedenen Hierarchieebenen.

Die Balanced Scorecard ist ein integratives Instrument. Eine Perspektive allein kann die Vision nicht realisieren. Alle vier sind dazu notwendig. Die Perspektive »Lernen und Wachstum« kann auch die Kundenperspektive beeinflussen – und umgekehrt. Die BSC unterstützt das Zusammenführen und das Management verschiedener Wissensgebiete.

⇨ Die BSC liefert den Werkzeugkasten für ein strategisches Controlling und moderne Führungsprozesse. Hierin fungiert der Controller als Coach.

Balanced Scorecard ist bereits sehr verbreitet!

In den USA arbeiten bereits 60 % der Fortune-1000 Unternehmen mit der Balanced Scorecard. In den USA ist insgesamt von mehr als 1000 Unternehmen auszugehen. In England startete die Balanced Scorecard Einführungswelle bereits 1992 / 93. Hier wurden bereits zu dieser Zeit Balanced Scorecard-Projekte beispielsweise bei der Post und der Gen-Bank gestartet und implementiert. In beiden Unternehmen wurden zudem auch Balanced Scorecard Projekte speziell für den Unternehmensbereich Informationstechnologie durchgeführt (Business Intelligence – Developing the IT Scorecard – A detailed route map to IT evaluation and performance measurement through the investment lifecycle – Graeser, Valerie – Willcocks, Leslie – Pisanias, Nikolaos – 1998). In Deutschland startete die Balanced ScorecardEinführungswelle erst Ende 1997. Auch für einzelne Unternehmensbereiche mit hohen immateriellen Werten, z.B. Informationstechnologie, Forschung, Entwicklung, Personalwesen, Materialwirtschaft, Qualitätsmanagement, etc. sind seitdem Balanced Scorecard-Projekte aufgesetzt worden.

Die Balanced Scorecard kann für unterschiedliche Anwendungsfälle eingesetzt werden, z.B.:

- bei Fusionsprozessen zwischen Unternehmen,
- bei verschiedenen Typen von Organisationen (privatwirtschaftliche Unternehmen, öffentlich- rechtliche Organisationen und Non-Profit-Organisationen) und
- in einzelnen Unternehmensbereichen (z.B. Informationsverarbeitung, Produktentwicklung etc.)

Für einzelne Unternehmensbereiche ist es wichtig geworden, durch geeignete Steuerungs- als auch Bewertungsverfahren aufzuzeigen, welchen Beitrag sie als Bereich zur Unternehmensstrategie leisten. Speziell für interne Unternehmensbereiche, welche durch hohe immaterielle Werte und intellektuelles Kapital gekennzeichnet sind, wie Informationsverarbeitung, Forschung, Entwicklung, Personalwesen und Qualitätsmanagement, kann Balanced Scorecard diesbezüglich Hilfestellung leisten.

Für diese Anwendungsfälle existieren inzwischen in Deutschland Fallbeispiele (vgl. Internet-Adressen im Kapitel von Martin G. Bernhard in diesem Buch »Strategieumsetzung durch Balanced Scorecard: Entwicklung eines Kennzahlensystems und Steuerung der Management-Prozesse«).

Im vorliegenden Buch »Balanced Scorecard-Praxisreport« werden

⇨ privatwirtschaftliche Unternehmen, z.B.
- ALBA AG & Co KG
- Bank Austria
- SKF Kugellager
- Heidelberger Druckmaschinen,

⇨ öffentliche Unternehmen, z.B.
- Polizei in Bremen
- S-Bahn in Hamburg

und

⇨ Balanced Scorecard, speziell für die Informationstechnologie, z.B.
- Siemens Building Technologies
- Robert Bosch GmbH (für die IT-Tochterfirma)

beschrieben.

Literatur

[1] BUSINESS INTELLIGENCE: *Developing the IT Scorecard – A detailed route map to IT evaluation and performance measurement through the investment life-cycle – Graeser, Valerie – Willcocks, Leslie – Pisanias, Nikolaos – 1998*

[2] HORVÁTH, P., KAUFMANN, L.: *Balanced Scorecard – ein Werkzeug zur Umsetzung von Strategien, in: HARVARD BUSINESS Manager 5/1998: S. 39 - 48*

[3] HORVÁTH & PARTNER: *Balanced Scorecard umsetzen, 2000, Poeschel Verlag*

[4] Kaplan, R. and Norton, D.: *The Balanced Scorecard: Translating Strategy Into Action, Harvard Business School Press, Boston, 1996*

[5] Kaplan, R. and Norton, D.: *»The balanced scorecard – measures that drive performance«, Harvard Business Review, January-February 1992, pp. 71-79*

[6] Kaplan, R. and Norton, D.: *»Putting the balanced scorecard to work«, Harvard Business Review, September-October 1993, pp. 134-142*

[7] Kaplan, R. and Norton, D.: *»Using the balanced scorecard as a strategic management system«, Harvard Business Review, January-February 1996a, pp. 75-85*

[8] Mintzberg, H., *Crafting Strategy, in: Harvard Business Review, Vol. 65, 1987, 4. S. 66 - 75; sowie Mintzberg, H., The Design School: Reconsidering the Basic premises of Strategic Management Journal, Vol. 11, 1990, 6, S. 171 - 195: und Simons, R., Levels of Control: How managers use innovative control systems to drive strategic renewal, Boston 1995, S. 18 – 21*

[9] Weber, J., Hamprecht, M., Goeldel, H.: *»Integrierte Planung – nur ein Mythos?« – Harvard Business Manager 3/97, S. 12*

[10] Weber, J., Schäffer, U.: *Balanced Scorecard – Gedanken zur Einordnung des Konzepts in das bisherige Controlling-Instrumentarium, in: Zeitschrift für Planung (1998) 9 : S. 341 - 365*

Balanced Scorecard – die logische Konsequenz von strategischen Managementphilosophien

Strategische Managementphilosophien als betriebswirtschaftliches Trendthema haben in deutschen Managementebenen derzeit einen regen Zulauf. Wer dieses oder jenes Modell nicht einführt, hat keine Überlebenschance im globalen Machtkampf, so lautet die allgemeine Meinung. Ursache dieses häufig anzutreffenden Missverständnisses ist die Nichtbeachtung von strategischen Charakteristika [1] und der langfristig wirkenden inhaltlichen Ursache-Wirkungsketten bei der Einführung von neuen Managementphilosophien. Diese häufig anzutreffende Umsetzungsdefizite werden durch ein neues strategisches Managementinstrument – der Balanced Scorecard – in einer nachvollziehbaren Weise gelöst.

ANDREAS WALTER

Strategische Managementkonzepte und deren defizitäre Umsetzung

Defizite in der Umsetzung des strategischen Handelns eines Unternehmens treten unter einer Vielzahl von Managementkonzepten wie Lean-Production, Reengineering, Wertmanagement, Stakeholder-Value oder Shareholder-Value auf, die als prominente Vertreter einer langen Reihe von Managementinnovationen der vergangenen Jahrzehnte genannt werden können.

Die Anwendung oder Einführung dieser oder anderer Philosophien haben in der Regel jedoch nur ein unternehmerisches Ziel: Die Steigerung des Unternehmenswertes unter Optimierung der Ressourcenallokation.

Dieses Ziel unterscheidet sich in den verschiedenartigen Ansätzen der Modelle, wobei insbesondere der Grad der Komplexität zur Umsetzung, der Betrachtungshorizont (von operativen zum strategischen Denken) und die angenommenen Systemgrenzen der Unternehmenssphäre mit jeder Modellgeneration erweitert wurden. Umso erfreulicher ist die Tatsache, dass die neuesten Generationen von strategischen Managementmodellen so aufgebaut ist, dass Sie modulartig, schnell und ressourcenschonend eingeführt werden können, was die Akzeptanz bei der Einführung, Nutzung, Kontrolle und Weiterentwicklung der Modelle deutlich erhöht. Diese Vorgehensweise ist – bei richtiger Umsetzung der wertorientierten Unternehmensführung – grundsätzlich auch mit einer langfristigen Steigerung des Unternehmenswertes auf transparente und nachvollziehbare Weise verbunden. Diese Transparenz und Nachvollziehbarkeit, welche in den neuen Modellen über kurz- und langfristige Ergebnismessung »fühlbar« wird, sollte ein Grundbedürfnis der strategischen Unternehmensführung sein, welches jedoch in der Vergangenheit vernachlässigt wurde.

Die neueste Managementinnovation, die diesem Anspruch gerecht wird, ist das Konzept der Balanced Scorecard (BSC) – wenig elegant übersetzt mit »ausbalancierter Kennzahlentafel«. Das Konzept wurde von Robert Kaplan und David Norton entwickelt – ersterer wird den meisten als »Erfinder« der Prozesskostenrechnung bekannt sein [5].

BSC – Ein Übersetzungsprogramm für die Strategie

Die Balanced Scorecard verbindet den Anspruch einer recht simplen Vorgehensweise mit einem langfristigen Charakter, nämlich den Unternehmenserfolg gesamtheitlich zu analysieren, zu beschreiben und zu verbessern. Die *kontinuierliche* Verbesserung – die Fähigkeit des strategischen Lernens – ist in den wenigsten strategischen Modellen als methodischer Bestandteil vorgesehen.

Die BSC hingegen bricht strategische Zielsetzungen des Unternehmens in operative Zielvorgaben herunter. Das »Übersetzungsprogramm« BSC hat sich damit als Mittel bewährt, um die Unternehmensstrategie in ein operatives Steuerungssystem zu überführen. Sie ist damit nicht nur ein modernes Reportingmittel, sondern bildet vielmehr die Grundlage zur praktischen Umsetzung einer wert- und strategieorientierten Führungskonzeption. Damit unterscheidet sich diese Vorgehensweise u.a. von dem des Shareholder-Value–Modells, welches monetäre Steuerungsgrößen zur Steigerung des Unternehmenswertes und die Zielgruppe der Anteilseigner als unternehmerische Systemgrenze in den Vordergrund rückt. Die Fokussierung auf die vermeindlich kurzfristigen Interessenslagen der Anteilseigner wurde häufig missbraucht, um »wertvernichtende Redimensionierungen von Unternehmen und der Eigentümerwerte« [2] zu begründen. Die Folge: Umstrukturierungen haben Ihr Ziel häufig verfehlt, was nicht nur mit langfristigen Wertverlust, sondern auch mit »ungerechtfertigter Entwurzelung und Schmerz für die Arbeitnehmer verbunden war bzw. ist. Diese Vorgehensweise kommt aber einer falschen Verwendung bzw. Nicht-Verwendung des Shareholder-Value-Ansatzes gleich [2]. »So werden vom Management nicht selten »aus strategischen Gründen« wie dem Kauf von Marktanteilen oder Umsatzzuwächsen Akquisitionen durchgeführt, Geschäftsbereiche subventioniert oder Forschungs- und Entwicklungsvorhaben weitergeführt, obwohl sie langfristig weder in der Lage sind, den mit Ihrer Durchführung verbundenen Kapitalbedarf zu finanzieren oder ihre Kapitalkosten zu verdienen«[3].

Das Ziel der Performance-Messung im Shareholder-Value-Modell – als Beschreibung der langfristigen Wertsteigerung des unternehmerischen Handelns – über verschiedene Marktwertmodelle sowie deren Restriktion und Verbesserungsmöglichkeiten, auch im organisatorischen Bereich, wurden durch Bischoff [3] bereits ausführlich beschrieben.

Nachteile des Shareholder-Value-Modells

Das Problem der gängigen Marktwertmodelle ist jedoch, dass es theoretische Modelle sind. Gerade die Performance-Messung über den Börsenwert – den viele Befürworter des Shareholder-Values als Indikator für ein funktionierendes oder nicht funktionierendes strategisches Führungs- und Steuerungsinstrumentarium sehen – hängt von vielen nicht beeinflussbaren Rahmenbedingungen ab. Den direkten Zusammenhang zwischen Ergebniskennzahlen und deren »Leistungstreibern«, d.h. Kennzahlen, über die man die direkte Strategieeinhaltung und deren Einflussgrößen messen kann, ist deshalb ernsthaft im Modell Shareholder-Value nicht möglich. Im Umkehrschluss ist daraus aber nicht zu schließen, dass die Philosophie des Modells –eine Unternehmung sollte durch ihre Handlungen nachhaltig den Wert des Unternehmensvermögens und damit den Vermögenswert der Eigentümer steigern [3, Geleitwort Prof. Dr. Picot] unbrauchbar ist. Sie wird mit dem Modell nur nicht auf nachvollziehbare und transparente Weise geplant, gesteuert, kontrolliert und verbessert. Der mit dem Shareholder-Value häufig verbundene (kurzfristige) Zeithorizont wird weder dem Modell noch dem praktischen Nutzen im Unternehmen gerecht, da diese Vorgehensweise keiner langfristigen Wertsteigerung des Unternehmens entgegensteht. Wenn die Unternehmen Shareholder-Value als langfristige Strategie begreifen, dann unterscheiden sich die Interessen der Shareholder kaum noch von denen der Stakeholder, wie den Zielvorstellungen der Kunden, Mitarbeitern, Lieferanten, Gläubigern oder auch dem Staat [4].

Die vermeidlichen Nachteile des Shareholder-Value-Denkens – dem unternehmerisch nicht zufriedenstellenden Streben nach kurzfristigen Ergebnissen -, versucht das Modell Stakeholder-Value auszugleichen. Durch die Einbeziehungen der Zielvorstellungen zusätzlicher Zielgruppen in die Unternehmensführung und die Organisation, wird die unternehmerische strategische Zielbildung und Erfolgsmessung in Zukunft massiv beeinflusst. Das Gedankengut des Corporate-Citizenship, welches in Amerika nicht mehr wegzudenken ist, impliziert, dass Unternehmen ebenso wie einzelne Bürger gesellschaftliche Rechte und Pflichten haben und diese in ihrem (Geschäfts-)Leben selbstverständlich beachten [4]. Corporate-Citizens schaffen »soziales Kapital«, was eine langfristige Unternehmenswertsteigerung ermöglicht. »Die harte öko-

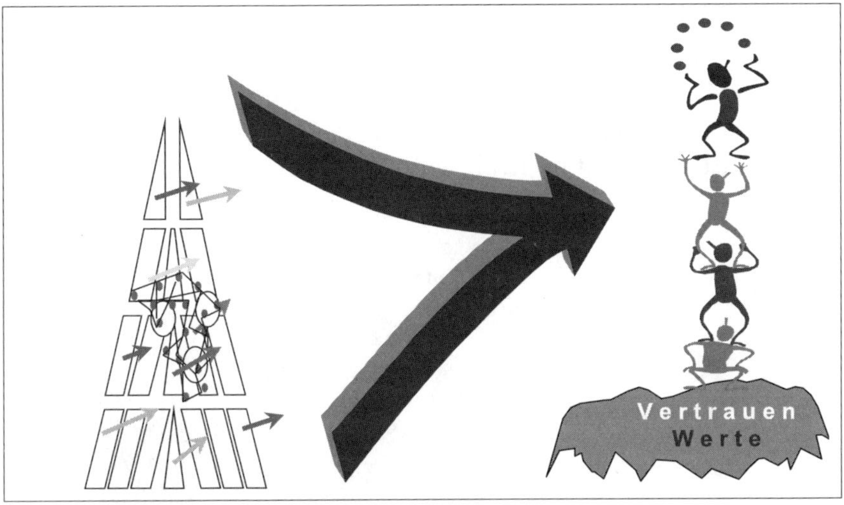

Abb. 1: *Wunsch = Soll*

nomische Bedeutung des scheinbar so weichen Faktors Vertrauen wird von modernen Unternehmensführern

zunehmend erkannt. Daimler-Chrysler-Chef Jürgen Schrempp etwa, berüchtigt als knallhart kalkulierender Konzernlenker, mahnt, dass der Wert eines Unternehmens nur gesteigert werden könne, wenn man erstklassige, hochmotivierte Mitarbeiter habe und man bereit sei, auch eine soziale Verantwortung im Unternehmen und in der Gesellschaft zu übernehmen« [4].

Das Ziel – Die strategisch lernende Organisation

Damit ist die Richtung eines modernen Unternehmens eindeutig beschrieben. Der *Weg* zur Zielerreichung bleibt jedoch weiter offen, da die damit verbundenen praktischen Probleme

- Erarbeitung der strategischen Unternehmensplanung
- Integration von strategischer und operativer Unternehmensplanung
- Differenzierung von kurz- und langfristig nachvollziehbaren Ergebnissen

– Durchdringung von Ursache-Wirkungsketten
– Entwicklung eines Kommunikationskonzeptes
– Erreichbarkeit innerhalb der gesamten Organisation
– Entwicklung der strategisch »lernenden Organisation«

nicht transparent und nachvollziehbar bleiben.

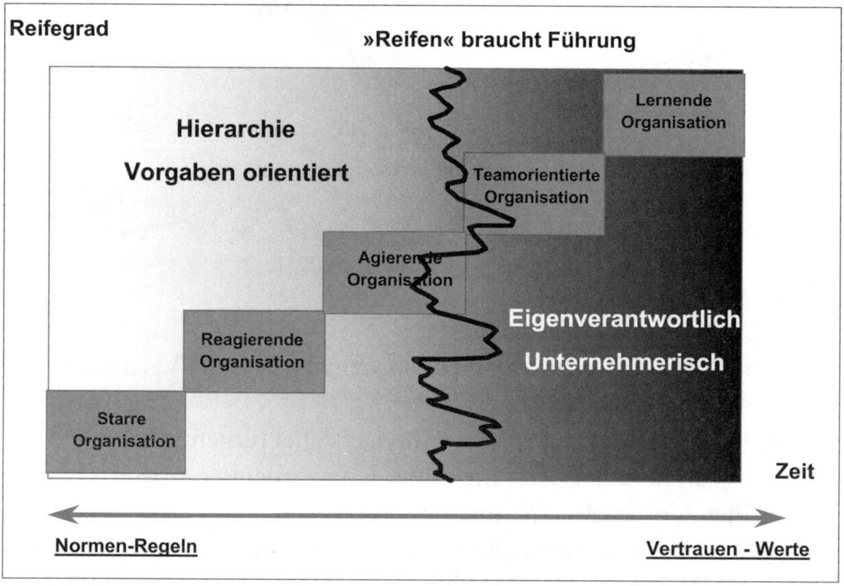

Abb. 2: *Reifegrad eines Unternehmens*

Das Ziel der strategisch »lernende Organisation« – als kurz erläutertes Beispiel – ist einer der höchsten Ansätze in der Organisationslehre und der strategischen Unternehmensführung. Er bedarf den höchsten Reifegrad in einem Unternehmen. Die Zahl derer, die bereits heute diesen Reifegrad besitzen, sind jedoch begrenzt, da ein völliger Werte- und Kulturwandel in den Unternehmen vollzogen werden muss, der sich zwangsläufig über einen definierten Umsetzungszeitraum erstreckt und sich auch auf die Art und Weise der »Führung« einer Organisation niederschlägt.

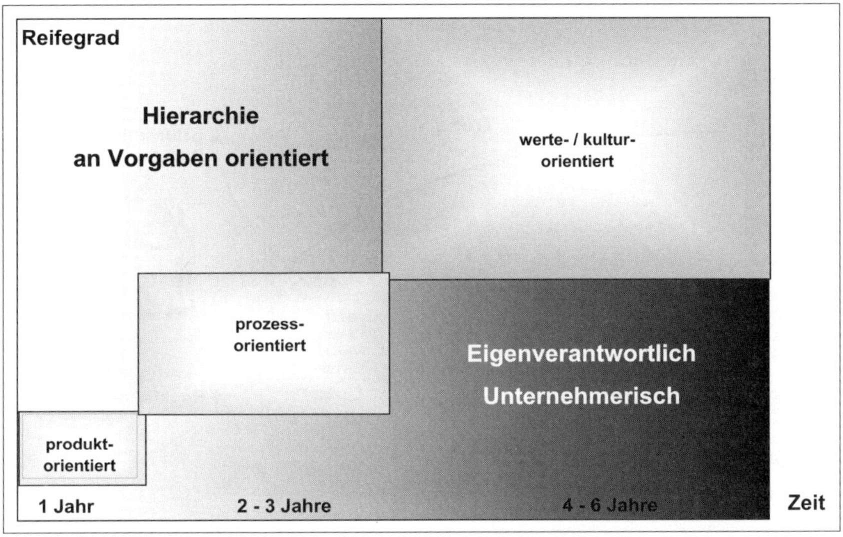

Abb. 3: *Imitationsschutz*

Zeitlich aufbauend auf der »prozessorientierten Unternehmensführung«, die in Deutschland erst vor wenigen Jahren eingeführt wurde, ergibt sich somit ein fehlendes Bindeglied zwischen Anspruch und Wirklichkeit, welches zielgenaue Entscheidungen ermöglicht. In der Entwicklung zur werteorientierten Unternehmensführung existiert bisher in Deutschland eine Lücke von strategischen Steuerungs- und Führungsinstrumenten, welche die damit verbundene Komplexität und Dynamik der oben genannten praktischen Probleme von strategischem Handeln und Lernen in einem akzeptablen Zeitraum lösen.

Die BSC schließt diese Lücke in einer recht einfachen, strukturierten und somit effektiven Art.

Ursache-Wirkungsketten als Kennzahlen abbilden

Die Durchdringung der Komplexität von wirtschaftlichen, organisatorischen, gesellschaftlichen und sozialen Abhängigkeiten basiert auf Ursache-Wirkungsketten, die in verschiedenen Perspektiven struktu-

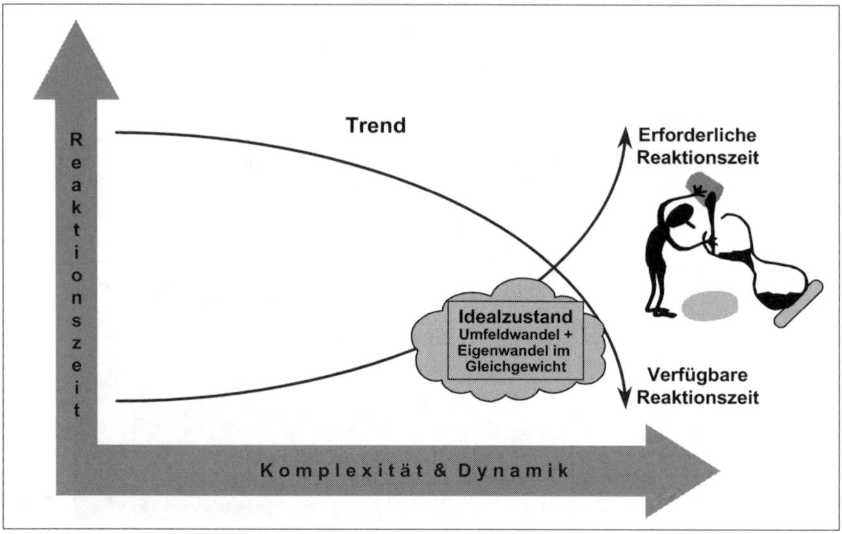

Abb. 4: *Die Zeit und ihre Verfügbarkeit*

riert werden können und in Form von Kennzahlen dargestellt werden. Derartige Ursache-Wirkungsketten müssen vom Management-Team offengelegt und in wenigen Kennzahlen formuliert werden, die jedoch relevant für die strategische Ausrichtung sein müssen. »Mit anderen Worten: Die Balanced Scorecard versteht sich weniger als Kennzahlen-, sondern mehr als Managementsystem« [5]. Der Aufbau und die Wirkungsprinzipien der BSC werden im Buch weitgehend erklärt, darum soll an dieser Stelle kein erläuternder Vortrag über die Eigenarten der BSC gehalten werden. Vielmehr ist die Erkenntnis zu vermitteln, dass die BSC zu einem Konsens über die horizontalen und vertikalen Unternehmensebenen hinwegführt, der im Wesentlichen durch die Mechanismen Kommunikations- und Weiterbildungsprogramme, Verknüpfung der BSC mit Zielen für Teams und einzelne Handlungsträger sowie mit der Verknüpfung mit Anreizsystemen verbunden ist [5]. Diese strategischen Kennzahlen werden jährlich durch das Top-Down und Bottom-Up-Verfahren überprüft. Somit wird mit Hilfe der BSC der organisatorische Lernprozess institutionalisiert. Durch diesen gemeinsam durchgeführten Lernprozess wird ein empfängergerechtes Management – das heißt ein Informations- und Kommunikationssystem – installiert. Von empfängergerecht spricht man deshalb, weil die BSC den vertikalen und horizontalen Managementebenen verursachungsgerecht und zeitnah Informationen zuordnet, die in einem fest vorgegebenen betrieblichen Kommunikationssystem zweckgerichtet und funktional sind – unter klarer Abgrenzung von Verantwortung, Kompetenz und zur Verfügung stehenden Ressourcen.

Diese Tatsache unterscheidet sie von anderen strategischen Managementphilosophien. Erst die systematische Verknüpfung der betrieblichen Planungs-, Führungs-, Kontroll- und Lernaufgaben in einem Informationssystem führt zum strategischen Management. Das strategische Management ist nicht nur die Produktion einer Strategie oder eines Planes, sondern eine Denkhaltung in allen Organisationsebenen des Unternehmens [6], die mit der BSC ein transparentes und nachvollziehbares System erhält, was die Optimierung der unternehmerischen Ressourcen ganz im Sinne einer langfristigen Unternehmenswertsteigerung gestalten kann.

Kurzbiographie

Andreas Walter, Dipl.-Ing., Wirtschaftsingenieur
Andreas Walter war von 1993 bis 1995 tätig als Projektleiter bei der Fa. Zentrum für Logistik und Unternehmensplanung, Berlin. Seit 1995 ist er Großprojektleiter (Projektvolumina: 1,2 Mrd. DM jährlich) und IT-Berater im Bereich Managementsysteme bei der Industrieanlagen-Betriebsgesellschaft mbH (IABG), Ottobrunn. Seit 1999 leitet er die Geschäftsfeldentwicklung Ausland bei der IABG mbH, NL Berlin.

Literatur

[1] Müller-Stewens, Günter: *Wirtschafts-Lexikon, S. 1778, 2. Auflage, S.1, Wiesbaden 1988*

[2] Rappaport, Alfred: *Shareholder-Value: ein Handbuch für Manager und Investoren, S. 11 – 12, Stuttgart 1999*

[3] BISCHOFF, JÖRG: *Das Shareholder-Value-Konzept, S. 195, Wiesbaden 1998*

[4] RAMTHUN, CHRISTIAN: *Bürger Bayer, in: Wirtschaftswoche, S. 19 - 21, 2000, Nr. 39*

[5] WEBER, JÜRGEN: *Macht der Zahlen, in: Managermagazin,, Nr. 12,S. 184 – 187, 1998*

[6] KREILLKAMP, E.: *Strategisches Management und Marketing, Berlin / New York 1987*

Das EFQM-Modell: Der erste Schritt auf dem Weg zum Integrierten Management

Die Balanced Scorecard (BSC) als strategisches Führungsinstrument ist ein Managementsystem. Diese Aussage gilt es aber erst mit einer substantiellen Bedeutung für einen interessierten »Neuling« zu verbinden; zumal andere Steuerungs- und Führungsinstrumente das auch von sich behaupten. Ziel dieses Artikels ist es daher, die positiven Aspekte der BSC zu ergänzen – und zwar mit anderen strategischen Führungsinstrumenten. Auf diese Weise soll ein praktisch nutzbares strategisches Vorgehensmodell entstehen.

Andreas Walter

Strategisches Lernen durch BSC einführen

Die Ergänzung mit strategischen Steuerungsmodellen, wie am erläuterten Beispiel des Modells der European Foundation for Quality Management (EFQM), führt durch ein phasenweises Vorgehen zu einer Erhöhung des Gesamtnutzen für ein Unternehmen. Die jeweiligen Phasen eines zielgerichteten strategischen Vorgehens werden dabei durch die jeweiligen angewendeten Strategiemodelle und deren Besonderheiten geprägt und unterstützt. Das zentrale Ziel dieses neuen Vorgehensmodell ist, strategisches Lernen organisatorisch zu institutionalisieren, was auch eine Kernaufgabe der BSC ist.

Die BSC löst dabei keine anderen Managementsysteme oder strategischen Führungsinstrumente ab, sie ergänzt diese. Ihr Instrumentarium beschäftigt sich mit der Kernfrage des strategischen Lernens einer Organisation.

Sie ist kein Instrument, um menschliche Defizite oder grundsätzliche Kommunikationsprobleme im Unternehmen auszugleichen, was häufig in angestrebten Veränderungsprojekten gesehen wird. Sie ist ein organisatorisches Werkzeug, welches im Zusammenwirken mit anderen organisatorischen Werkzeugen die Fähigkeit »des strategischen Lernens« innerhalb der unternehmerischen Organisation einführt. Der unternehmerische Nutzen eines solchen Veränderungsprojektes lässt sich noch effizienter gestalten, indem man nicht nur die Fähigkeit des »strategischen Lernens« in der Organisation erlernt und instrumentalisiert, sondern auch einen neuen Reifegrad der Organisation verdeutlicht und messbar macht.

Dieser in der Praxis bestätigte Ansatz wird jedoch häufig in den »betriebswirtschaftlichen Trenddiskussionen« übersehen, so dass andere in der Organisation bereits eingeführte Werkzeuge (Change-Management, KVP, TQM etc.) als nicht mehr interessant verworfen oder vernachlässigt werden. Dieser Tatsache steht gegenüber, dass der Sättigungsgrad einer Organisation zur Aufnahme von weiteren organisatorischen Werkzeugen durch die vielfältigen Ansätze der vergangenen Jahre überstrapaziert worden ist – ohne die Ausgangssituation des Problems zu lösen. Diese liegt häufig in dem nicht vorhandenen Konzept, einen Reifegrad der Organisation zu verdeutlichen bzw. messbar zu machen und diesen Reifegrad in einem Kommunikationskonzept der Organisation auch permanent zu vermitteln. Die Erlernung der Fähigkeit des organisatorischen »Lernens« ist in vielen der angestrebten Veränderungsprojekte der prozess- oder wertorientierten Unternehmensführung – die auf Basis einer Vielzahl von angewandten betriebswirtschaftlichen Modellen wie BPR, Shareholder-Value, Stakeholder-Value u.a. durchgeführt worden sind – nicht Mittelpunkt der Betrachtungen gewesen. Die Konditionierung von Organisationen wird unter erheblichen Aufwand von unternehmerischen Ressourcen umgesetzt und bringt häufig nicht den erwarteten »Nutzen«. Unter neuem Aufwand von betrieblichen Ressourcen werden andere betriebswirtschaftliche Ansätze häufig als »Lösungsbringer« in Erwägung gezogen ohne die Vorteile der Integration von verschiedenen Modellen zu überprüfen.

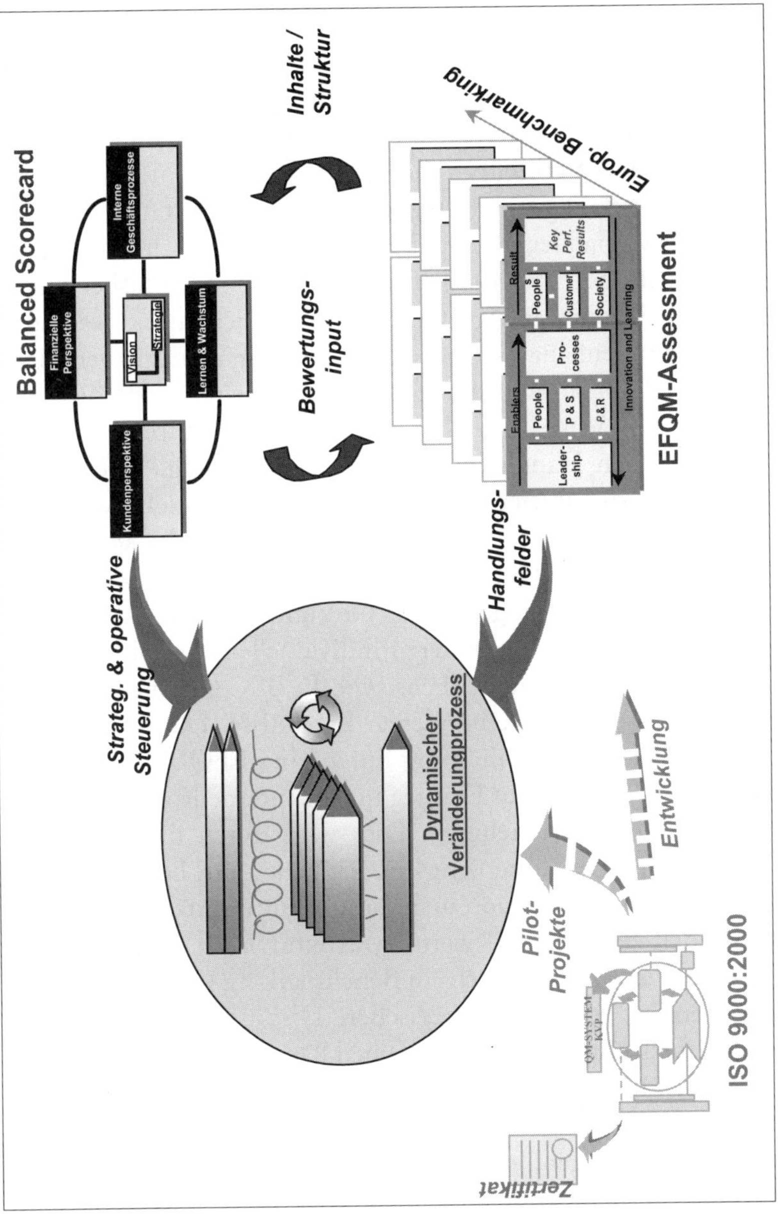

Abb. 1: *Der Weg zum »Integrierten Managementsystem«*

Diese Vorgehensweise zur Ressourcenvernichtung eines Unternehmens ist durch das vorliegende Modell (siehe Abb. 1) zu durchbrechen.

Das strategische Vorgehensmodell, welches hier diskutiert wird, ist in verschiedene Phasen zu unterteilen. Diese Phasen werden mit verschiedenen strategischen Werkzeugen wie EFQM und BSC unterstützt. Eine phasenweise Umsetzung von strategischem Management unter Berücksichtigung der vorhandenen organisatorischen strategischen Fähigkeiten ist in keinem betriebswirtschaftlichen Einzelmodell bisher untersucht worden. Die oben gezeigte Graphik verdeutlicht die notwendigen Wirkungszusammenhänge im neuen Modell vom strategischen Handeln. Die erste Phase vom strategischen Handeln besteht in einer strategischen Schwachstellenanalyse sowie die Identifikation von möglichen strategischen Handlungsfeldern. Das Werkzeug, welches sich hierbei in der Praxis anbietet, ist das EFQM-Modell, welches durch ein vorgegebenes strukturiertes Raster einen Einstieg in das strategische Handeln einer Organisation mit wenig Ressourcenaufwand anbietet. Die Analyse nach einem vorgegebenen Grundmuster von unternehmerischen Handlungsfeldern und deren individuellen Bewertungen verbinden in seinem Modellansatz ebenso wie die BSC unternehmerisches Vorgehen und die damit verbundenen Ergebnisse. Die ganzheitliche und objektive Standortbestimmung durch eine EFQM-Selbstbewertung bedeutet den sofortigen Einstieg in eine interne Kommunikation von Strategien im Unternehmen. Dies wird durch die Basis einer einheitlichen »Sprache« unternehmensweit garantiert. Darüber hinaus wird die strategische Diskussion auch dadurch unterstützt, dass Wettbewerber sich den identischen Bewertungsstrukturen nach EFQM unterwerfen können und sich dadurch ein Benchmarking von Best-Practice-Lösungen ergibt, welches strategischen Diskussionsbedarf in der Unternehmensstruktur zusätzlich ausüben kann. Durch die unternehmerischen Handlungsfelder nach EFQM werden auch bisher nicht zu bewertende Soft-Facts wie »Führung« in eine unternehmerische Gesamtwertung einbezogen, womit sich dieses Modell von der Schwerpunktbetrachtung »Prozessmanagement« der ISO 9000ff. qualitativ unterscheidet. EFQM ist somit mehr als ISO 9000ff. EFQM prägt das Modell der BSC durch seine analytische Vorarbeit in seinen Inhalten und Strukturen. In der nun folgenden Phase »Umsetzung der strategischen SOLL-Konzeption« übernimmt die BSC als strategisches und operatives Steuerungsmodell den dynamischen Veränderungsprozess des strategischen Lernens einer Organisation. Durch das Modell BSC wird dabei im Gegenzug an das EFQM-Modell durch die *laufende* Erfassung von strategischen Informationen wesentlicher Bewertungsinput zu strukturellen Unternehmensveränderungen geliefert, die bei der jährlichen EFQM-Selbstbewertung berücksichtigt werden können.

Der Grundgedanke dieser Integration ist durch die Erkenntnis getragen, dass eine Vielzahl von betrieblichen Systemen häufig unabhängig voneinander geführt werden. Der Grundgedanke der betrieblichen Effizienzsteigerung durch die Nutzung dieser Systeme geht somit verloren. Die Nutzerfreundlichkeit sinkt mit der Vielfalt der verschiedenen Systeme und beeinträchtigt die Akzeptanz bei den Mitarbeitern. Erst durch die Integration der Einzelsysteme zu einem Gesamtsystem, das sich an den betrieblichen Prozessen als Teilelement des dynamischen Veränderungsprozesses orientiert, werden betriebliche Redundanzen, aufgeblähte Strukturen und Zielkonflikte vermieden und ein Höchstmaß an Synergien erreicht.

Die Integration von betriebswirtschaftlichen Systemen, die hier im Focus der Betrachtungen stehen, können unter dem Ziel des organisatorischen »Lernens« gesehen werden. Das Ziel des »Lernens« wird dabei durch drei Kernelemente beschrieben:

- »Was« soll der Lerninhalt sein? (Beschreibung durch das EFQM-Modell/)
- »Wie« wird der Lerninhalt durch »wen« übermittelt? (Übersetzung durch die BSC)
- »Wo« lernen wir? (Betrachtung der betrieblichen Prozesse und eines dynamischen Umfelds?

Nur die Beantwortung aller Fragen führt zur Steigerung des organisatorischen Reifegrades in der gewünschten Form einer langfristigen Wertsteigerung des Unternehmens.

Die Frage des »Warums« ergibt sich in der Regel durch die Beantwortung mit einer Weisheit der Lateiner: »Nicht für die Schule sondern für das Leben lernen wir«. Diese Weisheit kann als Benchmark innerhalb des EFQM-Modells und deren Ziele auch messbar gemacht werden. Die Lebensgrundlagen für Unternehmen müssen jedoch vergleichbar sein. Der direkte Vergleich mit Konkurrenten auf Basis des einheitlichen Bewertungsmaßstabes »EFQM-Modell« ergibt eine objektive Aussage zu strategischen Verbesserungspotenzialen in den Strukturen und der unternehmerischen Umwelt gegenüber seinen Mitwettbewerbern.

Es ist daher zeitgemäß, eine (symbiotische) Nutzenbeziehung mit anderen strategischen Führungsprinzipien (Change-Management als Kennzeichnug des dynamischen Lernprozesses, EFQM) herauszuarbeiten, welche die BSC als ein Element eines integrierten Managementsystems darstellt. Dieses Element des integrierten Managementsystems beschäftigt sich mit der Umsetzung von Visionen und Strategien und mit deren Weitergabe vom Top-Level-Management zum operativen Management. Die operationale Umsetzung durch zu konkretisierende Aktionsprogramme in den häufig benutzten Perspektiven (Finanzen, Kunden, Interne Prozesse und Lernen/Wachstum) wird durch die BSC auf nachvollziehbare Weise gelöst. Sie übernimmt damit die Führung eines dynamischen Veränderungsprozesses in der Organisation. Der BSC wird die operative und strategische Steuerung des Veränderungsprozesses übertragen, wobei eben *nicht* die Grundsätze, die beim Kulturwandel innerhalb eines Unternehmens gelten, außer acht gelassen werden dürfen.

Die Verletzung der Grundregeln im Kulturwandel (im Change-Management) führen eben genau dorthin, wo viele Veränderungsprojekte enden: Sie führen in die Bedeutungslosigkeit unter Vernichtung von Unternehmensressourcen.

BSC als Element eines integrierten Managementsystems

»Jeder Unternehmer/Manager setzt sich zumindest intuitiv mit der Steuerung seiner Erfolgspotenziale auseinander. Dafür muss kein spezielles Managementsystem institutionalisiert werden. Die Literatur spricht hier von einer strategischen Unternehmensführung, in deren Mittelpunkt die Gestaltung des Zusammenspiels der Erfolgspotenziale einer Organisation in ihrem Umfeld steht« [1, S. 1784 f].

Diese Erkenntnis wurde bereits vor der BSC geprägt und hat nach wie vor ihre Bedeutung.

Die Kernaufgabe von neuen strategischen Führungsinstrumenten muss daher die Ablösung von Intuition durch Institutionalisierung sein, die den »Erfolg« eines Unternehmens beschreibt, plant, steuert und kontrolliert.

Für die Planung, Steuerung und Kontrolle eines Unternehmens hat sich die BSC als praktischer Handlungsrahmen insbesondere für die folgenden verschiedenen kritischen Management-Teilprozesse erwiesen:

- Klären und Übersetzen von Vision und Strategie in konkrete Aktionen;
- Kommunizieren und verbinden strategischer Ziele mit Maßnahmen;
- Aufstellen, Planen, Formulieren von Vorgaben und Abstimmen der Initiativen;
- Verbessern des Feedbacks und des Lernens.

Die Beschreibung des Erfolgs eines Unternehmens und dessen maßgebliche Erfolgsgrößen ist somit im Vorfeld einer BSC-Einführung eine noch zu leistende unternehmerische Arbeit, die den Erfolg einer BSC maßgeblich mitprägt.

Zwölf Gebote

Auf der Basis einer gemeinsamen Untersuchung von Prof. Lewy von der Freien Universität Amsterdam mit KMPG wurden bereits elf »Gebote« für die erfolgreiche Nutzung von BSC entwickelt [2, S. 34-36], welche die Forderung einer Integration von verschiedenen strategischen Führungsinstrumenten außerhalb der BSC zu einem integrierten Managementsystem unterstützen:

1. Nütze BSC als einen Weg zur Realisierung von zuvor gesetzten strategischen Zielen.
2. Stelle auf jeden Fall sicher, dass die strategischen Ziele schon vorhanden sind, bevor BSC eingeführt wird.
3. Stelle sicher, dass ein Mitglied der Unternehmensleitung (nicht aus dem Finanzbereich) BSC als Konzept unterstützt und dass die wichtigen Führungskräfte in der Linie dem Projekt zustimmen.
4. Führe ein Pilotprojekt vor dem Gesamtprogramm durch.
5. Mache eine »Eignungsprüfung« für jede Geschäftseinheit, bevor man dort mit BSC arbeitet.
6. Nutze die BSC nicht, um zusätzliche Kontrolle »von oben nach unten« zu erlangen.
7. Arbeite nicht mit standardisierten Konzepten. BSC muss für das Unternehmen maßgeschneidert sein.
8. Schätze die Notwendigkeit für Training und Kommunikation bei der Einführung von BSC hoch ein; glaube nicht, dass jeder von der Einfachheit der Idee begeistert ist.
9. Bemühe dich weder um Komplexität noch um Perfektion.
10. Denke daran, dass eine zusätzliche verwaltungsmäßige Belastung auftritt und
11. Kosten der periodischen Berichterstattung über BSC anfallen werden.

Zu diesen elf »Geboten« gesellt sich das entscheidende zwölfte »Gebot«: Beginne nicht mit der BSC-Einführung, wenn du nicht weißt, was du eigentlich erreichen willst. Also: Erst die Vision und Strategien entwickeln und dann die BSC zu ihrer Umsetzung einführen.

Diagnose- und Entwicklungssystem – »EFQM-Modell« für Visionen und Strategien

Um das praktische Problem der Vision- und Strategiefindung innerhalb der BSC zu lösen, hat sich das Leitbild »EFQM-Modell« der European Foundation for Quality Management bewährt. Es dient zur Realisierung des Leitbildes »Business Excellence«.

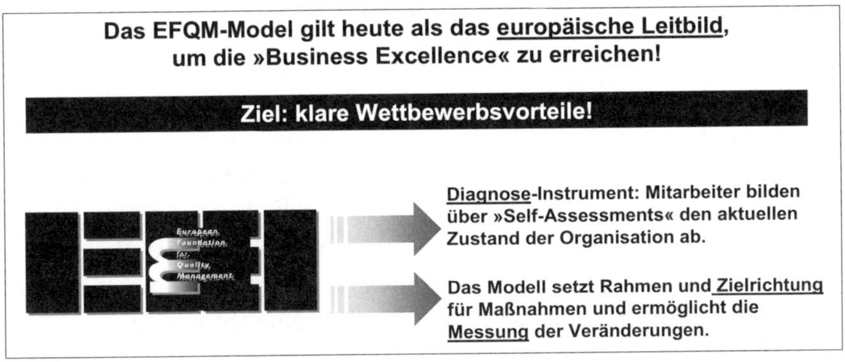

Abb. 2: *Der Weg zum »Integrierten Managementsystem«/Leitbild: EFQM-Modell*

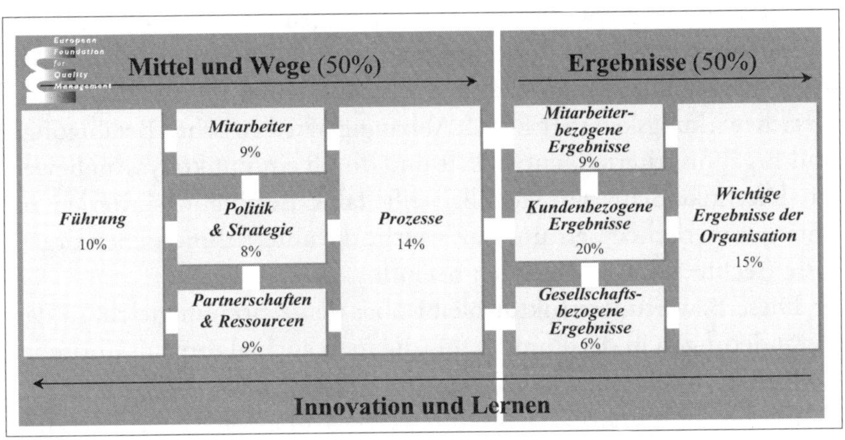

Abb. 3: *Handlungsfelder und deren Zusammenhänge im EFQM-Modell*

Die Entwicklung und Formulierung von Visionen und Strategien werden damit durch ein anzuwendendes systematisches Diagnosesystem mit objektiv messbaren Ergebnissen in Form von standardisierten Checklisten und Kennzahlen unterstützt. Die Handlungsfelder, die durch das EFQM-Modell als strategische Schwachstelle identifiziert werden, sollten im weiteren Verlauf des strategischen Prozesses durch die BSC strukturiert, entwickelt, eingeführt und verbessert werden.

Das EFQM-Modell bietet einen organisatorischen Rahmen mit verschiedenen strategischen Maßnahmenfeldern (Führung, MA-Orientierung, Politik/Strategie, Ressourcen, Prozesse, MA-Zufriedenheit, Kundenzufriedenheit, Gesellschaftliche Verantwortung/Image, Geschäftsergebnisse), die den Erfolg eines Unternehmens empirisch beschreiben. Diese Maßnahmenfelder bilden nicht nur die unternehmerischen »Hardfacts« (z.B. Geschäftsergebnisse), sondern auch den Bereich der unternehmerischen »Softfacts« (z.B. gesellschaftliche Verantwortung/Image) ab. Durch Self-Assessments wird nach den Regeln des EFQM-Modells in kurzer Zeit eine SWOT-Analyse des Unternehmens praxisgerecht erarbeitet und durch eine Punktezahl beschrieben. Die neutrale Bewertung des »Self-Assessments« der Organisation erfolgt auf Basis der RADAR-Matrix (Results, Approach, Deployment, Assessment und Review) und spiegelt die Anforderungen im EFQM-Modell für Excelllence wieder. Die Bewertungsstruktur des Modells wird in Abbildung 4 erläutert. Genau wie in der BSC werden im EFQM-Modell Ursachewirkungsketten (EFQM: Abhängigkeiten zwischen Befähigungs- und Ergebniskriterien) entwickelt und durch ein Punktesystem bewertet. Die linke Seite des Modells stellt dabei Befähigungskriterien zur unternehmerischen Leistung dar, welche die unternehmerischen Ergebnisse (rechte Seite) maßgeblich beeinflussen.

Diese Bewertungsstruktur bleibt über den Zeitraum gleich, so dass Veränderungen in der Punktezahl (die man auch als organisatorischen Reifegrad umschreiben kann) messbar werden.

Die Gesamtpunktzahl wird durch Bewertung von Teilkriterien und deren Ausprägungen in den einzelnen Handlungsfeldern ermittelt, der

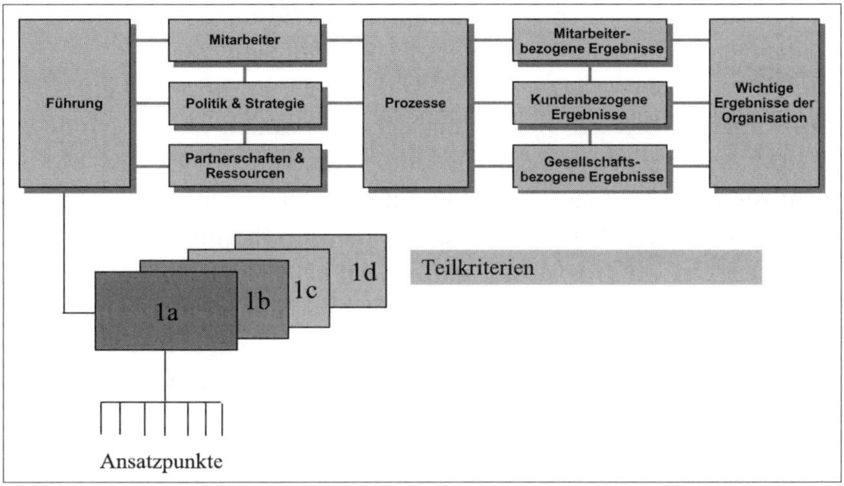

Abb. 4: *Der Weg zum »Integrierten Managementsystem« – Gliederungsstruktur des EFQM-Modells*

als Benchmark-Vergleich mit gleichartigen Unternehmen im Wettbewerb genutzt werden kann. Die Bewertung und der Benchmark-Vergleich von Teilkriterien durch eine Punktezahl sind gleichzeitig Ausgangspunkt zur Formulierung von strategischen Maßnahmen, die mit einer BSC durch ein zu entwickelndes Kennzahlensystem operationalisiert werden können.

Durch diese geordnete Erfassung über ein systematisches Checklistensystem erreicht das Unternehmen somit eine Dokumentation und Analyse der qualitativen und quantitativen Steigerung der organisatorischen Reife, die wie eine SWOT-Analyse (Strenghts, Weakness, Opportunities & Threats) wirkt. In der Zeitreihe wird somit nicht nur der Status quo eines Unternehmens messbar und mit anderen Unternehmen vergleichbar, sondern auch Veränderungen des Unternehmens.

Die Bedeutung von Kennzahlen in der BSC, die im EFQM-Modell als Punktewerte in den Handlungsfeldern bezeichnet werden, sowie deren wichtige Bedeutung in diesem Gesamtzusammenhang sei hier anhand folgender Zitate noch einmal untermauert [3, S.68].

– If you can't measure it, you can't manage it (Tom DeMarco).

– The degree to which you can express something in numbers is the degree to which you really understand it (Lord Kelvin).

Zusammenfassend zur Bedeutung der Kennzahlen in den Modellen EFQM und BSC lässt sich Folgendes feststellen: Im EFQM-Modell dient die erreichte Gesamtpunktezahl und deren strukturelle Zusammensetzung in den Teilkriterien als Zustandsbeschreibung eines Unternehmens. Das EFQM-Modell gibt jedoch keine »Ratschläge« wie man mit welchen Mitteln welche Punktezahl erreichen kann. Die Diagnose des Unternehmens und der Beschreibung von strategischen Vor- bzw. Nachteilen müssen im nächsten Schritt durch die BSC »therapiert« werden. Die BSC setzt die strategischen Zielgrößen, die sich aus den Erkenntnissen der EFQM-Diagnose ergeben, durch ein eigenes strategisches Kennzahlensystem operationell um. Obwohl beide Modelle Kennzahlen benutzen, erfüllen sie jedoch unterschiedliche Aufgaben.

Die auf Basis des EFQM-Modells ermittelten unternehmerischen Defizite identifizieren die strategischen unternehmerischen Handlungsfelder, die als potenzielle Schwachstellen der Organisation im Wettbe-

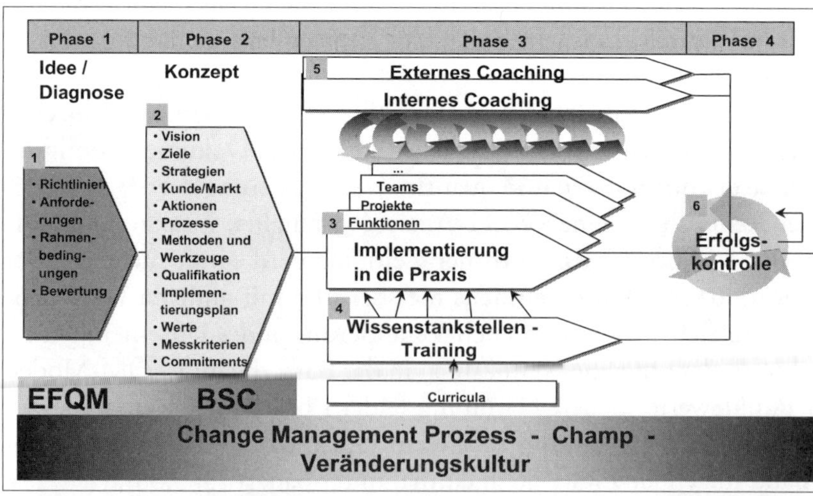

Abb. 5: *Der Weg zum »Integrierten Managementsystem« – Projektphasen eines Umsetzungsprozesses*

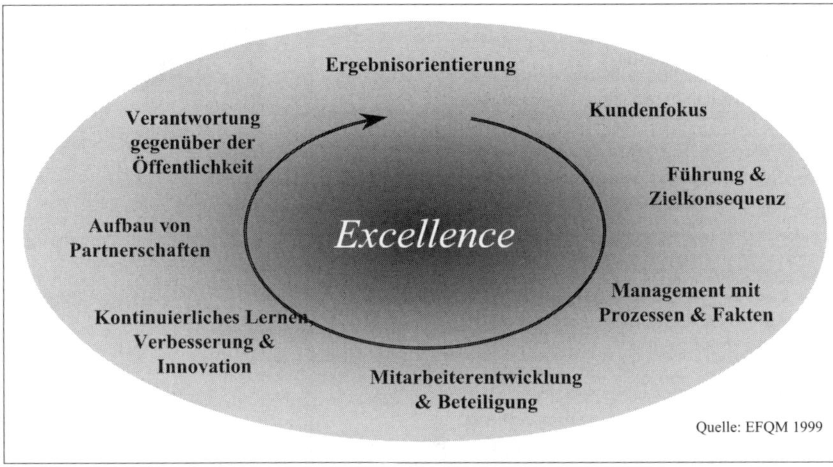

Abb. 6: *Der Weg zum »Integrierten Managementsystem« – »Die methodischen Eckpfeiler der Excellence«*

werb gelten. Dies wird durch den Benchmark-Vergleich im Wettbewerb evaluiert. Die Überarbeitung vorhandener Ziele, die Aufdeckung der strategischen Abhängigkeiten von Maßnahmen und deren Komplementärs-/Kollisions- und Indifferenzbeziehungen, aber auch die Entwicklung von neuen strategischen Zielinhalten in Abstimmung mit der EFQM-Systematik (vgl. Abb.1) werden durch das Konzept »BSC« erarbeitet. Diese logische und systematische Ableitung von »Managementhandeln« unterscheidet sich somit in ihrer Konsequenz von den traditionellen Versuchen der Anwendungskennzahlensysteme [4, S. 79 f.].

Die methodischen Eckpfeiler von »Business Excellence« bilden dabei den gleichen Handlungsrahmen, den sie üblicherweise auch in BSC-Einführungsprojekten bilden.

Nutzenerhöhung durch synergetischen Einsatz

Durch das EFQM-Modell und dessen Vorgehensweise erhält man innerhalb kürzester Zeit fundierte Ergebnisse über den Zustand des

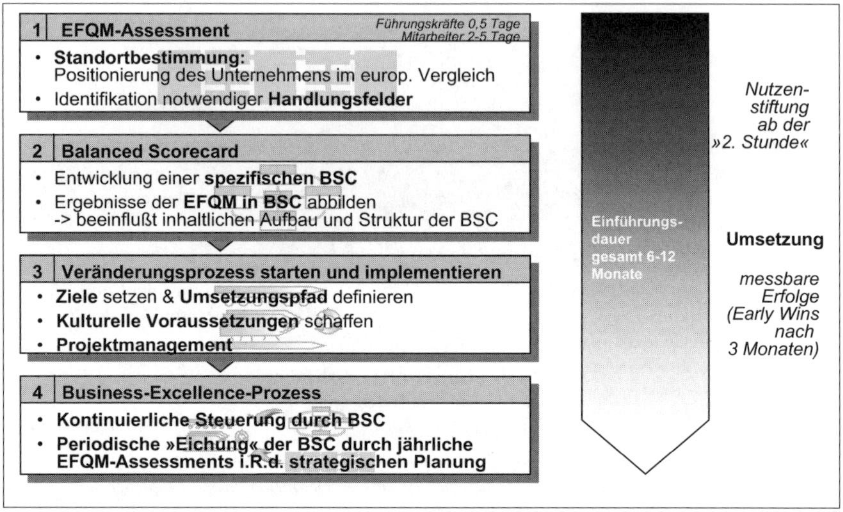

Abb. 7: *Der Weg zum »Integrierten Managementsystem« – Vorgehensweise des EFQM-Modells*

untersuchten Unternehmens, die als Voraussetzung für eine Einführung von BSC nutzbar sind. Die Unterstützung von ausgebildeten (neutralen) Assessoren, welche die EFQM-Methodik beherrschen, bilden dafür den Grundstein. Das Assessment wird nach Regeln der Foundation durchgeführt und durch die Assessoren abgenommen.

Die Neutralität zur Bewertung ist die entscheidende Rolle im Assessment.

Der geringe Aufwand des Assessments (Führungskräfte 0,5 Arbeitstage und Mitarbeiter bis max. 2,5 Arbeitstage) innerhalb des EFQM-Modells führt zu einem schnellen organisatorischen Erfolgserlebnis, was häufig in Veränderungsprozessen der ursächliche Grund des Scheiterns eines Projektes ist. Die Veränderung von Werten im Unternehmen (Bereichsegoismen, Einzelkämpfer versus »gemeinsames Handeln«) auf der Basis gemeinsam entwickelter und definierter Werte führen in einem Projekt (»Organisatorische Fieberkurve«) häufig zu einer schnellen Überforderung des Personals.

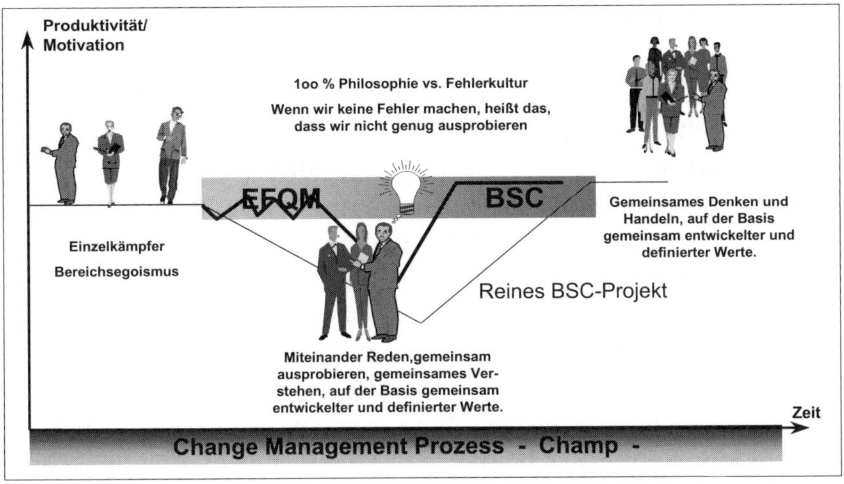

Abb. 8: *Der Weg zum »Integrierten Managementsystem« – Organisatorische Fieberkurve bei der Umsetzung*

Die Vorgehensweise des »Self-Assessments« beim EFQM-Modell hingegen wirkt von Anfang an auf die Akzeptanz und die Motivation der Mitarbeiter positiv. Der Einbruch der Motivation wird so über die Zeit verkürzt und hat absolut gesehen eine niedrigere Ausprägung, was den unternehmerischen Nutzen zweifelsfrei erhöht.

Das Self-Assessment macht, eine übergeordnete Beschreibung des Unternehmens über vertikale und horizontale Unternehmensbarrieren (»Machtsphären«) hinaus notwendig, ist aber bei der Formulierung der Visionen und Strategien des Unternehmens unabdingbar.

Die so ermittelten Strategien und Visionen werden unter Beachtung der oben genannten Gebote und dem strategischen Führungsinstrumentarium »BSC« umgesetzt [5]. Dieses Zusammenspiel der verschiedenen Modelle führt zu einem effektiven und effizienten Umgang mit den Unternehmensressourcen.

Zusammenfassung

Mit der zunehmenden Bedeutung von strategischen Führungsinstrumentarien wird die Notwendigkeit deutlich, die Operationalisierung von unternehmerischen Zielen durch die Anwendung von integrierten Managementansätzen zu forcieren. Die Einführung von neuen Führungsprinzipien muss sich an der Steigerung des Unternehmenserfolges messen lassen, wobei der Unternehmenserfolg sich eben nicht nur am traditionellen Bild der monetären Größen messen lässt.

In den neueren betriebswirtschaftlichen Betrachtungen werden unbestritten auch nicht monetäre Größen zur Beschreibung des Unternehmenserfolgs herangezogen. Verschiedene Ansätze realisieren bereits diesen Anspruch, wozu auch das Werkzeug BSC gehört. Ein zieladäquater und kostenoptimaler Beitrag zum Unternehmenserfolg muss aber nicht nur durch ein Modell allein geleistet werden. Es gilt die Vorzüge von verschiedenen Modellansätzen so zu kombinieren, dass Unternehmensressourcen (insbesondere Zeit und Geld) im Projektverlauf gespart

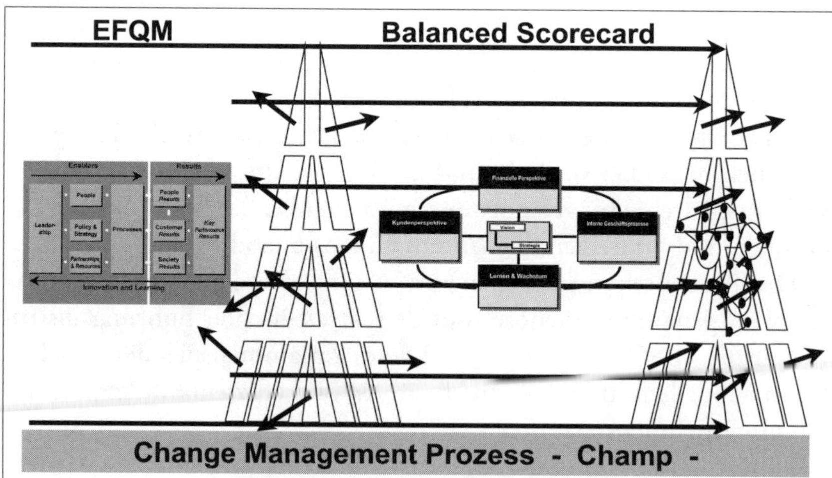

Abb. 9: *Der Weg zum »Integrierten Managementsystem« – Managementwerkzeuge zur Strategieumsetzung*

werden, aber auch der Sättigungsgrad einer Organisation für Veränderungsprojekte berücksichtigt wird. Diese Tatsache wird bei der Einführung von betriebswirtschaftlichen »Modesystemen« häufig verdrängt.

Literatur

[1] MÜLLER-STEWENS, GÜNTER: *Wirtschafts-Lexikon, 12. Auflage, Wiesbaden 1988*

[2] MCCUNN, PAUL: *The Balanced Scorecard ... The Elenventh Commandment, Management Accounting (UK), Dezember 1998*

[3] BERNHARD, MARTIN: *IT-Controlling / Rechenknecht – Quo Vadis ? – in: ITManagement, 1999, 12 , S. 64 ff.*

[4] SYSKA, A.: *Kennzahlen in der Logistik, Berlin/Heidelberg 1990*

[5] KAPLAN, R.S./NORTON, D.P.: *Balanced Scorecard, Strategien erfolgreich umsetzen, Stuttgart 1997*

Aus der Praxis ...
Wenn Experten berichten

Die Bank Austria Gruppe –
Strategien müssen auch gelebt werden
von Bernd Gaiser, Wolfgang Landauer

Die Alba Gruppe –
Dezentrale Strukturen erfordern mehr Transparenz
von Stefan Hoffschröer, Annette Möbus

Die »Svenska-Kugellagerfabriken«,
Produktdivision Gleitlager –
Gemeinsame Visionen müssen erarbeitet werden
von Manfred Vogel

Die S-Bahn Hamburg –
Mit der Balanced Scorecard auf Erfolgskurs
von Markus Jähnig

Die Polizei Bremen –
Manager von Ruhe, Sicherheit und Ordnung
von Werner Krebber

Die Bank Austria Gruppe – Strategien müssen auch gelebt werden

Die Bank Austria Gruppe, die größte Bank Österreichs, hat sich für einen umfassenden Einsatz des Balanced Scorecard (BSC)-Konzeptes entschieden. Im Zeitraum Januar bis Mai 2000 wurde die Pilotphase mit der BSC-Einführung in drei Geschäftseinheiten abgeschlossen, die Pilotierung evaluiert und als sehr erfolgreich beurteilt. Anschließend wurden ein Konzept und mehrere Instrumente für den großflächigen BSC-Einsatz entwickelt und es wurde mit dem Roll-out in zahlreichen Unternehmenseinheiten begonnen.

Bernd Gaiser, Wolfgang Landauer

Ein Überblick

Der nachfolgende Praxisbericht beschreibt die Erfahrungen in und mit diesem Prozess. Dies ist kein Abschlussbericht, da der BSC-Aufbau in einigen Organisationseinheiten und die Integration der BSC in die Management- und Steuerungssysteme, wie z.B. die Planung und das Berichtswesen, noch nicht abgeschlossen sind. Es ist ein Zwischenbericht über die wichtigsten Phasen und die entscheidenden Weichenstellungen für eine effektive BSC-Nutzung in einem Konzern.

Die Autoren verzichten darauf, Balanced Scorecard als grundlegendes Managementkonzept vorzustellen oder gar zu zeigen, wie eine Balanced Scorecard aussieht. Dies haben andere Beiträge in den Anfangskapiteln dieses Buchs geleistet. Die Sichtweise der Autoren zum grundlegenden Konzept und Implementierungshinweise sind zudem in dem Buch »Balanced Scorecard umsetzen« von Horváth & Partner (2000) nachzulesen (siehe Literaturverzeichnis). Nachfolgend wird daher ausschließlich auf den spezifischen Implementierungsprozess bei der Bank Austria eingegangen.

Die Bank Austria Gruppe

Die Bank Austria Gruppe ist die größte Finanzgruppe Österreichs und zählt in Europa zu den 35 größten Bankkonzernen. Sie ist der klare Marktführer in Österreich. Ihr Kernmarkt ist das zusammenwachsende Mittel- und Osteuropa. Die Bank Austria Gruppe bietet ihren Kunden im In- und Ausland ein umfassendes Angebot an Bankdienstleistungen. Darüber hinaus steht über Tochtergesellschaften und Beteiligungen ein breites Spektrum an Finanzdienstleistungen wie etwa Investmentfonds, Kreditkarten, Vermögensverwaltung, Leasing, Investmentbanking, Versicherungen etc. zur Verfügung.
Seit dem Zusammenschluss mit der HypoVereinsbank ist die Bank Austria Gruppe selbständiger Teilkonzern innerhalb der HypoVereinsbank. Über die Strategie der »Bank der Regionen« wird die Marktführerschaft in Mittel- und Osteuropa angepeilt.

Warum Balanced Scorecard in der Bank Austria Gruppe?

Die Bank Austria wird nach den Grundsätzen des Value-Managements geführt. Die Gesamtstrategie der Bank Austria Gruppe zielt darauf ab, den Unternehmenswert im Interesse der Eigentümer (Aktionäre) – und damit auch indirekt im Mitarbeiterinteresse – langfristig und nachhaltig zu steigern. Dabei ist die Balanced Scorecard das Konzept zur Umsetzung der wertorientierten Strategien in der Bank Austria.

Mit ihrem ganzheitlichen und dezentralen Ansatz wird mittels der Balanced Scorecard die übliche »Lücke« zwischen den gesetzten Unternehmenszielen und der Praxis in den Geschäftsfeldern, Ressorts und regionalen Organisationseinheiten geschlossen. Dies geschieht vor allem auch im Bewusstsein, dass übergeordnete Rentabilitätsziele zumeist auf unteren Organisationsebenen erzielt werden. Durch ihr Konzept einer durchgängigen, nachvollziehbaren Logik von der Strategie zur Aktion wird allen Organisationseinheiten ein noch besseres Verständnis für die Erfolgsziele, die Definition der Kernkompetenzen sowie die festgelegte Richtung in den jeweiligen Geschäftsfeldern vermittelt. Darüber hinaus gelingt es damit, den Beitrag der jeweiligen Geschäftseinheiten zum Unternehmensergebnis bzw. den übergeordneten Rentabilitätszielen noch transparenter zu machen, was auch motivatorische Effekte zur Folge hat. Für die Geschäftsleitung der Bank Austria jedenfalls ist die BSC »ein Managementinstrument, um planvolles Handeln ganzheitlich und methodisch zu organisieren.«

Generaldirektor Stellvertreter Karl Samstag formuliert seine Erwartungen an BSC so: »Je konkreter die Zielsetzungen sind, die der/die Einzelne in seinem/ihrem Team plastisch vor Augen hat, umso stärker wird die Identifikation mit der Gesamtstrategie der Bank sein.« Johann Toth, Leiter des Pilotressorts Firmenkunden 2, beantwortet die Frage nach dem »Warum BSC?« ganz pragmatisch: »Weg von den Konjunktiven des Lebens (man sollte..., irgendwer müsste..., es wäre gut, wenn ... etc.) hin zu klaren Maßnahmen und erledigten Aktionen. Weg von der Kompliziertheit, hin zu klaren und übersichtlichen Plänen, so dass jeder weiß, was wichtig und somit vorrangig zu tun ist.«

Auslöser für die BSC-Einführung ist nicht nur eine weitere Optimierung in der Strategieumsetzung, sondern auch erwartete, noch höhere Anforderungen an die Strategien und deren Umsetzung in der Zukunft. Diese ergeben sich u.a. durch den Zusammenschluss mit der HypoVereinsbank, die Neudefinition der Vertriebswege durch neue Technologien und die Notwendigkeit eines noch effektiveren Value Managements.

Das war die Ausgangslage. Daraus ergaben sich folgende Ziele des Einsatzes der Balanced Scorecard in der Bank Austria. Balanced Scorecard soll

- ⇨ das Primat der Wertorientierung stärken durch die Ausrichtung nicht-finanzieller Ziele an den Wertsteigerungszielen und am Kunden
- ⇨ unternehmerisches Denken bei den Führungskräften verstärken und die Mitarbeitermotivation steigern
- ⇨ die Verteilung interner Ressourcen und das Verhalten der Mitarbeiter stärker an den strategischen Zielen ausrichten
- ⇨ Strategien von Organisationseinheiten besser aufeinander abstimmen

⇨ Voraussetzungen für eine integrierte strategische und operative Steuerung schaffen

Das Roll-Out-Vorgehen

Die Einführung von Balanced Scorecard erfolgt in vier Phasen. Die Grobterminierung zeigt Abbildung 1. Die Phasen sind nach folgenden Implementierungsgrundsätzen aufgebaut. Eine Pilotierung (Phase eins) in einem typischen Ressort soll nachweisen, dass das Balanced Scorecard-Konzept die angestrebten Ziele (siehe Abschnitt eins) zu erreichen vermag. Erst nach erfolgter Evaluation wurde der Roll-out freigegeben. Der eigentliche Roll-out wurde auf zwei Phasen aufgeteilt. In Phase zwei (Roll-Out-Stufe eins) wurden für ca. 25 Einheiten unterschiedlicher Ebenen, in Phase drei für die restlichen zirka 100 Einheiten BSCs aufgebaut. Eine sofortige Vollabdeckung der Organisationseinheiten, für die eine BSC zweckmäßig ist, wäre ein »BSC-Overkill« gewesen, der keine ausreichende Abstimmung der BSCs unterschiedlicher Einheiten zuließe – z. B. die Abstimmung von Markteinheiten mit internen Serviceeinheiten – und zudem mit den vorhandenen Ressourcen nicht zu bewältigen gewesen wäre. Parallel zur Roll-out-Stufe eins musste die Integration der BSC in die Management- und Steuerungssysteme (Phase vier) starten, da bereits die Piloteinheiten zur laufenden BSC-Nutzung ein pragmatisches Berichtssystem eingefordert haben, der Planungs- und Budgetierungsprozess 2001 mit den BSCs aus Pilot- und Roll-out-Einheiten zu verzahnen war und die Auswahl einer geeigneten Software mit angemessenem Vorlauf zu starten hatte.

Im Folgenden werden Besonderheiten zu einzelnen Phasen erläutert:

Pilotierung

Die Pilotierung erfolgte in einem der beiden Firmenkunden-Ressorts der Bank Austria – einer typischen marktnahen Einheit, die mit zirka 300 Mitarbeitern Firmenkunden in Wien und in den Bundesländern betreut. Auf der Basis eines bereits verabschiedeten strategischen Geschäftsplans wurde zunächst eine BSC für das Ressort und anschließend

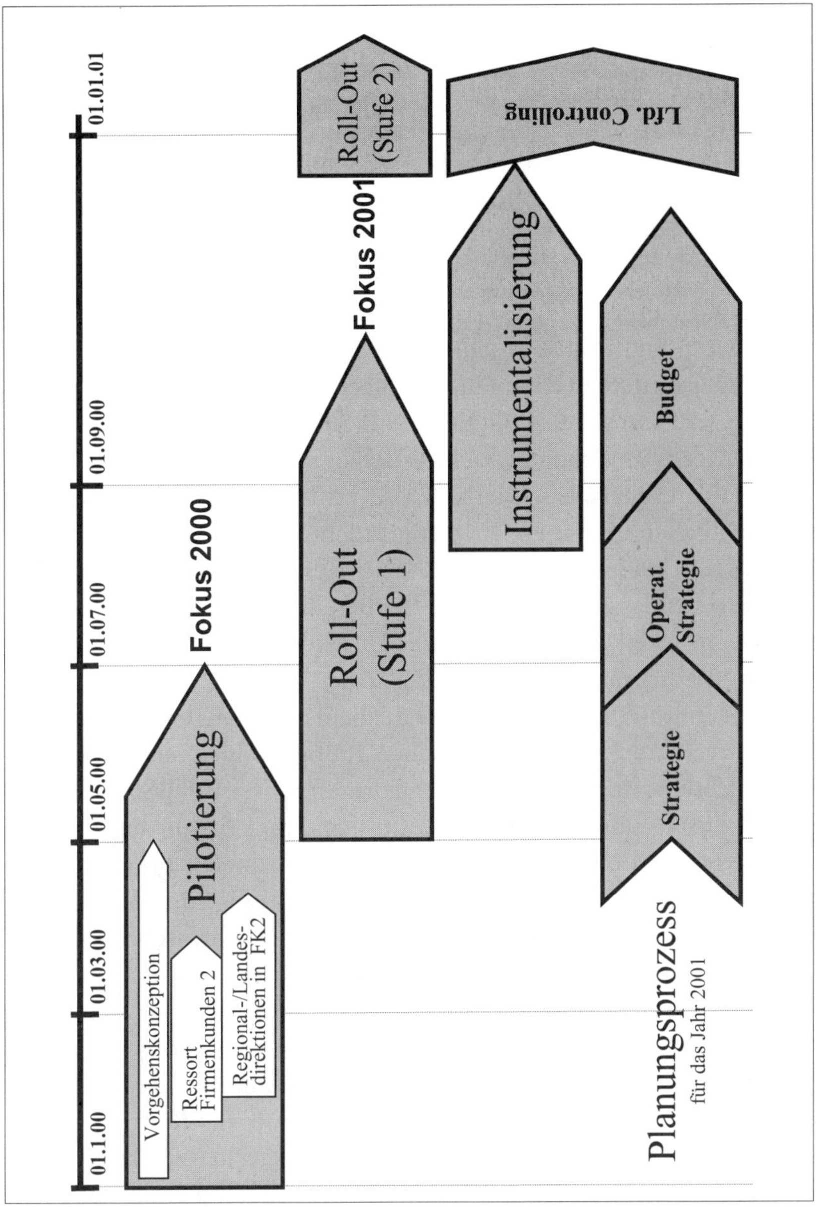

Abb. 1: *Projektterminplan Phasen eins bis vier (Quelle: Bank Austria/Horváth & Partner)*

für zwei typische regionale Direktionen (Wien-Nord, Steiermark) innerhalb des Ressorts abgeleitet. Damit wurde sowohl die BSC-Entwicklung für eine Organisationseinheit als auch die Verknüpfung der BSC einer übergeordneten Einheit mit nachgeordneten Einheiten pilotiert und später evaluiert.

Der Prozess der BSC-Erstellung für das Ressort begann mit einer Vorbereitungsphase, die Informationsrunden und einen Strategie-Check einschließt, bei dem hinterfragt wird, ob die strategischen Grundfragen ausreichend geklärt sind (z. B. Position im Vergleich zum Wettbewerb). Den Schwerpunkt bilden anschließend gut strukturierte Analyse- und Workshopeinheiten, in denen die Balanced Scorecard im Team erarbeitet wird. Der Prozess der BSC-Erstellung für eine Einheit erstreckt sich über einen Zeitraum von rund acht Wochen. Die Verantwortung für die BSC-Inhalte tragen ausschließlich die Linienverantwortlichen – im konkreten Fall des Ressorts »Firmenkunden 2« waren dies der Ressortleiter und fünf weitere Führungskräfte des Ressorts. Die Verantwortung für die Prozessgestaltung inklusive Vorbereitung, Moderation, Bereitstellung von Werkzeugen trägt die Abteilung Konzernentwicklung/Projekte zusammen mit Horváth & Partner.

Bei der Erarbeitung der BSCs für die beiden regionalen Direktionen war entsprechend dem grundsätzlichen Problem eines vertikalen Rollouts die Verknüpfung mit der übergeordneten Ressort-BSC sicherzustellen. Selbstverständlich muss die Strategie und damit die BSC der nachgeordneten Ebene konsistent zur übergeordneten Strategie sein. Andererseits ist eine gewisse Autonomie notwendig, um den spezifischen regionalen Marktgegebenheiten und den spezifischen Stärken und Schwächen Rechnung tragen zu können. Dem wurde im Vorgehen entsprochen, indem gemäß Abbildung 2 die Ressortleitung sieben der rund 20 strategischen Ziele den regionalen Direktionen vorgegeben hat. Es waren die Ziele, die aus Sicht des Ressortleiters in allen Regionen mit höchster Priorität angegangen werden müssen, um die Ressortstrategie insgesamt erfolgreich umsetzen zu können. Die weiteren strategischen Ziele der BSC konnten in den Regionen individuell definiert werden.

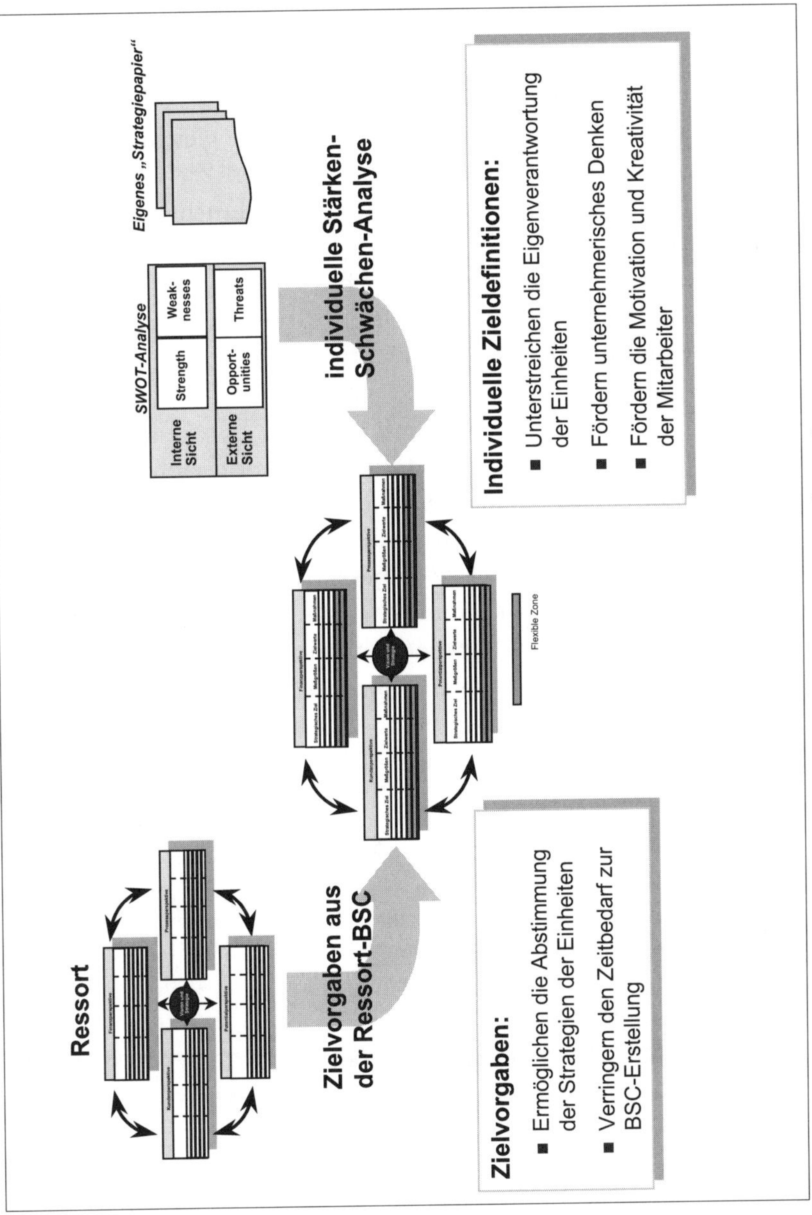

Abb. 2: *Beim vertikalen Roll-out ist die Verknüpfung mit der übergeordneten BSC sicherzustellen*

Dies galt ebenso für die Piloteinheiten. Sind die Strukturen und Herausforderungen in nachgeordneten Einheiten sehr ähnlich, so z.B. in den Zweigstellen einer Region, können sogar Standard BSCs verwendet werden. Das heißt die strategischen Ziele sind gleichlautend (z.B. Verkürzung Abwicklungsprozess), lediglich deren Zielwerte (z.B. auf einen Tag bis 2001) und natürlich die Maßnahmen können unterschiedlich sein.

Der Prozess und die Hilfsmittel der BSC-Erstellung für eine Organisationseinheit sind standardisiert. Die Schritte der BSC-Erstellung für eine Einheit sind in Abbildung 3 beschrieben.

Roll-Out

Der Nutzen der BSC für eine einzelne Organisationseinheit mit einem klaren Produkt-/Marktsegment und einem hohen Einfluss auf die komplette Wertkette ist unbestritten und der Prozess dorthin zu kommen ist gut standardisierbar. Die Projektkomplexität und die Vielfalt möglicher Vorgehensweisen nimmt beim Aufbau von BSCs in mehreren Organisationseinheiten, die hierarchische Beziehungen und Liefer-/Leistungsbeziehungen zueinander haben, exponentiell zu.

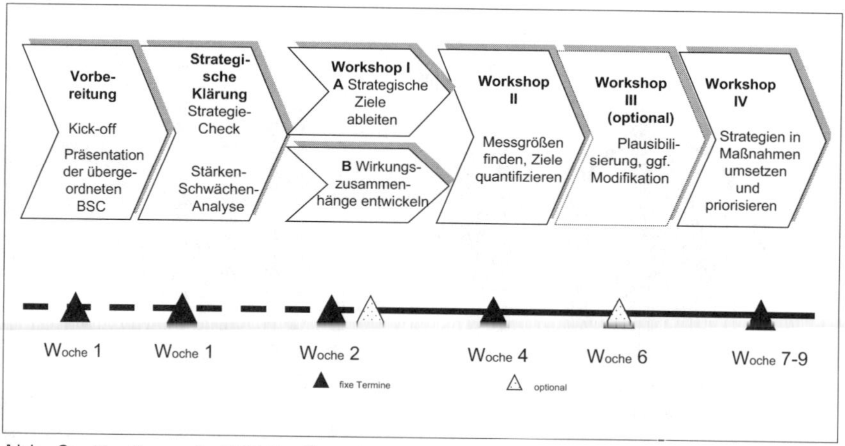

Abb. 3: *Der Prozess der BSC-Erstellung einer untergeordneten Einheit ist standardisiert*

Der Nutzen eines großflächigen BSC-Einsatzes ist offensichtlich: Transparenz und Durchgängigkeit der Strategiekonkretisierung, Vereinfachte Kommunikation im Unternehmen über strategische Themen durch Anwendung einer einheitlichen Methode, Synergieeffekte durch gemeinsame Nutzung von Messgrößen. Folgende Grundfragen sind im Roll-out-Konzept zu klären:

Für welche Einheiten soll eine BSC entwickelt werden?
Nicht alle Einheiten benötigen einen umfassenden Strategiefindungs- und Implementierungsprozess im Sinne der BSC. Ist das Geschäftsmodell sehr einfach (z. B. Poststelle), die Einheit sehr klein oder der Einfluss auf den Erfolg sehr gering, ist ein BSC-Prozess nicht sinnvoll. Die Bank Austria hat für die Auswahl der Roll-out-Einheiten folgende Grundsätze aufgestellt.

⇨ BSCs sollen nicht nur in marktnahen Einheiten (Firmenkunden- und Privatkunden-Ressorts), sondern auch in internen Serviceeinheiten (z.B. Ressorts Controlling, Organisation, Konzernentwicklung) eingeführt werden. Auch (oder teils gerade) bei Serviceeinheiten ist die Kunden- und Prozessorientierung sehr wichtig.
⇨ BSCs sollen für Ressorts (eine Ebene unter Vorstand) und nachgelagerte Ebenen entstehen. Die Erarbeitung einer Konzern-BSC wäre in der Einführungsphase noch nicht zweckmäßig gewesen, da die Divisionen sehr vielfältig sind.
⇨ Die Nachfrage nach dem BSC-Prozess muss vom jeweiligen Ressort kommen. Es sollte keine Vorstandsorder für den flächendeckenden Einsatz geben.
⇨ In Organisationseinheiten mit großen Veränderungen und Herausforderungen ist ein BSC-Prozess effektiver und damit dringlicher als in sehr stabilen Einheiten.

Welche Methodenstandards gelten und welche methodische Unterstützung steht den Einheiten zur Verfügung?

Die Bank Austria hat von Beginn des Projektes an konsequent zwischen der Methodenverantwortung für die BSC durch die internen Projektkoordinatoren bzw. Berater und der inhaltlichen Verantwortung für die Strategie durch das Management des jeweiligen Ressorts unterschieden. Somit konnte sich das Management ganz auf die Festlegung der strategischen Inhalte, das heißt der strategischen Ziele, Messgrößen, Zielwerte und Umsetzungsmaßnahmen konzentrieren.

Für den BSC-Erstellungsprozess wurden umfassende Arbeitssets inklusive Begriffsdefinitionen, Dokumentationsvorlagen, Moderationsleitfäden und Prozessbeschreibungen mit verlässlichen Angaben zum Ressourcenbedarf zur Verfügung gestellt. Dabei hat die Bank Austria von den Erfahrungen von Horváth & Partner aus BSC-Einführungen in mehr als 40 Unternehmen profitiert. BSC-Coaches übernehmen auf Basis dieser Hilfsmittel die gesamte Vorbereitung, Durchführung und Nachbereitung sowie die Ergebnisdokumentation und den finalen Abstimmungsprozess. Dadurch tragen sie wesentlich zu einer konzentrierten Erstellung der Balanced Scorecard bei gleichzeitiger Ressourcen-Schonung der involvierten Ressortmanager bei. Im Regelfall waren die Ressortmanager nur dreieinhalb Tage lang in Workshops involviert und dies in den lokalen Geschäftseinheiten verteilt über einen Zeitraum von zirka sechs bis acht Wochen.

Wie konnte ein kompetentes BSC-Coaching in den zahlreichen Roll-out-Einheiten sichergestellt werden?

Bereits im Pilotprojekt wurde ein Kern von BSC-Coaches (Berater und interne Projektkoordinatoren) zur Moderation des Prozesses herangezogen, der anschließend innerhalb der konzernweiten BSC-Erstellung, quasi im Schneeballsystem seine Erfahrung an neue Coaches weitergab. Hierzu wurde ein systematischer Lernprozess eingeführt. Ein zukünftiger BSC-Coach durchläuft innerhalb dieses Prozesses zunächst eine zweitägige Basisschulung, in der die BSC-Methodik und der spezifische Ansatz bei der Bank Austria vermittelt wird. Anschließend begleitet er die BSC-Entwicklung in einer Organisationseinheit als Beobachter. Der Lernprozess während des Miterlebens wird durch Zwischengespräche und ein abschließendes Review unterstützt. Je nach Befähigung kann der »junge« Coach im nächsten Schritt eine Einheit in Zusammenarbeit mit einem erfahrenen Coach oder Berater betreuen.

Selbstverständlich erfordert der Roll-out eine gut strukturierte Projektorganisation. Ein zentrales BSC-Roll-out-Team plant und verfolgt den Roll-out, setzt Methodenstandards und entwickelt diese weiter. Zusätzlich organisiert das Team die Ausbildung zukünftiger BSC-Coaches und sorgt für die Integration der BSC in die konzernweiten Berichts- und Planungssysteme. Im zentralen Roll-out-Team wirkt mit der jeweilige BSC-Verantwortliche der Divisionen oder der großen Ressorts sowie die Vertreter aus den Zentralbereichen Controlling, Konzernentwicklung und Organisation/IT. Die BSC-Verantwortlichen der Divisionen oder der großen Ressorts stehen wiederum in ihren Einheiten einem Projektteam vor, das für die abgestimmte BSC-Einführung in den dortigen Einheiten sorgt.

Im Herbst 2000 wird intensiv gearbeitet an der Integration der BSC in die laufenden Berichtssysteme, an der Verknüpfung eines regelmäßigen BSC-Prozesses mit dem strategischen/operativen Planungsprozess und dem Zielvereinbarungsprozess sowie an der Auswahl einer BSC-Software zur laufenden Dokumentation und Berichterstattung. Es wäre zu früh, bereits jetzt über Zwischenergebnisse zu diesen Themen zu berichten.

Die Erfolgsfaktoren bei der BSC-Einführung

Die Einführung der Balanced Scorecard in der Bank Austria Gruppe hat bis zum derzeitigen Ausbaustand zu eindeutig guten Ergebnissen geführt. Was sind die Kernerfolgsfaktoren im Roll-out, die zu diesem Befund geführt haben?

- *Auftrag durch das Top Management:*
  Das Gesamtvorhaben wurde vom Vorstand beauftragt und getragen. Damit konnte es nicht zu einem operativen Kennzahlenspiel verkümmern.
- Nach Einschätzung der Berater hat die Bank Austria im Vergleich zu manch anderen Unternehmen von Beginn an ein professionelles Projektmanagement eingesetzt mit klaren Verantwortlichkeiten, realistischer Ressourcenschätzung und kontinuierlicher Verfolgung der Projektziele. Im Roll-out-Team wurden Vorgehensweisen klar definiert und die Abstimmung und Qualität der Ergebnisse wurde kontinuierlich sichergestellt.
- *Klare Verantwortlichkeiten und zweckmäßige Standards:*
  Wie oben erläutert, entlastet das Projektmanagement/Coaches das Linienmanagement von Organisatorischem und Methodischem mit Hilfe vorab entwickelter Standards und Guidelines. Linienmanager sparen Zeit und können sich auf die strategischen Inhalte konzentrieren.
- *Information und Kommunikation:*
  Eine offene und umfassende Kommunikation mit allen Mitarbeitern im Unternehmen (siehe Literaturhinweise »Visionen« und »Teamwork«) und eine frühzeitige Information der beteiligten Roll-out-Einheiten hat die Grundstimmung im Unternehmen gefördert und die Motivation der BSC-Teams gesteigert. Es war kein Schönreden eines neuen Konzeptes, das unbedingt platziert werden musste, sondern es wurden offene Worte über den BSC-Nutzen und ebenso über den Implementierungsaufwand für die Beteiligten gefunden.

Literatur

GAISER, B. ; KAUFMANN, L.; *Verankerung der Strategie im Tagesgeschäft – Vordringen des Konzepts der »Balanced Scorecard«, in: Neue Züricher Zeitung 1998 Nr. 16 S. 27.*

GAISER, B. ; *Mit Wissen wachsen – Balanced Scorecard – »Spielkarte« für Strategien, in: Absatzwirtschaft 1999 Nr. 1, S. 34-36.*

GAISER, B., HORVÁTH, P.; *Implementierungserfahrungen mit der Balanced Scorecard im deutschen Sprachraum – Anstöße zur konzeptionellen Weiterentwicklung, in: BFuP Betriebswirtschaftliche Forschung und Praxis, Heft 1/2000.*

HORVÁTH, P., *Richtig verstanden ist Balanced Scorecard das künftige Managementsystem, in: Frankfurter Allgemeine Zeitung, 30. August 1999, S. 29.*

HORVÁTH & PARTNER (HRSG.); *Balanced Scorecard umsetzen, Stuttgart: 2000*

KAPLAN, R.S.; NORTON, D.P.: *The Balanced Scorecard Translating Strategy into Action, Cambridge Mass; 1996b*
(deutsche Übersetzung: Horváth, P. ; Balanced Scorecard: Strategien erfolgreich umsetzen, Stuttgart; 1997)

LANDAUER, W., *in: Teamwork (Bank Austria Mitarbeiter-Magazin), Nr. 1, 3/2000, S. 9-12*

LANDAUER, W., IN: *Visionen (Bank Austria/CA-Integrations-Medium), Nr. 3, 6/2000, S. 20-24*

Kurzbiographie
Dr. Bernd Gaiser ist Vorstandssprecher der im Januar 2001 gegründeten Horváth AG

Dr. Wolfgang Landauer ist Leiter der Konzernentwicklung/Projekte, Bank Austria AG, Wien

Die ALBA Gruppe – Dezentrale Strukturen erfordern mehr Transparenz

Die ALBA-Gruppe war bis 1996 regional organisiert. Die einzelnen Gesellschaften waren den Bereichen »Berlin«, dem Bereich »Abfall und Rohstoffwirtschaft Deutschland« (neue Bundesländer) oder dem »Werkstoffrecycling« zugeordnet. Die gesamte Buchhaltung einschließlich Mahnwesen, die Personalabrechnung und das Controlling für den Bereich »Berlin« wurde durch die Zentral-Abteilungen realisiert. Die Folge: Die Identifikation mit dem Zahlenwerk war in den operativen Gesellschaften nicht deutlich ausgeprägt. Die Lösung hieß Dezentralisierung. Da es nicht sinnvoll war, die einzelnen Aufgaben jeder kleinen Gesellschaft zu übertragen, wurden Subzentren als Wissenszentren gebildet. Die Gesellschaften der anderen Bereiche waren aufgrund ihrer Historie bereits mit allen kaufmännischen Funktionen ausgestattet. Damit wurde die Holding zu einer Management- und Finanzholding umstrukturiert. Die eingesetzten Planungs- und Berichtsinstrumente wurden nur bedingt an die neue Situation angepasst. Die selbständig agierenden Gesellschaften machten eine erhöhte Transparenz zur Planung, Steuerung und Kontrolle erforderlich.

Stefan Hoffschröer, Annette Möbus

Ziele des Projektes

Mit einer neuen Führungsstruktur wurden unterschiedliche Ziele verfolgt. So sollte die neue Organisation eine einfache Führbarkeit der ALBA-Gruppe sicherstellen. Marktentwicklungen sollten schneller erkannt und umgesetzt werden. Des Weiteren wurde ein Stoffstrommanagement eingeführt, um Umsatzgenerierung und Kostenoptimierung durch die Bündelung von Mengenströmen zu erreichen. Weiterhin

Die ALBA-Gruppe

Die ALBA-Gruppe ist eines der führenden privaten deutschen Entsorgungsunternehmen. Die Unternehmensgruppe befasst sich mit der umweltschonenden Behandlung, Verwertung, Entsorgung und Aufbereitung von Abfällen sowie der Gewinnung und Erzeugung wieder nutzbarer Wertstoffe. Zur ALBA-Gruppe gehören rund 70 Tochterunternehmen mit Betriebsstätten an über 130 Standorten. Im In- und Ausland sind ca. 5.300 Mitarbeiter beschäftigt. Der Umsatz der ALBA-Gruppe beträgt ca. 1,1 Mrd. DM. Die Hauptgeschäftsfelder sind die Entsorgung von Gewerbe- und Siedlungsabfällen mit eigener Logistik und der Betrieb eigener Sammel-, Sortier- und Aufbereitungsanlagen für Glas, Pappe und Papier, Kunststoffe, Holz, Metalle, Gewerbe- und Baustellenmischabfälle, Elektronikschrott, Bioabfall etc., sowie die Verwertung und Entsorgung von Sonderabfällen. Darüber hinaus bietet die ALBA-Gruppe Abfallberatung und -management mit dem Ziel der Vermeidung von Abfällen, der Verwertung nicht vermeidbarer Rückstände und der sachgerechten Entsorgung nicht verwertbarer Abfälle an. ALBA ist Vertragspartner von 15 öffentlich-rechtlichen Entsorgungsträgern in der Bundesrepublik Deutschland und erfasst Wertstoffe aus Haushalten von rd. 6,5 Mio. Einwohnern in über 30 Vertragsgebieten des Dualen Systems. Als Systemdienstleistungen werden infrastrukturelle Dienstleistungen wie das Facilitymanagement, die Konzeption und Installation von Ver- und Entsorgungslogistiksystemen sowie das Management für die Instandhaltung und Wartung der Berliner Beleuchtungseinrichtungen durchgeführt.

sollten die Kosten in den Bereichen Logistik und Sortieranlagen optimiert werden. Nicht zuletzt sollte die Basis für ein strategisches und operatives Planungssystem hergestellt werden.

Von der Holding der ALBA-Gruppe, die ALBA AG & Co. KG, werden seit der Umstrukturierung die folgenden Aufgaben einer Management-Holding wahrgenommen:

- Strategisches Controlling (Planung, Steuerung und Kontrolle)
- Finanz- und Investitionsmanagement (Finanzhoheit, Investitionsplanung- und steuerung)
- Bilanzen (Konsolidierung, Bilanzpolitik, Konzernbesteuerung, interne Revision)

- Personalmanagement (Personalstrategie, Führungskräfteentwicklung)
- Sonstige Aufgaben (Mergers & Aquisition, Technologietrends, EDV-Strategie, Public Relations, Rechtsberatung, Einkauf/Rahmenverträge)

Projektverlauf und Realisierung

Auftrag

Auf Grundlage eines Vorstandsbeschlusses sollte, unterstützt durch einen externen Berater, eine konsequente Entwicklung der Strategischen Geschäftseinheiten in eine Profitcenter- und Servicecenter Struktur entwickelt werden. Die zuvor festgelegten Ziele waren zu berücksichtigen.

Projektorganisation

Das Projekt wurde unter der Leitung des externen Beraters in enger Abstimmung mit dem Zentralressort Controlling und dem zuständigen Vorstandsmitglied durchgeführt. Das Projektteam bestand aus ca. 20 ALBA-Mitarbeitern. Alle Unternehmensbereiche sowie Mitarbeiter unterschiedlicher Hierarchien wurden einbezogen. Je nach Themenschwerpunkt wurden die Arbeitsgruppen zusammengestellt. Der zeitliche Aufwand zur Erarbeitung des Projekt-Konzepts betrug zirka ein halbes Jahr. Für die Umsetzung war das Zentralressort Controlling verantwortlich.

Organisatorische Veränderungen

Bildung der Strategischen Geschäftseinheiten (SGE)

Die einzelnen Gesellschaften der ALBA-Gruppe wurden aufgrund Ihres Schwerpunktes im Dienstleistungsspektrum einer SGE zugeordnet. Dabei entstanden drei Strategische Geschäftseinheiten.

- SGE1 – Dienstleistungen für Kommunen
- SGE 2 – Dienstleistungen für Industrie, Handel und Gewerbe
- SGE 3 – Aufbereitung und Vermarktung

Der Bereich International ist als Projekt direkt dem Vorstand zugeordnet. Der Bereich der infrastrukturellen Dienstleistungen wird ebenfalls als Projekt vom Vorstand direkt geführt.

Mit der Entscheidung, die operativen Gesellschaften immer eindeutig einer SGE zuzuordnen, konnte die klare Führung der Geschäftsführer beibehalten werden. Somit verantwortet jedes Vorstandsmitglied eine SGE. Die operative Führung der Gesellschaften innerhalb der SGE wird durch einen SGE-Leiter wahrgenommen. Die Geschäftsführer verantworten ihre Gesellschaft.

Center-Struktur

Für die Strukturierung der Profitcenter wurden fünf Optionen zur Diskussion gestellt:

- nach Fraktionen,
- nach der SGE-Struktur,
- nach Fraktionen und Dienstleistungen,
- nach Kundentypen,
- nach der Region.

Die Vor- und Nachteile dieser Optionen wurden systematisch erfasst. Die Führbarkeit der einzelnen Center stand eindeutig im Vordergrund. Die Führungsspanne sollte nicht zu breit angelegt sein. Die stoffstrombezogene Zuordnung nach Fraktionen konnte aufgrund unterschiedlicher Satzungen in den Vertragsgebieten nicht hergestellt werden. Schließlich wurden die Center in den einzelnen Gesellschaften auf Basis der SGE-Struktur gegliedert. Berücksichtigt wurde an erster Stelle somit die Hauptdienstleistung. Die Profit Center (PC) wurden folglich anlog der SGE benannt.

- PC 1 – Dienstleistungen für Kommunen
- PC 2 – Dienstleistungen für Industrie, Handel und Gewerbe
- PC 3 – Vermarktung

Es wurde den Gesellschaften freigestellt, ihre Profit Center in einer zweiten Stufe nach Kundentypen feiner zu segmentieren. Als Beispiele sind folgende Kundentypen zu nennen: Kommunen, Duales System Deutschland (Grüner Punkt mit den Fraktionen Glas, Papier, Leichtverpackung), Handel, Banken, Industrie, Baustellen. Mit der zweiten Ebene soll eine stärkere Marketing- und Vertriebsorientierung erreicht werden.

Bei der Segmentierung ist zu beachten, dass weitestgehend homogene Einheiten geschaffen werden. Möglichst sollte der Kostenstellenplan und die Zuordnung der Kostenstellen einheitlich sein. Auch der Leistungskatalog sollte für alle Gesellschaften abgestimmt sein. Die Dienstleistungen können je Gesellschaft differenziert werden, jedoch sind im Bereich der zu entsorgenden Materialien die Schlüsselnummern in einem Materialkatalog zentral vorgegeben. Darüber hinaus hat die ALBA-Gruppe für die Segmentierung ihrer Kunden einen Branchen-

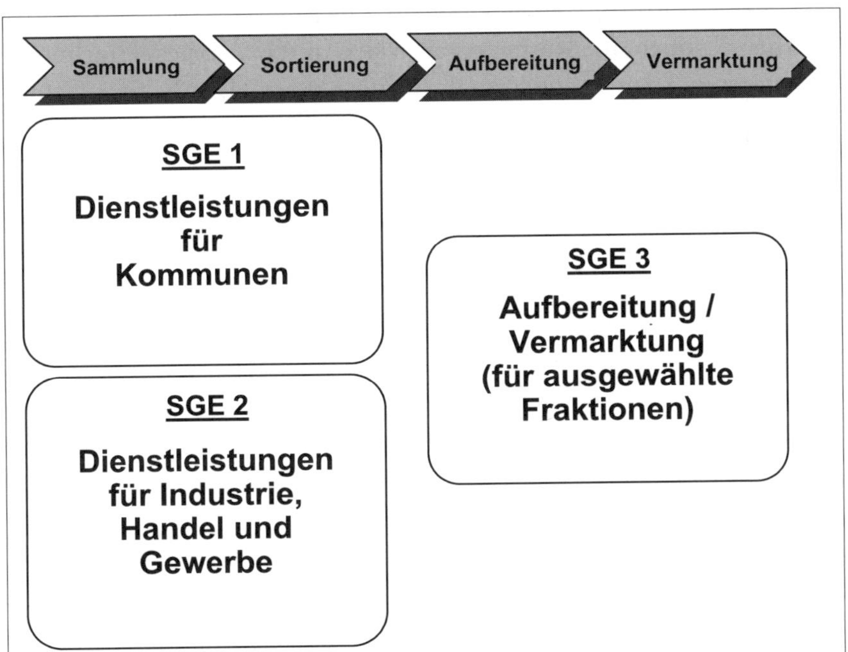

Abb. 1: *Strategische Geschäftseinheiten (SGE)*

schlüssel für alle Gesellschaften vorgegeben, der durch das zentrale Marketing aktualisiert wird.

Centerorganisation in den einzelnen Gesellschaften

In nahezu allen Gesellschaften wurde die grafisch dargestellte Struktur erarbeitet. Dies war auch aufgrund des vergleichbaren Leistungsspektrums nicht überraschend. Lediglich in der SGE 3 (Werkstoffrecycling) musste wegen der Unterschiedlichkeit der Unternehmen für jedes Unternehmen eine differenzierte Struktur für die Center erstellt werden.

Center-Typen

Unterschieden werden in der Theorie und auch in der Praxis unserer Unternehmensgruppe Profit-Center, Service-Center und Cost-Center. Die Profit-Center erbringen die eigentlichen Marktleistungen. Deren Ziel ist es, das Ergebnis zu maximieren. Die Erlöse erhalten Sie von den externen Kunden, die Kosten ergeben sich durch interne Verrechnung mit anderen Centern oder sind eigene Kosten. Die Service-Center

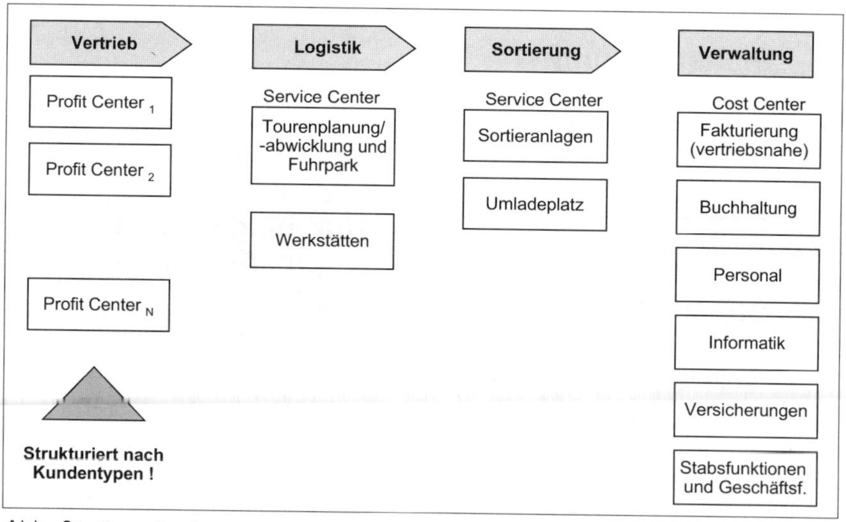

Abb. 2: *Center-Strukturen*

erbringen interne Leistungen, die prinzipiell auch als marktfähige Leistungen angeboten werden könnten. Ziel ist ein ausgeglichenes Ergebnis. Erlöse werden durch die Verrechnung von internen Leistungen erzielt. Die Cost-Center dienen der Erbringung interner, im Prinzip nicht marktfähiger Leistungen. Hier ist das Ziel die Kostenminimierung. Die wesentlichen Elemente zur Beschreibung der Center-Typen sind der Abbildung 3 zu entnehmen.

Leistungen und Verrechnungspreise

Den neu entstandenen Organisationseinheiten (Centern) konnten nach Bildung bzw. Abgrenzung ihrer Aufgaben die jeweiligen Centerleiter zugeordnet werden. Bei der Mehrzahl der Center waren die heutigen Center-Leiter zuvor in einer Abteilungsleiterfunktion tätig. Jedoch konnte mit der Umstrukturierung eine eindeutige Zuweisung von

Centertypen	Profit-Center	Service-Center	Cost-Center
Wonach wird verrechnet?	Aufträge vom externen Markt	Tätigkeit und Verrechnung hauptsächlich über internen Auftrag	Verrechnung hauptsächlich über Umlagen
Anreizsysteme	Mindestens für Center-Verantwortl.	Mindestens für Center-Verantwortl.	Mindestens für Center-Verantwortl.
Planungsparameter	z.B.: Umsatz, Erlöse, Leistungen, Menge, Kosten, Personal, Investitionen, etc.	z.B.: Erreichung ausgewählter Servicevereinbarungen, Kosten, Personal, Investitionen, etc.	z.B.: Kosten, Personal, Investitionen, etc.
Ziele	- Kerngeschäfts-bezogene direkte Tätigkeiten - eindeutig einem Geschäftsfeld /-bereich zuordenbar	Unterstützung der Profit- u. Service-Center als interner Dienstleister	Kostenminimale Unterstützung der Profit- u. Service-Center
Wonach orientiert?	Marktorientiert mit klarer Gewinnerzielungsabsicht	Erbringung interner, prinzipiell marktfähiger Leistungen	Erbringung interner, nicht marktfähiger Leistungen
Wonach ausgerichtet?	Gewinn/Verlust-Verantwortung	Verantwortlich für Abweichung Budgetvorgabe/ tatsächliche Kosten	Verantwortlich für Abweichung Zielvorgabe/ tatsächliche Kosten

Abb. 3: *Center-Typen*

Zuständigkeiten erfolgen, die es bis dahin in dieser Konsequenz nicht gab. Während vor der Neuorganisation z.B. das Problem einer verschlossenen Kundentür bei Behälterleerung bisher bei der Disposition lag, so ist dies heute das Problem des Vertriebs. Denn der Fuhrpark hat die eindeutige Leistung den Kunden zu besuchen und den Behälter »anzufahren« erfüllt. Somit erhält der Fuhrpark auch die vereinbarte Vergütung vom Vertrieb. Damit wird der Vertrieb mit den Kosten der zusätzlichen Anfahrt belastet und das Problem im Center-Ergebnis des Vertriebs sichtbar. Dadurch wird ein höherer Anreiz geschaffen, derartige Probleme im Vorfeld zu lösen. Dieses Beispiel zeigt, dass in allen Centern die Leistungen definiert werden mussten. Um eine interne Leistungsverrechnung durchführen zu können wurden alle Leistungen mit Verrechnungspreisen versehen, es entstand eine interne Preisliste. Die Verrechnungspreise sollten sich grundsätzlich an den Marktpreisen orientieren. Damit wird erreicht, dass der vom Vertrieb akquirierte Auftrag auch in der operativen Durchführung der Situation am Markt entspricht. Der Vertrieb hat den Auftrag an die eigene Disposition bzw. an den eigenen Fuhrpark zu übergeben. Dafür hat der Vertrieb das vereinbarte Entgelt zu zahlen. Die Disposition kann anschließend entscheiden, ob der Auftrag mit eigenen Fahrzeugen oder mit Subunternehmen realisiert wird. Das Ergebnis ist, dass in beiden Centern die Leistungen und die Kapazitäten klar dargelegt werden und zusätzlich die Ergebnisse der Center für eine Zielvereinbarung herangezogen werden können.

Mit der Einführung der Centerstruktur wurde ein Führungsinstrument geschaffen, welches die Verantwortung für die zu erbringenden Leistungen eindeutig zuweist. Die Dezentralisierung der Planung unterhalb der Geschäftsführerebene, also auf der Centerebene, erhöht die Transparenz in allen Bereichen und schafft darüber hinaus auch die Voraussetzungen für das Vereinbaren von Zielen. Auch die Möglichkeit der Kennzahlenermittlung wurde deutlich verbessert.

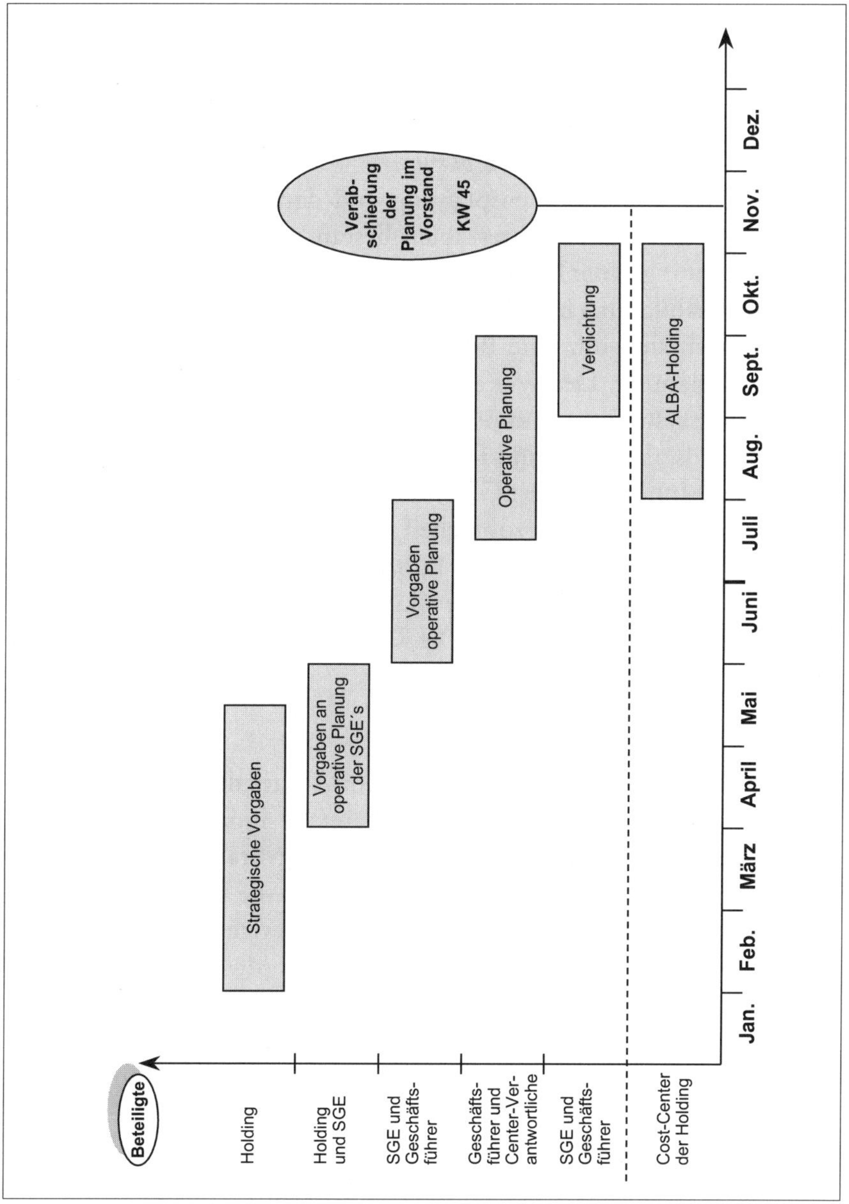

Abb. 4: *Planungssystem*

Veränderungen im Planungssystem

Das Planungssystem der ALBA-Gruppe wird innerhalb des dargestellten Planungskalenders durchlaufen.

Bausteine der Unternehmensplanung

Die bisherige Unternehmensplanung und damit auch das Reporting von Plan-, Ist- und Vorjahreszahlen bestand aus einer Gewinn- und Verlustrechnung, einer Investitionsplanung bzw. Investitionsreport und einer Personalplanung bzw. Personalreport. Diese typischen Bestandteile wurden ergänzt um eine Bilanzplanung und damit auch um eine Mittelflussplanung. Des Weiteren wurden ausgewählte Kennzahlen in das Planungssystem aufgenommen. Diese wurden aus den Zielvorgaben des Vorstands abgeleitet und für alle Strategischen Geschäftseinheiten vorgegeben. Innerhalb der SGE sind diese Kennzahlen auf alle juristischen Einheiten herunterzubrechen. Damit werden zum einen die Vorgaben des Vorstands für alle Führungskräfte transparent und darüber hinaus die unterschiedlichen Leistungspotenziale in den juristischen Einheiten berücksichtigt. Die Kennzahlen für die ALBA-Gruppe sind in einem Katalog zusammengefasst.

Kennzahlensystem

Das Kennzahlensystem orientiert sich am Ansatz der Balanced Scorecard. Es werden die vier Kennzahlenbereiche Finanzen, Markt und Kunde, Interne Prozesse sowie Innovation und Mitarbeiter einbezogen. Darüber hinaus wurden für die ALBA-Gruppe die Kennzahlenebenen Konzern, SGE, Gesellschaft, Profitcenter, Service Center und Cost Center festgelegt. Zusätzlich musste definiert werden, welche Kennzahlen für die einzelnen Ebenen gebildet werden sollen.

Die eigentliche Arbeit bestand in der Erarbeitung des Kennzahlenkataloges. Alle Arbeitsgruppen mussten mit den Geschäftsführern aller Gesellschaften die relevanten Kennzahlen erarbeiten.

Frühzeitig wurde der Bereich Personalentwicklung einbezogen, denn die Kennzahlen sollten sich auch im Zielvereinbarungssystem wiederfinden. Alle in den Arbeitsgruppen definierten Kennzahlen mussten hinsichtlich ihrer Parameter abgeglichen und auf Dopplungen geprüft werden. Darüber hinaus wurde ein Vergleich mit den Kennzahlen der Schmalenbachgesellschaft durchgeführt, um auf bewährte Kennziffern zurückzugreifen, die durch diese Gesellschaft definiert wurden. Daraus entstand eine maximale Kennzahlensammlung für die ALBA-Gruppe, dieser Katalog enthielt zirka 300 verschiedene Kennzahlen. Der Katalog wurde nach folgenden Kriterien erneut überarbeitet:

- Name der Kennzahl,
- Kategorie (eine der vier Perspektiven),
- Planungsebene (Konzern, SGE, Gesellschaft, Profitcenter, Service Center, Cost Center),
- Definition der Kennzahl (Bestandteile der Formel),
- Frequenz (Häufigkeit der Abfrage),
- Verantwortlich (für Erstellung, Reporting und Inhalt),
- Empfänger (der Kennzahlen),
- Datenquelle (DV-System),

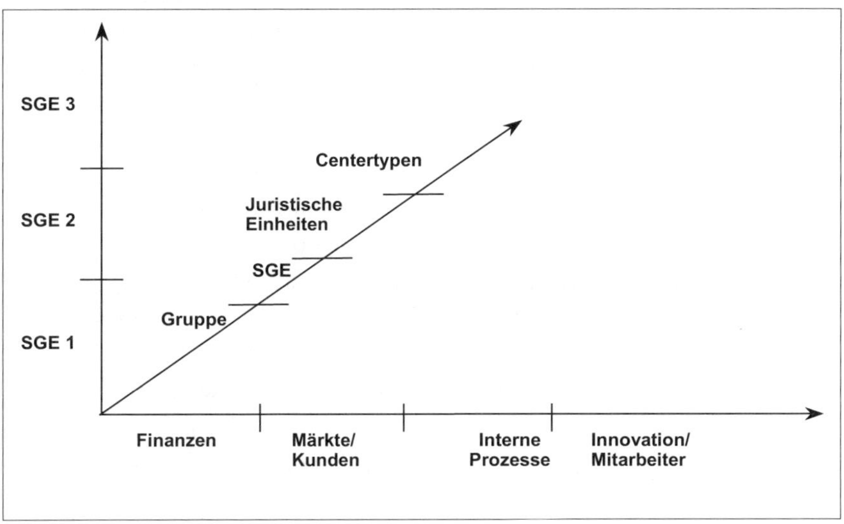

Abb. 5: *Kennzahlensystem*

- Verfügbarkeit (ja/nein),
- Qualität der Daten für die jeweilige Kennzahl,
- Zielvereinbarungsfähig (ja/nein).

Bereits jetzt sei darauf hingewiesen, dass viele Kennzahlen nicht, oder nicht in der richtigen Qualität, vorhanden waren bzw. sind. Wir haben uns dazu entschlossen, aus jedem Kennzahlenbereich maximal fünf Kennzahlen für die Planung zwischen Holding und Gesellschaften zu verwenden. Planung und Reporting dieser Kennzahlen haben wir mit Hilfe eines Tabellenkalkulationsprogramms realisiert. Zusätzlich wurden Anpassungen in den angewandten Abrechnungsprogrammen notwendig.

Beispiel einer Balanced Scorecard

Diese Beispiel-Scorecard könnte die abgeleitete Scorecard für eine Geschäftsführung sein. Die Ziele sind detailliert beschrieben. Die Ableitung von der Unternehmensstrategie ist hier beispielhaft erkennbar. Die Zielkennzahlen werden im Zielvereinbarungsbogen festgehalten und die Zielerreichung durch eine Soll-Ist-Abweichung festgestellt. Darüber hinaus werden die Ziele im Zielvereinbarungssystem festgehalten.

Zielvereinbarungssystem

Das Instrument des Zielvereinbarungssystems (ZVS)

Das Instrument »Zielvereinbarung« soll bewirken, dass
- anspruchsvolle Unternehmensziele sicher erreicht werden,
- unternehmerisches Denken und Handeln auf allen Ebenen gefördert wird,
- jede Führungskraft personelle und materielle Ressourcen plant und effizient einsetzt,
- jede Führungskraft ihre Mitarbeiter mit hoher Eigenverantwortung agieren lässt und motivierend steuern kann,

Kennzahlenebene	K0	K1	K2	K31	K32	K33
betroffene Einheit	**Konzern**	**SGE**	**Gesellschaft**	**Profitcenter**	**Service Center**	**Cost Center**
Wachstum	Umsatz (kum.)	Umsatz (kum.)	Umsatz Informativ: Planbilanz	Umsatz Marktanteil Leistungseinheit (LE) Marktanteil / LE Marktpotential Umsatz /Kunde Umsatz / Mitarbeiter		
Ertrag	ROI (Gesamtkapitalrend.) Ergebnis v. Steuern	Betriebsergebnis K Umsatzrendite ROI (Gesamtkapital-rendite) Ergebnis v. Steuern	Betriebsergebnis K Umsatzrendite ROI (Gesamtkapital-rendite) Rohertrag Ergebnis v. Steuern	Betriebsergebnis K Umsatzrendite ROI (Gesamtkapital-rendite) Ertragspotential Rohertrag	Betriebsergebnis K Kosten / Leistungseinheit	
Liquidität / Kapitalbindung	Investitionen Anteil Erweiterung Anteil Ersatz Entschuldungsdauer Investitionen /Afa	Investitionen Anteil Erweiterung Anteil Ersatz Kapitalintensität Investitionen /Afa Investitionen / Cash-Flow	Investitionen Anteil Erweiterung Anteil Ersatz Entschuldungsdauer Kapitalintensität Investitionen /Afa Investitionen / Cash-Flow Forderungsumschlag	Investitionen Anteil Erweiterung Anteil Ersatz Kapitalintensität Investitionen /Afa Investitionen / Cash-Flow Forderungsumschlag	Investitionen Anteil Erweiterung Anteil Ersatz Kapitalintensität Investitionen /Afa Investitionen / Cash-Flow	
Kapitalausstattung	Eigenkapitalanteil		Eigenkapitalanteil Anlagedeckung			
Personal	Personalkosten-rentabilität	Personlkosten-rentabilität	Personlkosten-rentabilität	Personalkosten-rentabilität Personalintensität	Personalkostenrent. Personalkosten / Leistungseinheit	Sonstige Betriebs-kosten/Mitarbeiter Kosten/Leistungs-einheit

Abb. 6: *Finanzperspektive*

– ziel- und ergebnisorientiertes Handeln praktiziert und Selbstkontrolle ermöglicht wird,

eine erfolgs- und ergebnisbezogene Vergütung vereinbart werden kann.

Das Führungsinstrument Zielvereinbarung dient dazu, Mitarbeiter ziel- und leistungsorientiert zu führen und unterstützt die kooperative Führung und damit generell den Unternehmenszweck sowie spezielle ideelle und ggf. materielle Interessen des Mitarbeiters.

Der gesamte Prozess der Zielvereinbarung bis hin zur Kontrolle der Zielerreichung führt nach definierten Regeln zu quantifizierten Aussagen über den tatsächlichen individuellen Erfolg. Es bleibt Führungsaufgabe, über die Konsequenzen für die Planung und Steuerung hinaus solche Aussagen als Motivationsinstrument einzusetzen. Insoweit kann das Zielvereinbarungssystem (ZVS) eigenständig seinen Zweck erfüllen und unabhängig von jedem Vergütungssystem eingesetzt werden. Zudem besteht ein begründetes Interesse, eine »gerechtere«, d.h. leistungsabhängige Vergütung von begründeten und bestätigten Erfolgsdaten abhängig zu machen. Deshalb wird der im ZVS ermittelte Zielerreichungsgrad als Eingangsgröße in das Vergütungssystem übernommen und zur Bemessung für eine variable Vergütung verwendet. Das Vergütungssystem definiert im einzelnen die Bestandteile der Vergütung sowie die Berechnungsverfahren, insbesondere Abhängigkeiten und Grenzen des variablen Anteils. Zur Vervollständigung sind Auszahlungsmodalitäten festzulegen und arbeitsvertragliche Regelungen zu treffen.

Ebenen der Zielvereinbarung

Zielvereinbarungen werden grundsätzlich mit allen Mitarbeitern getroffen, die Führungsverantwortung wahrnehmen. Daneben ist es erforderlich, mit Mitarbeitern im Außendienst erfolgsbezogene bzw. ergebnisabhängige Ziele zu vereinbaren. Darüber hinaus wird es den Geschäftsführern und Leitern der Zentralressorts im Rahmen ihrer unternehmerischen Verantwortung überlassen, Zielvereinbarungen auf

Finanzperspektive	
Wachstum:	
o Umsatz:	111 Mio DM
o Marktanteil	Erhöhung um 22%
Ertrag:	
o Gesamtkapitalrendite	>11%
o Ergebnis vor Steuern	x Mio DM
Liquidität:	
o Anteil Erweiterungsinvestitionen	22%
o Außenstandsdauer	< 33 Tage
Personal:	
o Personalkostenrentabilität	> 0,33
o Personalintensität	33 %

Markt und Kunde	
Markt:	
o Umsatz (neue Dienstleistungen):	30 % neu Leistungen
o Menge:	+ 22 %
Kunden:	
o Vertriebsintensität	>5 %
o Anteil aktive Kunden / Gesamtkunden	
o Besuche/Angebote, Angebote/Aufträge	

Interne Prozesse	
Rentabilität:	
o Einführung 2-Schichtsystem	für 33 % der Fahrzeuge
o Anzahl der Schüttungen/Stunde	Erhöhung um 11%

Innovation und Mitarbeiter	
Ergebnis:	
o Umsatz mit neuen Produkten:	33 Mio DM
o Ergbnis mit neuen Produkten:	3 Mio DM
Entwicklungskosten:	
o Projektkosten	11 Mio DM
Mitarbeiter:	
o Anteil selbstentwickelter Führungskräfte	3 MA
o Zielerreichungsgrad je Führungskraft	

Abb. 7: *Kennzahlensystem*

weiteren Vereinbarungsebenen, bzw. mit Mitarbeitern ohne Führungsverantwortung zu treffen.

Zielarten, Zieldefinition

Je nach Zielvereinbarungsebene werden verschiedene Zielarten verwendet. Zielarten sind die persönlichen Arbeitsziele und die »Ergebnisziele«. Sie basieren auf der aktuell bestätigten operativen Unternehmensplanung und – wenn möglich – auf einem vom Mitarbeiter entwickelten und mit der Führungskraft abgestimmten Vorschlag im Rahmen der Planungsbeteiligung der Mitarbeiter. Ausgangspunkt für jede Formulierung von Zielen ist der Verantwortungs- und Aufgabenbereich der Führungskraft bzw. des Mitarbeiters. Innerhalb dieses Aufgabenbereiches und im Hinblick auf die übergeordneten Ziele der Unternehmenseinheit, bzw. der vorgesetzten Führungskraft sind Schwerpunkte und Prioritäten zu setzen. Ein persönliches Arbeitsziel entsteht, indem der geplante bzw. angestrebte Zustand beschrieben wird, den der Mitarbeiter maßgeblich beeinflussen und gestalten kann. Die Formulierung dieser Zielvorstellung erfordert eine prüfbare Quantifizierung und genaue Terminierung. Je detaillierter dies erfolgt, desto besser können die Beteiligten in der Folgezeit Zwischenstände und die tatsächliche Zielerreichung überprüfen.

Als Hilfe zur präzisen Formulierung der persönlichen Arbeitsziele wird ein Kennzahlenkatalog angeboten, der aus den Kennzahlen der Unternehmensplanung abgeleitet ist. Er unterscheidet vier Kategorien von Arbeitszielen, die den Perspektiven des Balanced Scorecard-Konzeptes entsprechen. Damit soll erreicht werden, dass nicht nur in den üblichen Dimensionen des Controllings wirtschaftlich geplant und gesteuert wird, sondern z.B. interne Prozesse und Strukturen, Kunden und Märkte, Mitarbeiter und Innovationen bewusst in den Gestaltungs- und Aktionsrahmen einbezogen werden. Wichtig ist der Hinweis, dass hier keine zwei Management-Systeme zur Anwendung kommen, sondern ein einheitlicher Kennzahlenkatalog zur Verfügung steht. Die jeweils individuell getroffenen Vereinbarungen sollen möglichst ausgeglichen alle Zielkategorien berücksichtigen. Bei Bedarf können über die vorgeschlagenen Kennzahlen hinaus Formulierungen vereinbart werden, welche die besonderen Bedingungen und Anforderungen einer Arbeitsaufgabe berücksichtigen. Es ist jedoch immer darauf zu achten, dass Ziele quantifizierbare Leistungsergebnisse beschreiben und nicht Aufgaben, Tätigkeiten oder Maßnahmen. Grundsätzlich dürfen die persönlichen Arbeitsziele einander nicht widersprechen. Ihre Anzahl sollte in einer Planungsperiode auf fünf bis sieben begrenzt bleiben. Soweit der Mitarbeiter direkten Einfluss auf das Ergebnis des Unternehmens hat, wird außer den persönlichen Arbeitszielen ein Ergebnisziel formuliert und in die Zielvereinbarung aufgenommen. Entsprechend der Verantwortung auf der Vereinbarungsebene wird eine der folgenden Größen verwendet:

- Rohertrag,
- Betriebserfolg I und II,
- Cash Flow,
- Ergebnis vor Steuern und Beteiligungen.

Die Bedeutung bzw. Beeinflussbarkeit des Ergebniszieles ist in jedem Einzelfall in dem Verhältnis zwischen den zu erreichenden persönlichen Arbeitszielen und dem Ergebnisziel auszudrücken, z. B. 20:80, 50:50 oder andere. Durch dieses vereinbarte Verhältnis wird im Voraus festgelegt, mit welchem Gewicht die Zielerreichungsgrade aus persönlichen Arbeitszielen sowie dem Ergebnisziel zum endgültigen Zielerreichungsgrad zusammengefasst werden. Falls ein Mitarbeiter Ergebnisverantwortung für mehrere Unternehmenseinheiten trägt, können mehrere Ergebnisziele in Betracht kommen. Sofern diese nicht in einem übergeordneten Rahmen summiert werden, sind sie in jeweils einem gesonderten Zielvereinbarungsbogen festzuhalten. Damit sind auch entsprechende Arbeitsziele für diesen Verantwortungsbereich zu formulieren und das Verfahren bis zur Ermittlung des Zielerreichungsgrades zu praktizieren. Darüber hinaus gibt es die Möglichkeit, spezielle Vereinbarungen zu treffen. So können bei Mitarbeitern in besonderen

Situationen – z. B. zur Unterstützung wichtiger Vertriebsaufgaben – Aktionen vereinbart werden. Die Vereinbarung von Aktionen ist vor allem für Außendienst-Mitarbeiter, aber auch für Leiter von Service- und Cost-Centern möglich.

Verfahren des Zielvereinbarungssystems

Grundsätzlich ist die Zielvereinbarung im zeitlichen Ablauf des Geschäftsjahres mit den Terminen des Mitarbeiter-Beurteilungsgesprächs und der operativen Unternehmensplanung abzustimmen. Die Geschäftsführer und die Leiter der Zentralressorts bzw. der Profit-, Service- und Cost-Center müssen entscheiden, wann und wie weit sie ihre Mitarbeiter zur Vorabstimmung der Zielvereinbarung im Sinne einer Planungsbeteiligung an der Unternehmensplanung einbeziehen (Bottom-up-Planung). Als Arbeitshilfe steht ein Vorbereitungsbogen zur Verfügung. Die Führungskraft übergibt diesen Vorbereitungsbogen an jene Mitarbeiter, mit denen Zielvereinbarungen getroffen werden. Nach einem angemessenen Zeitraum (zirka ein bis zwei Wochen) wird in einem Gruppengespräch eine erste Vorabstimmung über die im nächsten Geschäftsjahr zu erreichenden Ziele getroffen. Die Ziele sollen so bemessen werden, dass der Mitarbeiter einerseits zur Leistung herausgefordert wird, andererseits eine reelle Chance hat, sie auch zu erreichen. Dabei müssen die im Vorbereitungsbogen abgestimmten Zielvorstellungen von allen Beteiligten als Verpflichtungen angesehen und mit einer Unterschrift bestätigt werden, bevor die Führungskraft sie in die Unternehmensplanung einbringt. Unmittelbar nach der verbindlichen Bestätigung der Unternehmensplanung und vor Beginn des neuen Geschäftsjahres ist mit jedem betroffenen Mitarbeiter ein Zielvereinbarungsgespräch zu führen. Es dient dazu, die zuvor entwickelten Zielvorstellungen zu bestätigen, ggf. zu modifizieren. Alle getroffenen Vereinbarungen werden im Formular »Zielvereinbarungsbogen« schriftlich festgehalten und von beiden Partnern unterschrieben. Der Zielvereinbarungsbogen wird von der Führungskraft aufbewahrt; der Mitarbeiter erhält eine Kopie. Eine weitere Kopie ist nach dem Zielvereinbarungsgespräch an das Zentralressort Personalentwicklung zu senden. Die vereinbarten Ziele beziehen sich auf ein Geschäftsjahr und sollten während dieser Zeit nur in Ausnahmefällen geändert werden.

Nach Ablauf des Vereinbarungszeitraums wird das Zielvereinbarungsgespräch dazu genutzt, die Zielerreichung der persönlichen Arbeitsziele zu bewerten und – wenn notwendig – mit dem Mitarbeiter abzustimmen. Die Ermittlung, bzw. Berechnung des Zielerreichungsgrades wird wiederum im Formular Zielvereinbarungsbogen festgehalten und von beiden Partnern unterschrieben. Eine Kopie ist dem Zentralressort Personalentwicklung zu übermitteln.

Bei Führungskräften mit Ergebnisverantwortung kann die Erreichung des Ergebniszieles zu diesem Zeitpunkt in der Regel nur vorläufig festgestellt werden, da die Bestätigung des Jahresabschlusses durch den Wirtschaftsprüfer noch aussteht. Eine Festlegung des endgültigen Zielerreichungsgrades ist deshalb erst später möglich. Dennoch ist eine Kopie der vorläufigen Feststellungen zur Zielerreichung dem Zentralressort Personalentwicklung zu übersenden. Erst nach Bestätigung des Jahresabschlusses wird der Zielerreichungsgrad endgültig festgelegt. Nachdem der Bogen vollständig ausgefüllt und unterschrieben ist, erhält der Mitarbeiter eine Kopie. Die Kopie für das Zentralressort Personalentwicklung wird dazu genutzt, den endgültig festgestellten Zielerreichungsgrad in die Dokumentation der Personalentwicklung aufzunehmen. Den abgeschlossenen Zielvereinbarungsbogen bewahrt die Führungskraft für ein Jahr in ihrem Personalhandbuch auf.

DV-Technische Umsetzung des Kennzahlensystems

DV-Landschaft

In der ALBA-Gruppe beherrschen zwei Systeme die Informationstechnik (IT). Zum einen nutzen ca. 90 % der Gesellschaften SAP/R3 für die Bereiche Finanzbuchhaltung (FI), Anlagenbuchhaltung (AA), *Finanzen* (Treasury), Controlling (CO), *Profitcenterrechnung* (PC), Personalwirtschaft (HR), Materialwirtschaft (MM). Darüber hinaus wird in der Strategischen Geschäftseinheit SGE 3 auch das Modul für die Auftragsbearbeitung und Fakturierung (SD) von SAP/R3 eingesetzt. Die übrigen Gesellschaften arbeiten im Bereich der Auftragsbearbeitung, Fakturierung und Disposition mit einer Eigenentwicklung (ALBIS). Während SAP zentral durch die ALBA EDV GmbH für alle Gesellschaften gepflegt wird, sind die ALBIS-Server an 16 Standorten verteilt und somit einzeln, das heißt dezentral zu pflegen.

Veränderungen im DV-System

In SAP wurde durch die Erfassung von Leistungseinheiten und Verrechnungspreisen das bisher angewandte Umlagesystem ersetzt. Umlagen werden nicht mehr durchgeführt. Damit können für alle Center die Leistungs- und Kostentreiber im Abrechnungssystem dargestellt werden. Zusätzlich wurden neue Berichte erstellt, die den jeweiligen Centerverantwortlichen, aber auch dem Geschäftsführer einen besseren und schnelleren Überblick über das operative Geschäft geben.

Das Programm ALBIS wurde durch die ALBA EDV GmbH und ein externes Softwarehaus überarbeitet. Ziel war es, die Auswertungsmöglichkeiten insbesondere für die Disposition und den Vertrieb deutlich zu verbessern, das heißt zusätzliche Auswertungen zur einfachen und übersichtlichen Darstellung der Leistung mussten erstellt werden. So wurden zum Beispiel Standardauswertungen automatisiert, welche die technischen Daten des Logistikbereiches darstellen. Wie zum Beispiel: Anzahl der geschütteten Behälter, gefahrene Kilometer, gesammeltes Gewicht, Zeitaufwand für die Sammlung.

Die eingesetzten Programme SAP und ALBIS wurden aufgrund der Einführung des Kennzahlensystems angepasst. In Planung und Reporting spielen weiterhin Tabellenkalkulationsprogramme eine wichtige Rolle. Auf diese Weise konnte pragmatisch die Umsetzung des Balanced Scorecard-Ansatzes erfolgen. Inwieweit zukünftig ein Management Informationssystem (MIS) diesen Prozess unterstützen wird, ist derzeit noch nicht entschieden.

Stand der Realisierung und Ausblick

Für die Einführung wurde eine Vorgehensweise gewählt, die kurzfristig und ohne großen Umstellungsaufwand in der Software eine Realisierung ermöglichte. Dennoch waren Anpassungen der eingesetzten Software-Lösungen erforderlich. Das gesamte Reporting einschließlich Planung wird weiterhin mit Hilfe von Tabellenkalkulationsprogrammen durchgeführt. Ziel ist die Abbildung der Planung und des Reportings in einem System, ohne den Einsatz von Tabellenkalkulation. Darüber hinaus ist es erforderlich, dass durch die Realisierung von zusätzlichen Schnittstellen die Programme SAP und ALBIS stärker miteinander kommunizieren, eventuell ist auch ein Management Informationssystem (MIS) erforderlich.

Die Verknüpfung der Zielvorgaben des Vorstands mit den Gesellschaften erfolgt durch einige wenige Kennzahlen. Dies erleichtert den schnellen Einstieg in ein Planungssystem unter Berücksichtigung des Ansatzes der Balanced Scorecard. Der Nachteil liegt in der mangelnden Verknüpfung der Kennzahlen, und damit ist die Ausgewogenheit des Kennzahlensystems nicht optimal darzustellen.

Ein Veränderungsprozess wie oben beschrieben führt zu einer neuen Gestaltung des gesamten Planungs-, Steuerungs- und Kontrollprozesses. Die Einrichtung von Strategie-Reviews und der Halbjahreskonferenz verbessert die Kommunikation in der ALBA-Gruppe. Die Halbjahreskonferenz dient der Diskussion über die bisherige Zielerreichung und der Zieldefinition für die zukünftige Planung. Es werden Vorgaben, Veränderungen und deren Messgrößen (Kennzahlen) vom Vorstand vorgestellt und mit den Teilnehmern, allen Geschäftsführern, erörtert. Die Einführung eines Zielvereinbarungssystems hat ebenfalls die Transparenz in der ALBA-Gruppe erhöht. Auch die Leistungsbereitschaft ist durch die klare Zuordnung von Aufgaben, Kompetenzen und Verantwortung verbessert worden, sowohl auf der Ebene der Geschäftsführer als auch der Center-Verantwortlichen. Die gewollten und ungewollten Veränderungen lassen sich einfacher sichtbar machen. Die tägliche Arbeit wird auf die Zielvorgaben abgestimmt und damit letztlich auch die Kommunikation innerhalb der Organisation verbessert, da Leistungs- und Kostentreiber eindeutig identifiziert werden können. Dies zeigt sich insbesondere im Bereich der Disposition. Hier werden die Leistungen und Potenziale auf einer sachlichen Ebene, über Kennzahlen, diskutiert. Die Fragen lauten hier: Wie viele Schüttungen wurden pro LKW und Tag realisiert? Wie viele Kundenkontakte wurden pro Tag erreicht? Nach der Umsetzung dieses Projektes in der ALBA-Gruppe konnten Leistungen und auch Fehlleistungen eindeutig zugeordnet und Probleme somit schneller gelöst werden. Die Suche nach Schuldigen tritt in den Hintergrund, Lösungsansätze werden gesucht. Dies führt in allen Bereichen zu einer schnelleren Anpassung an Kundenwünsche, ganz gleich ob externe oder interne Kundenwünsche zu befriedigen sind.

Somit zeigt die Erfahrung in der ALBA-Gruppe, dass diese Entwicklung zu einer höheren Transparenz, einer besseren Kommunikation im Unternehmen und damit zu einer höheren Leistungsbereitschaft und auch Leistungsmöglichkeit der einzelnen Mitarbeiter geführt hat. Für die Mitarbeiter wurden ihre persönlichen Ziele mit den Unternehmenszielen in Einklang gebracht.

Kurzbiographie

Stefan Hoffschröer ist im Zentralressort Controlling der ALBA AG & Co. KG seit mehr als fünf Jahren tätig. Vor dieser Zeit war er als Controller in der Readymix-Gruppe beschäftigt. Er studierte an der Fachhochschule in Osnabrück Betriebswirtschaft mit den Schwerpunkten Rechnungswesen und Controlling sowie Steuerrecht.

Kurzbiographie

Annette Möbus ist derzeit als Leiterin der Personalentwicklung für die ALBA-Gruppe tätig. Nach Ausbildungen im kaufmännischen Bereich studierte sie an der Technischen Universität Berlin Weiterbildungsmanagement. Vor ihrer Tätigkeit bei ALBA sammelte sie in allen Bereichen des Personalwesens Berufs- und Führungserfahrung.

Die »Svenska-Kugellagerfabriken«, Produktdivision Gleitlager – Gemeinsame Visionen müssen erarbeitet werden

Nach mehreren Jahren negativer Ergebisse der Produktlinie Gleitlager, einer Tochter der SKF Gruppe, stand man vor der Alternative, den Standort vom Grunde auf neu auszurichten oder die Produkte von anderen Herstellern als Komponenten einzukaufen. In einem Alignment-Workshop wurde eine neue Strategie vom Management erarbeitet. Mit Hilfe der Balanced Scorecard wurde diese an die gesamte Belegschaft vermittelt, um ein gemeinsames Verständnis für die Aktivitäten zu erzeugen und um ein effizientes und transparentes Überwachungsinstrument für die Umsetzung zu haben. Die Gleitlager GmbH ist heute eine sehr erfolgreiche Tochterfirma des Konzerns.

Manfred Vogel

Die Ausgangslage

1996 hatte unsere Einheit – die Produktdivision Gleitlager – mehrere Jahre mit Verlusten in Millionenhöhe hinter sich (siehe Abb. 1). Überlegungen, die eigene Herstellung von Gleitlagern aufzugeben und diese Produkte von anderen, günstigeren Herstellern zuzukaufen, wären naheliegend gewesen.

In diese Lage war das Unternehmen, unter anderem, aufgrund der verschärften Wettbewerbssituation weltweit sowie durch eine negative Kostenentwicklung geraten. Als Fertiger von Standardkomponenten standen wir in direktem Wettbewerb mit Anbietern aus dem ehemaligen Ostblock, aus Südeuropa und dem Fernen Osten. 1996 verschärfte sich die Situation aufgrund negativer konjunktureller Effekte.

Das Unternehmen

SKF steht für »Svenska Kugellagerfabriken«, also Schwedische Kugellagerfabrik und ist der auf dem Weltmarkt führende Hersteller von Wälzlagern. SKF hat darüber hinaus eine führende Position bei Elastomer-Dichtungen. Die Gruppe ist in 130 Ländern vertreten, rund 41.000 Frauen und Männer arbeiten an zirka 80 Werkstandorten in Europa, Asien, Amerika und Afrika. Wälz- und Gleitlager, Dichtungen und Spezialstähle sind die Hauptprodukte der Gruppe. Die weltweite Verkaufsorganisation stützt sich auf etwa 190 Verkaufsbüros und auf über 7000 Vertragshändler.
Der Umsatz 1999 betrug ca. 4 480 Mio. (36 693 MSEK).

Produktdivision Gleitlager

Das folgende Praxisbeispiel stammt von der Produktdivision Gleitlager. Die Produktlinie Gleitlager umfasst die Hauptproduktgruppen Gleitlager, Stangenköpfe und Gleitbuchsen, das heißt aus technischer Sicht alle jene Lagerungen, bei denen die Lagerung der Welle im Gehäuse nicht durch Wälzkörper, sondern durch Gleitkontakt sichergestellt ist. Unter den verschiedenen Lagerarten gehören diese Lager, die keine Wälzkörper beinhalten und nur Schwenkbewegungen ermöglichen, in den meisten Fällen zu den technisch einfacheren Ausführungen.
Der weltweite Gesamtumsatz dieser Produktlinie lag 1996 bei ca. 160 Mio. DM.

Die Produktdivision Gleitlager ist auf zwei Standorte aufgeteilt:
Der Hauptsitz liegt in Püttlingen, in der Nähe von Saarbrücken, wo alle Bereiche der Supply-Chain für das weltweite Vertriebsnetz der SKF-Gruppe sitzen. Diese GmbH umfasst die Kernbereiche Marketing, Entwicklung, Technische Beratung und Fertigung.
Der zweite Standort ist in Winsted, USA, mit eigener technischer Beratung und Fertigung der Produkte, die nur für den amerikanischen Markt bestimmt sind. Die im Folgenden benutzten Zahlenbeispiele beziehen sich nur auf den Standort in Deutschland.

Da diese Lager in den verschiedensten Anwendungen eingesetzt werden, umfasst die Kundenstruktur fast alle Industriesparten, vom traditionellen Maschinen- über den Automobil- bis hin zum Flugzeugbau und dem Handel. Die Erzeugnisse dieser Produktlinie werden über das Vertriebsnetz der SKF weltweit verkauft.

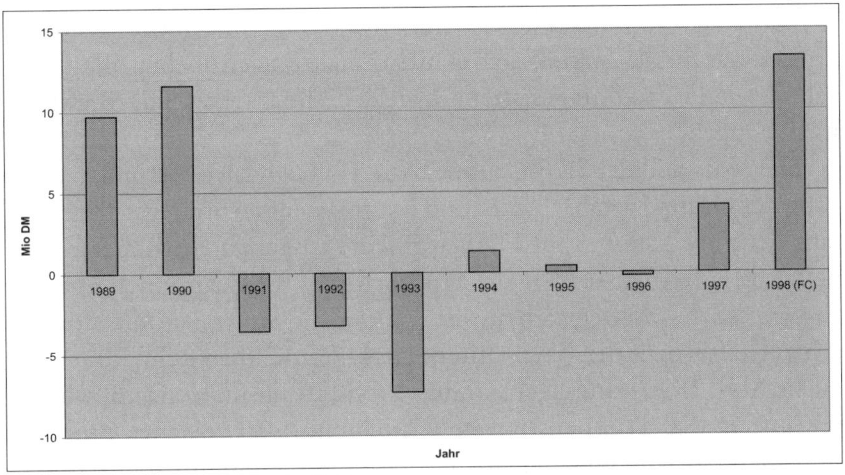

Abb. 1: *Ergebnisentwicklung PD-Gleitlager*

Im Unternehmen war die Stimmung in der Belegschaft den Ergebnissen entsprechend schlecht. Ausgeprägtes Abteilungsdenken, Schuldzuweisungen und mangelnde Kommunikation charakterisierten den Zustand. Besonders zwischen den Fertigungsabteilungen und der Entwicklung und Konstruktion gab es oft schwerwiegende Differenzen. Die zentralen Qualitäts-Audits der SKF-Gruppe bestätigten den schlechten Zustand in allen Bereichen des Unternehmens.

Im Managementteam herrschten grundverschiedene Meinungen bezüglich der Ursachen der Ergebnismisere. Auch über die notwendigen Schritte, mit denen das Unternehmen wieder aus eigener Kraft überlebensfähig gemacht werden sollte, waren wir uns nicht einig.

Zunächst galt es unangenehme Entscheidungen zu treffen. Konsequente Rationalisierungsmaßnahmen in allen Bereichen sowie ein schmerzhafter Personalabbau waren die ersten notwendigen und unausweichlichen Schritte, um das Unternehmen für die Zukunft am Leben zu erhalten.

Nach einem Jahr dieser Art von Maßnahmen waren die Zahlen wieder im schwarzen Bereich und mit Tendenz nach oben. Aber viele

Wissensträger hatten das Unternehmen verlassen und eine überzeugende Strategie für die Zukunft gab es nicht. Viele Fragen blieben offen. Wie sollten wir die Zukunft gestalten? Welche Zielmärkte, welche Marktsegmente angehen?

Der Vorstand der SKF-Gruppe hatte 1996 eine neue Grundausrichtung der Gruppe verabschiedet und in umfassenden Strategie-Meetings eine neue noch stärker auf Marktsegmente ausgerichtete Strategie erarbeitet. Breitflächig wurden alle Mitarbeiter in Arbeitsgruppen über die Ergebnisse der Strategiearbeit, die Vision, die Strategien, die strategischen Kräfte sowie die Werte, für die das Unternehmen steht, informiert (siehe Abb. 2). Als eine eigenständige Produktlinie im Konzern, wollten wir uns an der Gruppenstrategie ausrichten, unsere eigenen produkt- und marktspezifischen Eigenheiten einbringen und ein transparentes Steuerungswerkzeug für die Produktdivision Gleitlager schaffen.

Anerkannt sein als Weltmarktführer bei Wälzlagern, Dichtungen und verwandten Produkten - als der Beste in unserer Branche, indem wir

- Kundennutzen schaffen
- unsere Mitarbeiter fördern
- Wertzuwachs für die Anteilseigner erwirtschaften

Werte

- Das Geschäft im Mittelpunkt
- Kontinuierliche Verbesserungen
- Eigenverantwortung
- Hohe ethische Maßstäbe
- Innovationen
- Offenheit
- Teamarbeit

Strategische Kräfte

- Qualität
- Kosten
- Wachstum
- Geschwindigkeit

Abb. 2: *SKF-Group-Strategie*

Dem stark verjüngten Management-Team in Etzenhofen wurde recht bald klar, dass wir uns einerseits mit dieser Group-Strategie auseinandersetzen, auf der anderen Seite trotzdem unseren eigenen Weg definieren mussten, so wie jedes Schiff in einer Flotte zwar einem Verband angehört, aber doch den eigenen Weg durch die Wellen finden muss.

Der Alignment-Workshop

Im Januar 1997 organisierten wir daher einen dreitägigen Alignment-Workshop, fernab vom Werk, um die Verarbeitung der Gruppenstrategie, sowie die Einbringung der für die Produktlinie Gleitlager Markt- und Produkteigenheiten gemeinsam zu erarbeiten.

Dabei war uns die Abgeschiedenheit der Örtlichkeit vom Tagesgeschäft besonders wichtig, um eine offenes, kreatives Umfeld ohne Ablenkung durch das Tagesgeschäft, zu schaffen.

Eingeladen waren die kompletten Führungsmannschaften aus beiden Werken (Deutschland und USA), sprich eine Gruppe von zirka 15 Personen.

Zur Moderation haben wir eine externe Unternehmensberatungsgesellschaft engagiert, welche sich hauptsächlich mit Ausrichtungsprozessen in Industrieunternehmen beschäftigte und dabei besonders auf die Auswahl der Moderatorin geachtet. Es war uns wichtig, eine Person zu finden, welche einerseits das notwendige Durchsetzungsvermögen in einer stark diversifizierten, internationalen Gruppe hätte und andererseits als Integrator fungieren würde.

Am Anfang des Workshops haben wir relativ viel Zeit (nämlich einen halben Tag) auf die Definition der Spielregeln (Umkehrdiagramm), den Erwartungen an die Veranstaltung und Kreativitätsübungen verwendet. Auch wenn einigen Teilnehmern dieser Teil als recht langsam und ineffizient vorkam, so hat er uns doch den Boden für die gemeinsame Arbeit vorbereitet.

Im nächsten Schritt haben wir uns der Group-Strategie zugewendet. Es war zwar zu diesem Zeitpunkt unwahrscheinlich, dass wir diese hätten abändern oder beeinflussen können, trotzdem war dies auch im Gruppensinn ein intensiver Alignment-Prozess. Besonders die Definitionen einiger Werte, wie zum Beispiel »Offenheit«, haben reichlichen Diskussionsstoff geliefert.

Die Gruppe war sich danach einig, die Vision, Strategien und Werte der Gruppe – trotz vereinzelter anderslautender, aber nicht grundsätzlich konträrer Meinungen – akzeptieren und vertreten zu können.

Dann stiegen wir in die Formulierung der Mission, der strategischen Erfolgsfaktoren und Aktivitäten für unsere Produktlinie ein. Dabei wurde jedes Wort mehrere Male analysiert, die Sätze umformuliert, gestrichen, neu aufgesetzt und zum Teil sehr zäh diskutiert.

Mehrmals schienen wir an einem Punkt angelangt zu sein, an dem wir den Workshop aufgeben wollten. Kein Konsens erzielten wir zum Beispiel in der Frage, wie man die Notwendigkeit im Unternehmen, angemessen Geld verdienen zu müssen, in der Mission definieren könnte. Die unterschiedlichen Einstellungen zum Thema Profit zwischen den amerikanischen und deutschen Kollegen wurden sehr deutlich. Wir beendeten die Arbeit spät am Abend ohne Einigung und an der Pinwand hingen noch die Karten mit den unterschiedlichen Vorschlägen.

Als wir am nächsten Morgen in den Seminarraum zurückkamen, hing eine neue Karte mit einer alternativen Formulierung an der Pinwand: Nachts hatte ein Teilnehmer sich in den Tagungsraum begeben und die Karten ausgetauscht!

Nach einer weiteren Diskussion einigte sich die Gruppe dann auf diesen neuen Vorschlag; die Mission mit den kritischen Erfolgsfaktoren stand an der Wand. Es war buchstäblich in der Luft spürbar, wie die Gruppe hinter der gemeinsam erstellten Arbeit stand.

Der nächste Schritt war die Bestimmung der Streckziele, d.h. Ziele, die sehr anspruchsvoll und erst mittelfristig zu erreichen sind. Dabei konnten in dem Workshop nur noch drei von fünf Zielen quantifiziert werden. Die restlichen Parameter wurden in der folgenden Woche von den Management-Teams separat und neben dem Tagesgeschäft in zwei

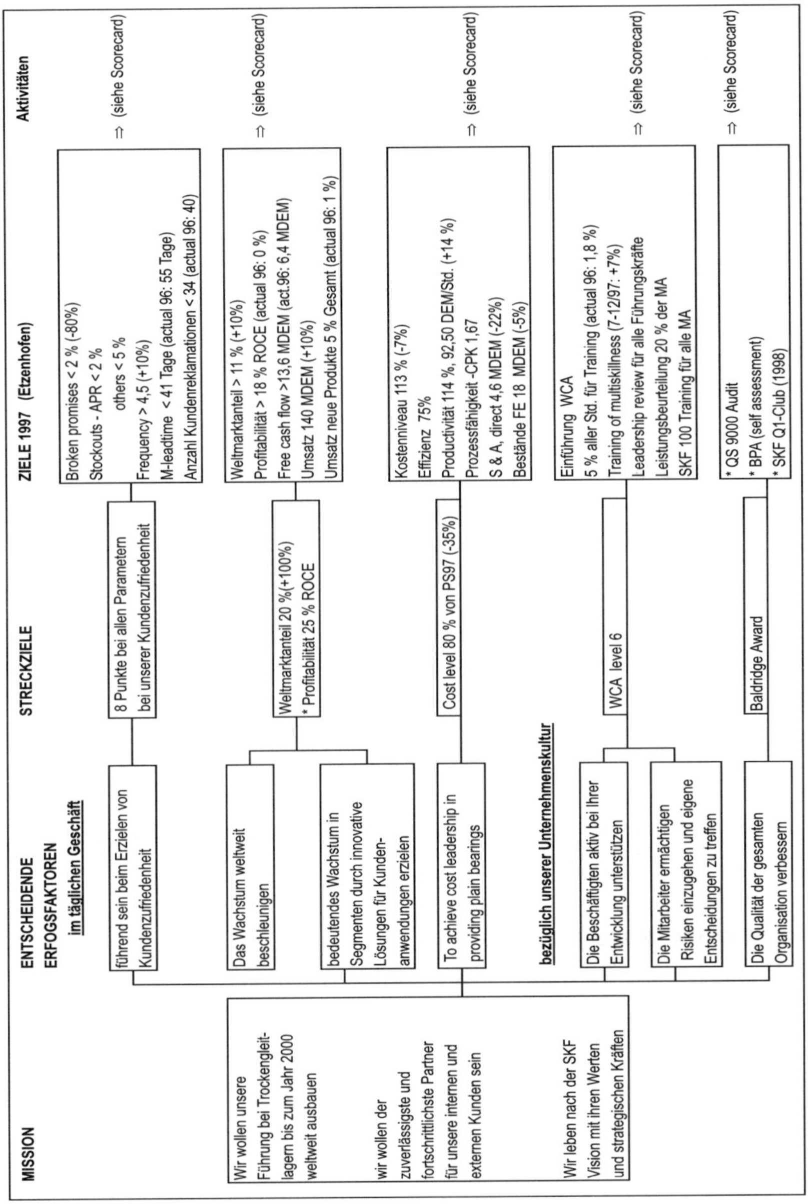

Abb. 3: *Mission der PD-Gleitlager*

Tabelle 1: Beispiel eines Gant-Charts auf Abteilungsebene			
Abteilung: Material Flow		**Seite: 1**	
No.	**Aktivität**	**Wer**	**Termin**
1.	Prozessorientierung in der MF Abteilung	GB	15.5.97
1.1.	Aufteilen der Sachbearbeiter nach Produktgruppene	GB	15.2.97
1.2.	MPSS, SCSS Training	AL, TO	1.4. 97
1.3.	Produkttraining	KJ, CA	1.5.97
1.4.	Neugestaltung der Büros in der Nähe der Fertigung	DS	15.3.97
1.4.1.	Beantragen der »small and emergency« Investitionen	GB/KV	15.2.97
2.	Assortment Control	GB	1.5. 97
2.1.	Die bestehenden Bestände mit keinem Abruf > 6 Monate	GB, AL, TO	1.4.97
2.1.1.	Mit Verkaufsgesellschaften das Löschen vereinbaren (Kundeninfo)	GB, AL, TO	1.6.97
2.2.	Entry rules für neue Item : > 10000 DM	GB, MV	1.3.97
2.3.	Vereinbarung mit Vertrieb und Segmenten	GB, MV	1.6.97
3.	Externer Zukauf von Tail Types	GB	1.7.97
3.1.	Vertrag mit White & Sons für Kleinserien Res schliessen	HS	1.6.97
Date: 15.2.1997		Approved: MV	

Besprechungen erarbeitet und schriftlich ausgetauscht. Das Ergebnis ist in Abbildung 3 dargestellt.

Bekanntmachung der Mission

Die so erstellte Basisarbeit wurde von der Werbeabteilung in die Form eines Faltblattes gebracht, sowohl im deutschen wie auch im amerikanischen Werk in Druck gegeben und an alle Mitarbeiter verteilt. Zusätzlich wurde die Mission in den jeweiligen Abteilungsgesprächen von den Verantwortlichen vorgestellt und die Inhalte diskutiert.

Die Aktivitätenplanung

Im nächsten Schritt mussten die konkreten Ziele für das laufende und nächste Geschäftsjahr in allen Bereichen und auf allen Ebenen mit den dazugehörigen Aufgaben festgelegt werden. Diese Aktivitäten mussten auf der erarbeiteten Mission basieren und die Organisation in die Richtung der darin formulierten Streckziele bewegen. Die Erfassung der Aktivitäten erfolgte von allen direkten und indirekten Bereichen bottom-up auf einfachen Gant-Chart-Formularen (siehe Abb. 4) und wurde von den Bereichsleitern auf der in Abbildung 4 gezeigten Darstellung einer Balanced Scorecard zusammengefasst.

Auf jeder Ebene im Unternehmen und in jedem Bereich wurden Aktivitäten vereinbart, die einen Beitrag zum Gesamtziel der Mission beitragen. Dabei wurde besonders Wert auf die Quantifizierung der Aktivitäten gelegt und versucht für möglichst alle Aufgaben messbare, in Zahlen verfolgbare Messgrößen festzulegen. In einer gemeinsamen Besprechung (Bereichsleiter, Controlling und Werksleitung) wurden diese dann verabschiedet und für die Ergebnisplanung in den Werken wie auch der Produktlinie verwendet.

Der Follow-up-Plan

Die Balanced-Scorecard war dann die Basis für die unternehmensweiten Zielvereinbarungen in einem rollierenden Planungssystem. Zweimal im Jahr wurde eine formale Überprüfung der Ergebnisse und Verabschiedung neuer Ziele und Aktivitäten in gemeinsamen Gesprächen (Geschäftsleitung – Bereichsleiter – Controlling) anberaumt.

Zwischen den halbjährlichen Überprüfungen wurden die Gant-Charts kontinuierlich handschriftlich mit neuen Aktivitäten ergänzt, in der Überprüfungsrunde durch Unterschrift verabschiedet und erst dann in den Computerunterlagen ergänzt. Dadurch war ein systematisches, einfaches und sicheres Steuerungsmittel erzeugt, das in dieser Form auch im Qualitätshandbuch beschrieben wurde.

Entscheidende Erfolgsfaktoren im täglichen Geschäft		1995	1996	Q1-97	Q2-97	Q3-97 Jul-Aug	Q4-97	Streck-Ziel	Hauptaktivitäten	Wer	Termin
1.Führend sein beim Erzielen von Kundenzufriedenheit											
Kundenzufriedenheit						Int. Surv 4.5-7.9 ~ 6,2		8	Befragung durchführen Main improvement areas Cost, Flexibility and Delivery service	HS	Q1 98
(bei allen Parametern											
No. of broken promises	Plan			10	6	4	2		Prodperf auf 85%	UK/HS/JS/ vW	9712
	Ist	12	13	21	39	15			Prozessorientierung in der Material flow Abteilung	GB	9706
	Forecast						12		Engpaßplanung in Std. (nicht SC) Pilot	GM/WH	9709
									Fine tune Planung P-items	GM/WH	9712
									Korrektur der LT für Einzelpackungen Buchsen	GM	9706
									Early warning system	GM/WH	9704
Stockouts % - APR	Plan			15	5	5	2		Early warning system	GM/WH	9704
	Ist			17	19	19			Reduzierung Lead-times im System	s.u.	9706
Stockouts % - Andere	Plan			15	11	8	5		Fine tuning P-items	GM/WH	9712
	Ist			21	19	17			Bestände Rohmaterial und Komponenten für APR-Items	GM	9704
Frequenz	Plan	3,8	4,1				4,1		Channel Einführung	UK/HS	9806
	Ist		3,9	3,9	3,9	3,9			Assortment control	GB	9704
	Forecast						4,0		Externer Zukauf Tail Types	GB	9707
									Rüstzeitprojekt	UK/HS	9710
									Kostenoptimierung für kleine Losgrößen (Untersuchung)	UK/GB	9801
M-Leadtime	Plan		56	52	50	48	46		Einführung Channels - Reduzierung DLZ	UK/HS/JS	9806
	Ist	63	55	54	54	54			LT-Reduzierung bei Material (4 Tage)	C Weis	9707
	Forecast		55				50		Reduzierung DLZ Eingangskontrolle	GS	9703
									Channel spezifische LT-Messung einführen + Aktivitäten	Chann mgr	9711
									Buchsenbestände erhöhen	JS/VW	9706
									Packungsmix für Buchsen überprüfen	JS/VW	9706
									Rohmaterial- und Komponentenbestände für APR-Items erhöhen	MF	9708
NCC	Plan Eig. Fert		52	6	6	5	5	22 DM	Channels - Qualität ist Linienverantwortung !!	GS/UK/HS/ JS	
	Ist	37		8	17	7			QS 9000 einführen	GS	9712
	Forecast		40						Business Performance Assessment	GS	9812
									Übersicht Maschinenfähigkeit	UK/HS	9709
	Plan Buchsen			4	3	3	2	12 DM	Kaizen	HS	9711
	Ist			2	19	10			Training (siehe Channeleiführung)	ALLE	
	Forecast								SPC-Messungen	GS/UK/HS	9708
									Anwendungstraining für Buchsen	VW	9712
									Quartalsweise Quality meetings mit Buchsenlieferanten		

Abb. 4: *Beispiel einer Balanced-Scorecard der Produktdivision Gleitlager 1997*

Die Ergebnisse und Erkenntnisse

Obgleich die Balanced Scorecard (BSC) einen Ursache-Wirkungs-Zusammenhang von strategischen und operativen Zielen im Hinblick auf die finanziellen Ergebnisse per se nicht leisten kann und daher keine Garantie für die Erreichung der Ziele darstellte, so war sie, besonders im Zusammenhang mit dem Alignment-Prozess, doch ein wesentlicher Beitrag dazu, die gesamte Organisation mit Kurs auf die gemeinsam erarbeiteten Ziele zu steuern.

Die BSC gab uns auch keine Garantie dafür, dass die gewählte Strategie »richtig« war oder den gewünschten finanziellen wie auch langfristigen Unternehmenserfolg erzielte.

Auf der anderen Seite, war das Teilhaben der Mitarbeiter an der Erstellung und Umsetzung von Zielen ein enormer Motivationsfaktor. Besonders eine gewisse Ausgewogenheit zwischen den Interessen der Kunden, Eigentümer, aber auch der Mitarbeiter ermöglichte sehr konstruktive Diskussionen auf allen Ebenen des Unternehmens.

Die konsequente Umsetzung und das Nachhalten der vereinbarten Ziele waren unabdingbar für den Erfolg. Für die PD-Gleitlager hatten wir uns ursprünglich drei Follow-up-Runden pro Jahr vorgenommen, diese aber dann bald auf zwei reduziert, was für unseren Fall angemessen war.

Heute stehen den Unternehmen komfortable Softwarelösungen zur Abbildung und Verfolgung der Balanced Scorecard zur Verfügung. Diese sollten unbedingt zur Effizienzsteigerung im Controllingprozess in Betracht gezogen werden. Bei dem beschriebenen Praxisfall wurden solche Programme nicht verwendet, sondern nur die im Anhang dargestellten Formulare.

Hat man Gruppen mit Teilnehmern verschiedener Muttersprachen und aus unterschiedlichen Kulturräumen, so muss man in der Alignment-Phase diesem Sachverhalt mit entsprechenden Zeitreserven Rechnung tragen, da öfters ein gemeinsames Verständnis der Themen längere Zeit beansprucht.

Die Ergebnisse der Produktlinie Gleitlager haben sich an beiden Standorten kontinuierlich verbessert und sind, auch unter Berücksichtigung der konjunkturell bedingten Auslastungsschwankungen, stabil im grünen Bereich geblieben. Hier einige Beispiele vom Standort im Saarland:

⇨ Das Kostenniveau konnte kontinuierlich von 136,7 (1996) auf 107,9 (Ende 1998) gesenkt werden.
⇨ Das Produktionsvolumen wurde im gleichen Zeitraum um zirka 42 % gesteigert. Dabei war nur der kleinere Anteil konjunkturbedingtes Wachstum. Der Haupteffekt kam durch verstärkten Fokus auf neue Märkte und Produkte.
⇨ Die Kundenreklamationen wurden für die Produkte aus der eigenen Produktion um ca. 35% gesenkt.
⇨ Die Gesamtdurchlaufzeit wurde um zirka 20 % gesenkt.
⇨ Das Ergebnis wurde dem Forecast (siehe Abb. 1) entsprechend realisiert und war somit inflationsbereinigt das beste in der Firmengeschichte.

Kurzbiographie

Manfred Vogel, Dipl. Ing., Maschinenbau/MBA
ist seit 1986 für die SKF GmbH, Schweinfurt tätig. Von 1988 bis 1992 arbeitete er in leitender Funktion für die SKF Panama Region. Es folgten mehrere Führungspositionen im Inland – u.a. als Geschäftsführer der SKF Gleitlager GmbH. Seit Oktober 2000 ist Manfred Vogel Director der »Machine Tools Business Line« der SKF Industrie S.p.A, Torino, Italien. Er ist verantwortlich für das Werkzeugmaschinengeschäft der SKF Gruppe weltweit.
Als Lehrbeauftragter an der Graduate School der Fachhochschule für Technik in Esslingen gab Manfred Vogel ein Praxisseminar für MBA-Studenten. Titel: »The Balanced Scorecard (BSC)«.

Die S-Bahn Hamburg: Mit der Balanced Scorecard auf Erfolgskurs

Der Erfolg eines Verkehrsunternehmens wie der S-Bahn Hamburg GmbH hängt in besonderem Maße von der Zufriedenheit der Fahrgäste ab. Dabei muss sich der Kunde nicht allein auf Pünktlichkeit und Sicherheit der Bahn verlassen können. Auch bei Beschwerden oder bei der Fahrgastinformation soll er sich gut aufgehoben fühlen. In der Hanse-Metropole hat man erkannt, dass der entscheidende Wettbewerbsvorteil eines Verkehrsanbieters das Vertrauen der Fahrgäste ist. Mit der 1998 eingeführten Balanced Scorecard (BSC) wird deshalb der Wettbewerbsfaktor »Kundenbindung« in der Gesamtstrategie stärker berücksichtigt. Seitdem können die Mitarbeiterinnen und Mitarbeiter der Hamburger S-Bahn die Umsetzung der Unternehmensziele Schritt für Schritt verfolgen.

Markus Jähnig

Modernes Management im öffentlichen Nahverkehr

Die Hamburger S-Bahn blickt auf eine wechselhafte Geschichte zurück. Nach der Betriebsaufnahme in den 40er Jahren wurde das Netz schrittweise erweitert. In den 50er Jahren war sie das wichtigste Verkehrsmittel in Hamburg und bei der Bevölkerung hoch angesehen. In der Folgezeit änderte sich die Situation allerdings. Ausbleibende Investitionen ließen den Fahrzeugpark und die Stationen herunterkommen. Der Ruf der Bahn verschlechterte sich zusehends. Mitte der 90er Jahre war ein Tiefpunkt erreicht, niemand wollte sich mehr mit dem Unternehmen identifizieren. Zu diesem Zeitpunkt fiel die Entscheidung für eine Ausgliederung der S-Bahn. Das Unternehmen wurde 1997 aus dem Bereich »Nahverkehr« der Deutsche Bahn AG als eigenständige GmbH ausgegründet. Sie ist seitdem als 100-prozentige Tochter der DB in den

Hamburger Verkehrsverbund HVV eingebunden. Die S-Bahn der Hanse-Metropole beschäftigt zirka 1.215 Mitarbeiter und befördert täglich rund 500.000 Menschen. 1999 wurde ein Betriebsergebnis von 8,9 Mio. DM bei einem Umsatz von rund 299 Mio. DM erzielt. Im Zuge eines umfassenden Modernisierungsprogramms werden bis 2002 rund eine Milliarde DM in die Verbesserung des Bahnangebotes investiert. Die Hamburger S-Bahn bringt diese Gelder fast vollständig ohne die sonst üblichen staatlichen Zuschüsse auf. Ein finanzieller Kraftakt, der bundesweit seines Gleichen sucht.

Gründe für die Einführung der BSC

Bei der S-Bahn Hamburg hat man längst erkannt, dass die Versorgungsmentalität öffentlicher Unternehmen dem Aufbau eines profitablen Wirtschaftsbetriebes im Wege steht. Die Unternehmensleitsätze machen dies deutlich. Sie stellen das »markt- und ergebnisorientierte« Handeln in den Mittelpunkt, bei dem »gleichzeitig eine wichtige öffentliche Aufgabe« zu erfüllen sei. Die S-Bahn Hamburg stellt sich dabei ausdrücklich dem Wettbewerb mit dem Ziel, ihren Anteil am Verkehrsmarkt der Stadt zu erhöhen. Der »Wettbewerbsvorteil« soll über »gut ausgebildete, engagierte Mitarbeiterinnen und Mitarbeiter« und »durch klare Übertragung von Aufgaben, Kompetenzen und Verantwortung« erreicht werden. Dabei stehen Motivation und Förderung der Leistungsbereitschaft durch Anerkennung und Belohnung im Mittelpunkt.

Oberstes Ziel ist es, den Unternehmenswert der S-Bahn Hamburg zu steigern, um damit einen Beitrag zur Herstellung der Kapitalmarktfähigkeit des Bahn-Konzerns zu leisten. Die BSC, die man bei der Bahn AG kurzerhand in »BahnStrategieCard« umgetauft hat, spielt bei der praktischen Umsetzung eine tragende Rolle. Sie übersetzt den »wertorientierten Ansatz« in konkrete Handlungsempfehlungen. Da sich das Unternehmen seiner Verantwortung gegenüber seinen Mitarbeitern und seinem Umfeld bewusst ist, müssen sich diese Empfehlungen nicht nur an der erzielbaren Rendite, sondern auch an ihrem ethischen Gehalt messen lassen. Der wertorientierte Ansatz umfasst deshalb auch eine bewusste Gestaltung der immateriellen Werte.

Erfolgsmessung mit Hilfe der BSC

Das zentrale Instrument für die Identifikation und Steuerung sowohl der materiellen als auch der immateriellen Wertentwicklung ist die Balanced Scorecard. Durch sie werden die Kunden-, Prozess- und Mitarbeiterziele integriert und über Ursache-Wirkungszusammenhänge mit den Finanzzielen verknüpft. Bei der Hamburger S-Bahn fließt die BSC in das Berichtswesen ein. Die Unternehmensführung hat sich damit zur aktiven Auseinandersetzung mit dem Managementinstrument BSC und den damit verbundenen Zielsetzungen verpflichtet. Dabei gilt es stets, die folgenden vier Perspektiven der BSC im Blick zu behalten:

- Engagement der Mitarbeiter
- Qualität der Leistungserstellung
- Kundenzufriedenheit/ Marktanteil
- Effizienz/ Finanzziele

Für jede der vier Perspektiven wurden Unternehmensziele und dazu gehörige Kennzahlen entwickelt, die sowohl für das gesamte Unternehmen als auch »top down« für die einzelnen Abteilungen gelten.

Die Ursache-Wirkungszusammenhänge zwischen den in Kennzahlen ausgedrückten Unternehmenszielen werden wie folgt sichergestellt:

- Zum einen werden Imageanalysen, Fahrgast- und Mitarbeiterbefragungen als Basis für die Zielentwicklung und zur Überprüfung der Ziele verwendet.
- Zum anderen werden die Ziele durch abteilungsübergreifende Teams je Wertschöpfungsstufe und damit entlang des Produktionsprozesses abgeleitet. Erst dann erfolgt eine Synthese nach Funktionen (= Abteilungen).

Tabelle 1: Bahn-Strategie-Card der S-Bahn Hamburg

I. Engagement der Mitarbeiter	**Kriterium**
Zufriedene Mitarbeiter (Befragungen)	Summe zufriedener Mitarbeiter / Summe aller be fragten Mitarbeiter
Gesündere Mitarbeiter (Krankenstand)	1 – (Summe Krankentage / Summe Arbeitstage)
Mehr Teilnehmer beim betrieblichen Vorschlagswesen	Anzahl der Mitarbeiter, die einen Verbesserungsvorschlag einreichen je 1.000 Mitarbeiter
zielorientierteres Handeln	Durchgeführte ZV bzw. MAG / geplante ZV bzw. MAG pro definierten Zeitraum[1]
II. Qualität der Leistungserstellung	
Pünktlichere Züge	Summe Züge mit maximaler Verspätung von 3 Min. an End-Bahnhof / alle Züge
Sicherere Züge und Stationen	Anzahl Reisende / Anzahl Straftaten
Saubere Züge und Stationen	Fahrzeuge mit Qualitätswertzahl[2] Stationen mit Qualitätswertzahl
Effizienter Personaleinsatz	Summe Zug-Km / durchschnittl. Beschäftigte in Tausend
III. Kundenzufriedenheit und Marktanteil	
Höherer Marktanteil	S-Bahn Personen-Km / HVV[3] Personen-Km
Stärkere Auslastung	S-Bahn Personen-Km / Sitzplatz-Km (vorhandene Sitzplätze multipliziert mit gefahrenen Km)
Zufriedenere Fahrgäste	Summe zufriedener Kunden / Summe aller befragten Kunden
Besseres Image	Anzahl positive und ausgewogene Artikel/gesamte S-Bahn-Artikel
IV. Effizienz und Finanzziele	
Stetige Umsatzsteigerung	(Umsatz im Jahr n – Umsatz im Jahr n-1) / Umsatz im Jahr n-1
Termingerechte Investition	Bruttoinvestitionen / Umsatz
Ertragsstarkes Wachstum	(Betriebsergebnis I [4] + Abschreibungen) / Umsatz
Angemessene Verzinsung	Betriebsergebnis I / Capital Employed

[1] ZV: Zielvereinbarungen mit Führungskräften, MAG: Mitarbeitergespräche.
[2] Kennzahl für Sauberkeit und Allgemeinzustand. In der BSC als Mittelwert aller QWZ (Qualitätswertzahl)
[3] Hamburger Verkehrsverbund
[4] Betriebsergebnis ohne Zinssaldo

Zur Bestimmung der einzelnen Kennzahlen orientiert sich das Management an output-orientierten Größen. Um deren Aussagekraft zu erhöhen, werden diese in Relation zu anderen Größen z. B. als Prozentsatz ausgedrückt. Zur Erfassung der Kennzahlen muss eine Quelle benannt werden, aus der die Informationen geschöpft werden. Hierbei ist zwischen Bedeutung des Zieles und dem Aufwand zur Ermittlung einer Kennzahl abzuwägen. Da die Ursache-Wirkungszusammenhänge auf Annahmen beruhen werden sie jährlich bei der Zielplanung hinterfragt. Dabei wird das eine oder andere Ziel ggf. korrigiert oder eliminiert. In der Praxis verzichtete die Unternehmensführung lieber auf ein Ziel, als die Mitarbeiter durch überdimensionierten Erhebungsaufwand zu demotivieren. Die Aufgabe, sinnvolle Ziele zu entwickeln, schließt also auch die Kunst des Weglassens mit ein.

Einfluss der BSC auf die Unternehmensführung

Die BSC ist integraler Bestandteil der Führungsprozesse bei der S-Bahn Hamburg. Dass man sich nicht damit zufrieden gibt, einzelne Ziele nur routinemäßig abzuhaken, zeigt schon der Umstand, dass die Jahresabschlussvergütung der Führungskräfte vom Zielerreichungsgrad der BSC abhängig ist. Die Messkarte wird damit zum transparenten Anreizsystem im Unternehmen.

Sowohl für die unternehmensbezogene als auch für die abteilungsbezogenen BSCs existieren für den Zeitraum 2000 bis 2004 Ziel-Kennzahlen, die so genannten Ausprägungen. Diese Ausprägungen entsprechen 1:1 den in den Führungsgesprächen einvernehmlich getroffenen Zielvereinbarungen. Diese Führungsgespräche finden einmal jährlich statt, der Zielerreichungsgrad wird halbjährlich in einem zweiten Gespräch überprüft. Auf diesem Wege wurde ein Anreizsystem für Führungskräfte der S-Bahn Hamburg geschaffen, das direkt an die BSC gekoppelt ist: Die Höhe der Jahresabschlussvergütung setzt sich – für jeden einzelnen plausibel nachvollziehbar – aus dem Zielerreichungsgrad der Unternehmenziele und der persönlichen Ziele zusammen, die sich wiederum aus der BSC und den Ergebnissen der Führungsgespräche ableiten lassen.

Durch die Zielkontrolle findet gleichzeitig eine permanente Plausibilitätsprüfung statt. Die Führungskräfte können den jeweiligen Stand der Zielerreichung über ein EDV-gestütztes Informationssystem mit Hilfe der unternehmensweiten Bürokommunikation BKU verfolgen. Beim monatlichen Führungskreis werden Ursachen für nicht erreichte Ziele besprochen und – sofern erforderlich – geeignete Maßnahmen festgelegt. Dazu müssen Termine und Verantwortlichkeiten genau definiert sein. Die Kontrolle der Umsetzung der Maßnahmen erfolgt ebenfalls im Führungskreis. Die monatliche Zielerreichung wird parallel über speziell gestaltete Plakate im Unternehmen kommuniziert. Bei der jährlichen Betriebsversammlung im Dezember stellt darüber hinaus die Geschäftsführung ihre Gesamteinschätzung der Lage zur Diskussion.

Auswirkungen der BSC auf die Planung

Ziele, Kriterien, Ausprägungen und Ursache-Wirkungs-Zusammenhänge werden jährlich im April/ Mai zu Beginn des Planungsprozesses »bottom-up« überarbeitet. Dabei fasst zunächst jede Abteilung einen Beschluss zu den Abteilungszielen. Im Führungskreis werden die Ziele zusammengeführt, diskutiert und als Grundlage für die Jahres- und Mittelfristplanung von Leistungen, Umsätzen, Budgets, Personal und Investitionen freigegeben. Um die Umsetzung der Ziele und die Information der Mitarbeiter zu gewährleisten, nehmen an dieser Sitzung neben der Geschäftsführung, den Abteilungsleitern und Stabsmitarbeitern Unternehmensentwicklung und Unternehmenskommunikation alle Gruppenleiter teil. Anschließend wird der Betriebsrat über die Ziele im Plan-Jahr informiert.

Erfahrungen mit der BSC bei der S-Bahn in Hamburg

Zusammenfassend lässt sich sagen, dass die Bahn-Strategie-Card der S-Bahn Hamburg eine Vielzahl von Vorzügen in sich vereint. Sie ermöglicht die Planung, Umsetzung und Kontrolle von Unternehmenszielen in Zusammenhang mit einem wertorientierten Ansatz und ist zugleich Anreizinstrument für die Mitarbeiter des Unternehmens.

Die Vorzüge der BSC auf einen Blick:

- einvernehmliche Zielvereinbarung
- durchgängige Transparenz der Ziele im gesamten Unternehmen
- plausible Wirkungszusammenhänge
- vereinfachte regelmäßige Zielkontrolle
- frühzeitiges Erkennen von Planabweichungen
- zeitnahe Gegensteuerungsmaßnahmen
- direkte Koppelung an das Anreizsystem

Gleichwohl ist die BSC-Erfolgsstory der Hamburger nicht einfach auf andere Unternehmen übertragbar. Denn die BSC einem Unternehmen einfach »überzustülpen« hätte fatale Folgen. Die Akzeptanz des Managementinstrumentes ist wesentliche Voraussetzung für sein Funktionieren. Die meisten Führungskräfte haben bereits mehr oder weniger leidvolle Erfahrungen mit den unterschiedlichsten Managementinstrumenten gesammelt und selten ihren Nutzen in der Tagesarbeit wirklich kennen gelernt. Noch problematischer ist es, allen Mitarbeiterinnen und Mitarbeitern dieses in seinem Gesamtumfang doch sehr komplexe Instrument bis ins Detail vermitteln zu wollen. Nach den Erfahrungen, die man bei der S-Bahn in Hamburg gemacht hat, lohnt es sich, die folgenden Tipps zu beachten:

- Übernehmen Sie als oberste Führungskraft die Verantwortung!
- Machen Sie den Nutzen der BSC für die Tagesarbeit deutlich!
- Legen Sie einfache Ziele fest, die Sie schrittweise verfeinern!
- Benutzen Sie eine verständliche Sprache!
- Zeigen Sie Ursache-Wirkungs-Zusammenhänge auf!
- Halten Sie den Erstellungsaufwand gering!
- Lassen Sie Freiraum für Anzahl und Ausgestaltung der Ziele!

Die Polizei Bremen – Manager von Ruhe, Sicherheit und Ordnung

»Die nöthigen Anstalten zur Erhaltung der öffentlichen Ruhe, Sicherheit und Ordnung, und zur Abwendung der dem Publico oder einzelnen Mitgliedern desselben bevorstehenden Gefahr zu treffen, ist das Amt der Polizei.« Lange ist es inzwischen her, dass im Jahre 1794 mit diesen Worten die Aufgaben der Polizei im »Allgemeinen Landrecht für die Preußischen Staaten« beschrieben wurden. Aus dem Apparat staatstreuer Beamter der königlichen Obrigkeiten von damals ist heute eine demokratisch strukturierte Organisation geworden, die in die sogenannte »Sicherheitspartnerschaft« mit den Bürgern eintreten möchte. Die Schlichtung des Nachbarschaftsstreits gehört ebenso dazu wie die Verkehrssicherheit oder die Bekämpfung von Klein- und Schwerstkriminalität, um wenige der zahlreichen Arbeitsgebiete zu nennen. Effizient zu leisten ist dies jedoch nur mit einem passenden Steuerungssystem – zum Beispiel mit einer Balanced Scorecard (BSC).

WERNER KREBBER (unter Mitarbeit von HOLGER MÜNCH)

Konkrete Umsetzungen bei der Polizei Bremen

Ein konkretes Beispiel dafür, dass BSC nicht nur diskutiert, sondern auch eingesetzt wird, ist die Polizei Bremen. Immerhin etwa 2700 Beschäftigte sind es, die bei der Polizei Bremen arbeiten. Hier hat Holger Münch, Leiter der Fachdirektion 51, Controlling und Finanzen, zusammen mit seinen Mitarbeitern die Umsetzung angestoßen und begleitet. Die Verantwortung für den BSC-Entwicklungsprozess war organisatorisch im Top-Management verankert. Der Prozess startete mit einer Strategieentwicklung auf der Ebene der »Geschäftsfelder« (intern Hauptaufgabenbereiche genannt).

Balanced Scorecard für das BKA

Auch für das BKA sind Steuerungssysteme wie »Balanced Scorecard« inzwischen keine Fremdwörter mehr. Warum das so ist, formuliert die Pressestelle des Bundeskriminalamtes (BKA) in Wiesbaden so: »Bei der Aufgabenstellung bzw. Aufgabenwahrnehmung des BKA stehen qualitative Aspekte im Vordergrund, das heißt, das übergeordnete Ziel ist die Erfüllung des gesetzlichen Auftrages, die allerdings unter Beachtung der Grundsätze der Wirtschaftlichkeit zu erfolgen hat.« Und Dirk Büchner von der Pressestelle führt zu den spezifischen Charakteristika des öffentlichen Dienstes weiter aus: »Diese erschweren die unmodifizierte Übertragung klassischer betriebswirtschaftlicher Controllingkonzepte, die in der Wirtschaft üblicherweise primär auf Ergebnissen der Kosten- und Leistungsrechnung und Kennzahlensystemen aufbauen, qualitative Aspekte aber vernachlässigen. Im Gegensatz dazu stellt das Konzept der BSC gerade die qualitativen Aspekte der Aufgabenwahrnehmung wie etwa Kunden-, Prozess- und Mitarbeiterperspektive neben der finanziellen Perspektive in den Mittelpunkt der Betrachtung. Diese Integration qualitativer und quantitativer Aspekte kommt den Anforderungen, die an ein operatives und strategisches Controllingsystem bei einer kriminalpolizeilichen Zentralstelle zu stellen sind, entgegen.« Laut Büchner wird das BSC-Konzept nicht nur beim BKA diskutiert, sondern auch im Kontext der Einführung betriebswirtschaftlicher Steuerungsinstrumente bei Polizeibehörden des Bundes und der Länder.

Die Verantwortlichen bestimmten einen Kreis von jeweils ca. 15 Mitarbeitern und Mitarbeiterinnen, die verschiedene Blickwinkel in den Entwicklungsprozess einbringen konnten und daher funktions- und hierarchieübergreifend ausgewählt wurden. Sie diskutierten die grundlegenden Ziele und Wirkungsannahmen. Anschließend wurden wesentliche Stellhebel und Schwerpunkte definiert, die dann mit Hilfe der verschiedenen Perspektiven der BSC weiter durchdacht und konkretisiert wurden. Zwischen einzelnen Workshops beteiligten die Workshopteilnehmer weitere Mitarbeiter. Im Anschluss an diesen Prozess erstellte das TOP-Management eine Gesamtstrategie.

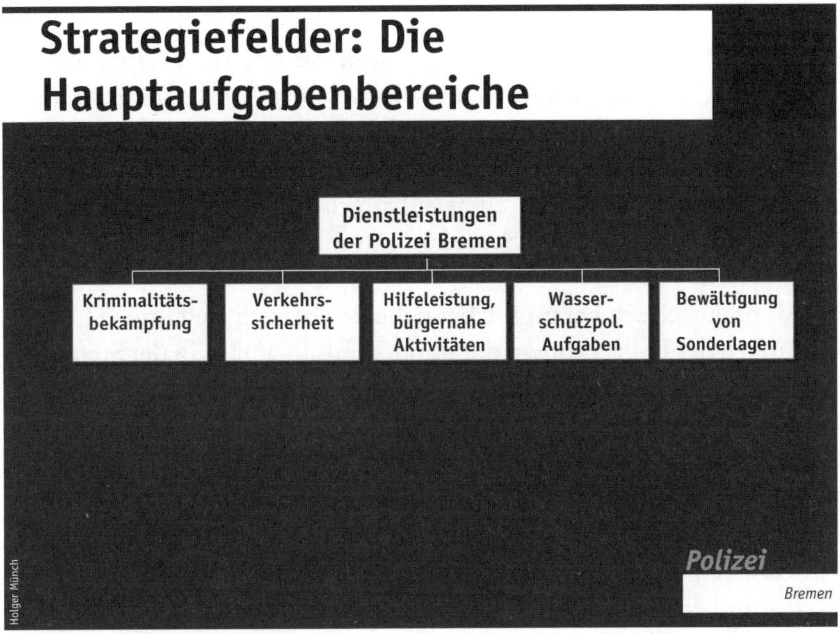

Abb. 1: *Hauptaufgabenbereiche der Polizei Bremen*

Gründe für die Balanced Scorecard

Insbesondere drei Gründe machen im öffentlichen Sektor eine Neuorientierung in der Steuerung erforderlich: Die zunehmende Dynamik, die veränderte Erwartung der Abnehmer an öffentliche Dienstleistungen statt obrigkeitlichen Handelns und insbesondere die zurückgehenden Ressourcen.

Ähnlich wie Dirk Büchner vom BKA sieht Holger Münch jedoch die bislang im öffentlichen Dienst diskutierten Steuerungsinstrumente nur bedingt als geeignet an. Es sei »ein Trugschluss dass der hohe Kostendruck durch eine ausgeprägte Kostenorientierung am besten beantwortet werden kann. Es ist nicht ausreichend, die Kosten einzelner Produkte oder Dienstleistungen zu betrachten. Vielmehr ist entscheidend, ob mit den entwickelten Aktivitäten ein Nutzen für den Kunden verbunden ist.« Wenn beispielsweise die Kosten einer Fußsstreife bekannt sind, ist damit noch lange nicht die Frage beantwortet, ob es sinnvoll ist, Fußstreifen überhaupt und wenn ja in welchem Umfang einzusetzen. Dafür sind ganz andere Fragen relevant. Etwa welche konkreten Wirkungen damit verbunden sind. Dafür bedarf es eines entsprechenden Bewertungsmaßstabes und einer entsprechenden Wirkungskontrolle. Beides könne die Balanced Scorecard mit ihren verschiedenen Perspektiven bieten.

Als praktisch schwer umsetzbar habe sich bei den vielfältigen Dienstleistungen der Polizei zudem der starke Produkt-Fokus in der Steuerung erwiesen. Viele Dienstleistungen sind nur schwer standardisierbar. In der Kriminalitätsbekämpfung werden beispielsweise ganz verschiedene Ansätze verfolgt: täter- wie opferorientierte, repressive wie präventive usw. »Wir wollen daher direkt Ziele budgetieren«, so Holger Münch. Denn wenn es erfolgversprechender ist, sich an Wirkungen zu orientieren, müssen Ziele auch als Wirkungen formuliert werden. Und der Zielformulierung müssen Überlegungen zu Ursache und Wirkung vorausgehen. Die Kernfrage lautet seiner Ansicht nach: »Was müssen wir tun, um erfolgreich zu sein?« Die formulierten Antworten auf diese Frage, die Wirkungsannahmen, sind die Strategien”. Gerade vor dem Hintergrund der bislang starken Regelorientierung der öffentlichen Verwaltung sei die Balanced Scorecard damit ein sinnvolles Steuerungsinstrument zur Entwicklung und Umsetzung einer stärkeren Ziel-und Ergebnisorientierung.

Zusammenfassend nennt Holger Münch folgende Gründe für die Einführung der Balanced Scorecard:

- Die beabsichtigte Entwicklung eines Zielsystems als wesentlicher Steuerungsfokus,
- die bessere und klarere Ausrichtung der Organisation, indem Strategien steuerbar und kommunizierbar gemacht werden können,
- das Lernen in der Organisation unterstützen, indem die strategischen Annahmen offengelegt und überprüfbar gemacht werden,

⇨ das Zusammenspiel der verschiedenen Einheiten und die Prozesssteuerung verbessern.

Wegen des Veränderungsdrucks aufgrund der schwierigen Haushaltslage in Bremen wurde die BSC sofort komplett im Gesamtunternehmen (mit Ausnahme der Wasserschutzpolizei) eingeführt. Konkret gestartet hatte die Polizei Bremen den Entwicklungsprozess im Herbst 1999. Zunächst wurden Führungskräfteinterviews durchgeführt, bis Dezember 1999 wurden die Geschäftsfelder abgegrenzt und die Verantwortungen geklärt. Der Strategieentwicklungs- und BSC-Erstellungsprozess begann Anfang 2000 und wurde im Sommer 2000 abgeschlossen. Insgesamt hatte man von der Entscheidung bis zum Strategieabschluss auf der Ebene der Geschäftsfelder und der Gesamtstrategie etwa neun Monate Zeit benötigt.

Unklare Visionen und Strategien deutlicher werden lassen

Die strategischen Ziele innerhalb der BSC wurden ebenso aus der Unternehmensvision wie unabhängig davon entwickelt. So hatte die Polizei Bremen zwar auch vor der Einführung der BSC ein Leitbild formuliert. Dennoch machten die durchgeführten Führungskräfteinterviews ein Manko deutlich. Gerade nach Auffassung der Führungskräfte auf der mittleren Ebene fehlte eine klare Strategie, die im Alltag Entscheidungen erleichtern könne. Zwar werde viel agiert und reagiert. Doch die Frage, warum dies geschieht, wie das Zusammenspiel organisiert ist und was wichtig und was unwichtig sei, blieb mitunter eher nebulös. Es fehlte eine eindeutige Ausrichtung. Allerdings teilte die »Polizei Bremen« das Schicksal mit manch anderen Unternehmen. Holger Münch wundert dies kaum. »Eine Strategie ist mehr als ein wünschenswertes Bild der Zukunft. Eine Strategie müsse das «klingt gut, aber wie soll das gehen?» beantworten. Im wesentlichen sollte daher geklärt werden,

⇨ welche Positionen eingenommen werden, d.h. welche Zielgruppen mit welchen Leistungen erreicht werden sollen und

⇨ welche Handlungsmuster erfolgversprechend erscheinen.

Die Klärungen können jedoch nicht nur am grünen Tisch erfolgen und anschließend verkündet und umgesetzt werden. Gerade die für Dienstleister entscheidenden Handlungsmuster können nicht nur geplant werden, sondern bilden sich auch im Laufe der Zeit heraus. »Handlungsmuster sind teilweise tief in der Kultur der Organisation verankert, sind eigenständige Überzeugungen und Wahrheiten. Diese zu verändern, stellt den eigentlichen organisatorischen Wandel dar.« Ein Beispiel hilft den Unterschied zwischen Positionen und Handlungsmustern zu verdeutlichen:

Im vergangenen Jahr überprüften Mitarbeiter der Kriminalpolizei mit Hilfe der Techniken der BSC ihre derzeitige Strategie in der Bekämpfung der Scheckkartenkriminalität:

Im Anschluss an einen Diebstahl werden Kreditkarten häufig in Kaufhäusern betrügerisch bei Einkäufen eingesetzt. Mit der Zunahme des bargeldlosen Zahlenverkehrs stiegen die Fallzahlen stetig an. Bislang wurde nach Anzeigen der betroffenen Kaufhäuser versucht, mit Ermittlungsmethoden die Täter festzustellen und so dem Phänomen Herr zu werden. Die Erfolge waren jedoch dürftig, die steigenden Fallzahlen konnten nicht eingedämmt werden. Die Kriminalbeamten und –beamtinnen überprüften ihre Strategie anhand der Perspektiven der BSC und überlegten ein strategische Neuausrichtung.

In Gesprächen mit den »Kunden«, den Kaufhäusern, wurde deutlich, das der Betrug möglich war, obwohl der Diebstahl häufig bereits gemeldet und die Kreditkarte gesperrt wurde, weil die Kaufhäuser auf eine kostenintensive Online-Kartenprüfung verzichteten. Grund: Die Verluste aufgrund der Betrugsfälle waren geringer als die Kosten, die durch eine entsprechende Kartenprüfung enstanden wären.

Außerdem war der interne Informationsfluss und die Zusammenarbeit mit den Polizeirevieren mangelhaft, weil die Einheit erst nach dem betrügerischen Einsatz von der gestohlenen Kreditkarte erfuhr und nicht direkt nach der Anzeigenaufnahme. Die Kriminalbeamten und –beamtinnen überlegten, wie sie den Informationsfluss verbessern und die Kaufhäuser zu einer Kartenprüfung veranlassen konnten, ohne deren Kosten zu erhöhen. Im Ergebnis wurde ein neuer Arbeitsprozess initiiert. Mittlerweile gibt es einen organisierten Faxverteiler von den Polizeirevieren zu einer polizeilichen Dienststelle und von dort in viele Bremer Kaufhäuser direkt nach einer entsprechenden Diebstahlanzeige. Diese sperren die Kartennummern in ihrem Kassensystem, ersparen sich also weiterhin die kostspielige Online-Püfung. Nach Einführung dieses Verfahrens sanken die Betrugsfälle deutlich ab.

Während die Positionen – Ziele und Gegenstand der Tätigkeit – unverändert blieben, veränderten die Mitarbeiter das Handlungsmuster dramatisch und verlegten sich von der Ermittlungsarbeit zu großen Teilen auf eine koordinierende Tätigkeit.

Eine BSC ermöglicht also nicht nur eindeutigere Positionierungen, sie erleichtert auch die Überprüfung und Veränderung von Handlungsmustern, weil sie auch auf der Prozessebene Wirkungen beschreibt und diese mit den eigentlichen Wirkungen und den Kundeninteressen verknüpft und überprüfbar macht.

Die Strategie

Die Inhalte der Strategie der Polizei Bremen macht folgender Auszug deutlich:

Die Förderung der Wohn- und Lebensqualität ist ein wesentliches Ziel zur Sicherung der Standortqualität Bremens. Die Wohn- und Lebensqualität ist ganz wesentlich davon abhängig, wie die Bürgerinnen und Bürger die Sicherheitslage in Bremen einschätzen.

Innere Sicherheit als ein wesentlicher Standortfaktor, muss aber im Hinblick auf die finanzielle Situation in der Stadt Bremen bezahlbar bleiben.

Das Ziel der Polizei Bremen ist es, dass die Bürger Bremens tatsächlich sicher sind und sich sicher fühlen. Dazu wollen wir

⇨ *die Kriminalitätsbelastung in Bremen und*
⇨ *die Verkehrsunfallbelastung und die Folgen von Verkehrsunfällen senken,*

- ⇨ *das Risiko der Opferwerdung für die Bremer Bürger und die Folgen der Opferwerdung für das Sicherheitsgefühl minimieren,*
- ⇨ *Unordnungserscheinungen und Störungen durch auffällige Personengruppen weiter verringern und damit*
- ⇨ *das Sicherheitsgefühl der Bürger Bremens verbessern und*
- ⇨ *unsere Ressourcen optimal im Hinblick auf diese angestrebten Wirkungen einsetzen.*

Als eine Voraussetzung zur Erreichung dieser Ziele und aus der Grundüberzeugung heraus, Dienstleister für die Bürger Bremens zu sein, ist weiterhin unser Ziel,

- ⇨ *das Vertrauen in die Leistungsfähigkeit der Bremer Polizei und*
- ⇨ *unsere Dienstleistungsqualität aus Sicht der Bürger, die mit uns in Kontakt treten, weiter zu verbessern.*

Um diese Ziele zu erreichen, wollen wir unsere Arbeit nach dem Grundsatz »agieren statt reagieren« weiter verbessern. Konkret werden wir

- ⇨ *in enger Kooperation mit anderen Behörden unsere Ziele im Bereich der Kriminalitätsbekämpfung, der bürgernahen Aktivitäten und der Verkehrssicherheitsarbeit verfolgen,*
- ⇨ *unsere Reaktionsgeschwindigkeit und -fähigkeit ..... weiter verbessern,*
- ⇨ *durch ein verbessertes Lagebild und schnelle Lageauswertungen im Sinne eines Frühwarnsystems Veränderungen schneller erkennen,*
- ⇨ *sowohl im Einsatzdienst als auch in sachbearbeitenden Bereichen künftig stärker projektorientiert arbeiten und unsere reaktiven Aufgaben daher möglichst effizient wahrnehmen.*

Inhaltlich wollen wir folgende Schwerpunkte übergreifend über die Hauptaufgabenbereiche verfolgen. Wir wollen

- ⇨ *unsere Maßnahmen bei Notrufen und »Anrufen an Wache« qualitativ hochwertig und wirtschaftlich durchführen,*
- ⇨ *im Hinblick auf das Sicherheitsgefühl und die Kriminalitätsbelastung der Jugendlichen und Heranwachsenden stärker mit Schulen kooperieren ect.*

Das größte Kapital zur Umsetzung dieser Strategie sind wir selbst – die Mitarbeiter der Polizei Bremen. Wir wollen zufriedene Mitarbeiter, die zur Umsetzung dieser Strategie befähigt sind. Hierzu werden wir

- ⇨ *die Führungsqualität weiter verbessern*
- ⇨ *die Möglichkeiten zur Beteiligung der Mitarbeiter an der Zielfindung und -umsetzung weiter verbessern und*
- ⇨ *durch Information, bedarfsgrechte Qualifikation und geeignete Ausstattung – soweit wie möglich – die Mitarbeiter unterstützen.*

Umsetzung in eine BSC

Eine besondere Bedeutung hat für Holger Münch und seine Mitarbeiter die Perspektive »Finanzen«. Holger Münch: »Gewinn oder Wachstum sind keine Ziele im Non-Profit-Sektor. Die Finanzen stellen im öffentlichen Dienst den limitierenden Faktor dar. Die Zieldimension ist daher die Auftragserfüllung in einer möglichst günstigen Kosten-Nutzen-

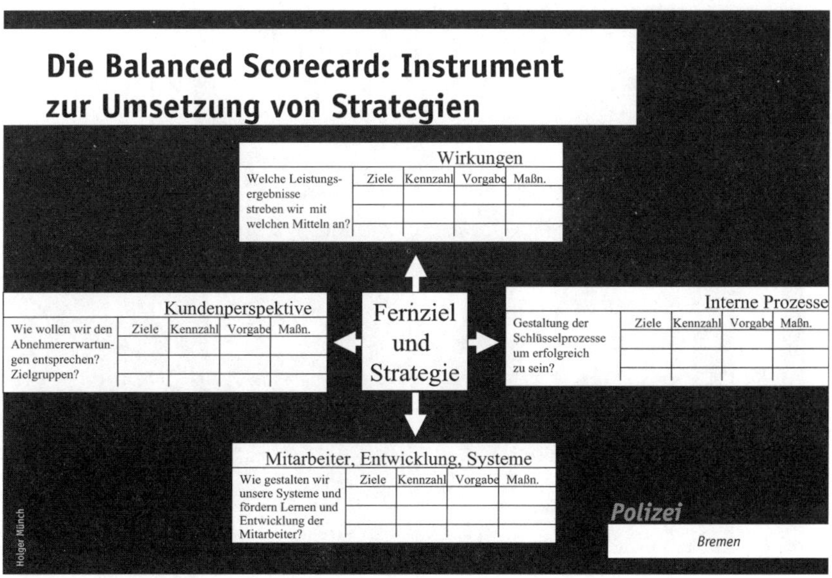

Abb. 2: *Balanced Scorecard bei der Polizei Bremen*

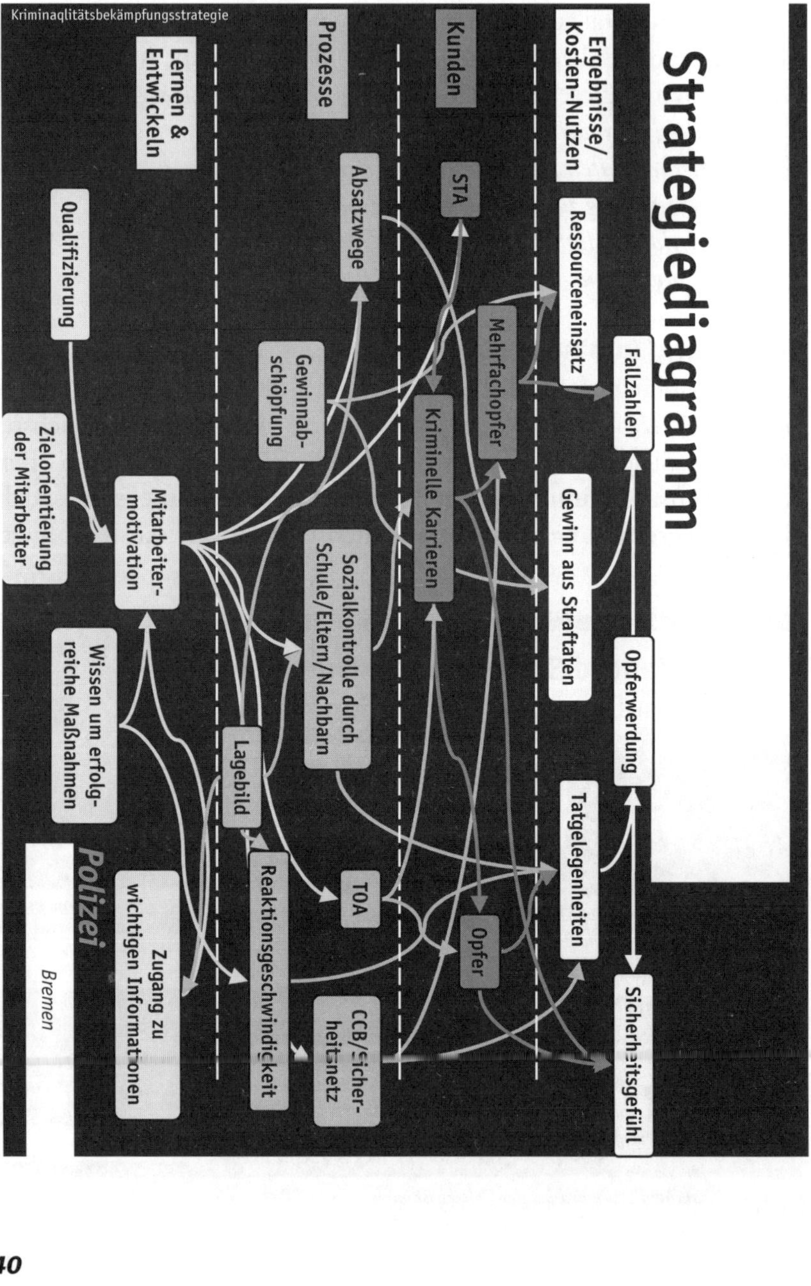

Abb. 3: *Wirkungszusammenhänge*

Relation. Diese Perspektive haben wir daher Wirkungsperspektive genannt«

Am Beispiel der Kriminalitätsstrategie (vgl. Abb. 3) sind die Wirkungszusammenhänge der Strategie erkennbar.

Schwierige Kennzahlenentwicklung

Der Umgang mit Kennzahlen ist im öffentlichen Dienst noch relatives Neuland. Nur wenige wurden bislang verwendet, nicht alle sind auch künftig brauchbar. Bei vielen formulierten strategischen Zielen bestehen zwar Vorstellungen zu möglichen Kennzahlen. Allerdings sind die erforderlichen Daten oftmals nicht vorhanden oder aufgrund der Datensysteme nur schwer steuerbar. Dieses Problem konnten auch die Bemühungen der vergangenen Jahre, mit neuen Erhebungsmethoden noch nicht verfügbare Daten zu gewinnen (z.B. mit der Einführung einer regelmäßigen Bürgerbefragung) bislang nur mildern. Viele strategische Projekte sind daher darauf ausgelegt, zunächst diese Informationslücken zu schließen, wie etwa die Einführung einer Qualitätsmessung durch die Staatsanwaltschaft oder die Bewertung der Servicequalität mit einer Befragung nach polizeilichen Kontakten.

Einen Eindruck über die konkreten Inhalte und Kennzahlen einer polizeilichen BSC vermittelt der Auszug aus der Prozessperspektive der Verkehrssicherheitsstrategie (vgl. Abb.4). In diesem Bereich besteht bereits eine relativ gute Messbarkeit der angestrebten Wirkungen.

Im Laufe der Zeit, so hofft Münch, würden sich durchgängig geeignete Kennzahlen identifizieren und sich die Erhebungsdaten von ihrer Qualität und Nutzbarkeit her verbessern lassen.

Die entwickelten Ziele wurden Personen zugeordnet, die für die Erreichung der Zielwerte verantwortlich sind. Nicht immer waren sie auch bei der BSC-Entwicklung beteiligt. Verknüpft ist die BSC auch mit der operativen Planung der Bremer Polizei.

Aufgrund der Mängel im Berichtswesen stützt sich das Controlling stark auf Kommunikation. Alle zwei Monate werden in den einzelnen Geschäftsfeldern Reviews durchgeführt. Die einzelnen Verantwortli-

Die Prozessperspektive der Verkehrssicherheitsstrategie

Prozessperspektive

Ziel	Messgröße	Nahziel	Maßnahmen
Unfallbelastung. der Zielgruppe 18 bis 25 Jahre alten VK-Teilnehmer	Unfallzahlen (schwere VU) der Zielgruppe – alkoholbedingt / drogenbedingt – geschwindigkeitsbedingt	▪ 5 % Reduzierung ▪ 10 % Reduzierung an diesbezüglichen Unfallschwerpunkten	Maßnahmen: siehe hierzu in diesbezüglicher Bereichsscorecard (Anlage) Verantwortlich: Herr H.
Unfallbelastung der Senioren	▪ VU-Häufigkeitsziffer bzgl. Seniorenbeteiligung / schwere Folgen (Unfallzahlen auf 100000 Einwohner im Seniorenalter)	2 % Reduzierung der Häufigkeitsziffer	Maßnahmen: siehe hierzu in diesbezüglicher Bereichsscorecard (Anlage) Verantwortlich: Herr S.
Unfälle aufgrund der Hauptunfallursache Geschwindigkeit	▪ VU-Zahlen (Ursache Geschwindigkeit / schwerwiegende Folgen) - allgemein - an VU- und Kontrollschwerpunkten	5 % Reduzierung 10 % Reduzierung	Maßnahmen: siehe hierzu in diesbezüglicher Bereichsscorecard (Anlage) Verantwortlich: Herr A.
Brennpunktorientierte VK-Sicherheitsarbeit	▪ Zahl der VU an den 30 unfallträchtigsten Örtlichkeiten (Stand Lagebild Ende 99) mit den höchsten Gefahrenziffern über den Zeitraum eines Jahres ▪ Anzahl der entschärften Kreuzungen innerhalb der „Top-Ten-Kreuzungen“	▪ Entschärfung von 10 therapierbaren Örtlichkeiten aus diesen 30, im Hinblick auf VU mit schwerwie-genden Folgen, möglichst die „Top-Ten“ Zeitraum : 1 Jahr	Maßnahmen: siehe hierzu in diesbezüglicher Bereichsscorecard (Anlage) Verantwortlich: Herr M.

Verkehrssicherheitsstrategie

Abb. 4: *Auszug aus der Prozessperspektive*

chen berichten über die durchgeführten Aktivitäten (den Output) und die eingetretene Wirkung. Dieses Verfahren habe sich jedoch ebenfalls als durchaus effektiv erwiesen. Effizienz und Umsetzung von Strategie und strategischen Maßnahmen lassen sich regelmäßig überprüfen. Auch erhofft sich Holger Münch, dass dadurch solche Kennzahlen entwickelt werden können, die sich stärker an der Praxis polizeilicher Arbeit orientieren. Nach bisheriger Auffassung bei der Bremer Polizei ist BSC ein Kontrollinstrument, das sich dafür gut eignet.

Umsetzung der BSC

Im Anschluss an die BSC-Entwicklung wurden Konzept und Inhalte durch Kommunikations- und Weiterbildungsprogramme im Top-, Middle- und Lower-Management bekannt gemacht. Mittlerweile wurde als Folge der Strategieentwicklung eine monatliche Steuerungssitzung eingeführt, auf der die Verantwortlichen der Geschäftsfelder, der Polizeipräsident und die Leiter der einzelnen Polizeiabteilungen, Monatsziele auf Basis der aktuellen Lageentwicklungen und der strategischen Zielsetzungen vereinbaren und die wesentlichen Kennzahlen bewerten.

Anreizsysteme: Spezifische Probleme des Öffentlichen Dienstes

Was gemessen wird, wird erledigt, was belohnt wird, wird besser erledigt. Monetäre Anreizsysteme sind im öffentlichen Dienst allerdings nicht leicht einzuführen. Auf die Frage nach der Verknüpfung der BSC-Ziele mit den Vergütungs- und Prämiensystemen der Mitarbeiter muss die Polizei passen und mit »Nein« antworten. »Individuelle Leistungszulagen halte ich ohnehin im Hinblick auf die intrinsische Motivation für nicht unproblematisch, Erfolgsbeteiligungen sind dagegen bei einer Eingriffsverwaltung schwer einzuführen« so Holger Münch. Hier bedarf es noch weiterer Überlegungen und Anstrengungen. »Allerdings« so Holger Münch weiter »motivieren sinnstiftende Aufgaben stark. Und wenn es uns gelingt, bürokratische Aktivitäten und nutzlose Blindleistungen durch erfolgreiche zu ersetzen ist dies auch ein Gewinn, denn nichts motiviert mehr als Erfolg«.

Auch eine Verknüpfung mit Jahresbudgets und Zielvorgaben bei Erreichung der BSC-Ziele hat bisher nicht stattgefunden. Dies ist bei der Polizei Bremen der nächste Entwicklungsschritt. Geplant und bereits in Vorbereitung ist die Einführung einer aktivitätenorientierten Kostenrechnung, die einerseits eine Budgetierung von Zielen und andererseits die Überprüfung der Aktivitäten auf den Nutzen durch den Abgleich mit den formulierten Erfolgskennzahlen der BSC ermöglichen soll. »Das Gesamtsystem nennen wir ergebnisorientierte Steuerung« so Holger Münch und fasst die Kerngedanken wie folgt zusammen:

- ⇨ Wir streben Wirkungen an! Wenn wir im gesamten Arbeitsprozess nur die Dinge tun, die Wirkungen versprechen, arbeiten wir sowohl erfolgreich wie wirtschaftlich.
- ⇨ Wir stellen Annahmen über Ursachen und Wirkungen auf und überprüfen diese anhand von Kennzahlen.
- ⇨ Wir nutzen hierzu das Wissen der Mitarbeiter.
- ⇨ Zur Umsetzung von Strategien betrachten wir das Geschehen aus mehreren Perspektiven und nutzen hierfür die BSC.
- ⇨ Wir budgetieren die Arbeitszeit für konkrete Ziele.
- ⇨ Wir denken in Prozessen und benötigen zur Steuerung eine entsprechende Querverantwortung.
- ⇨ Wir hinterfragen den Nutzen von Aktivitäten.

Hemmnisse und Erfolgsfaktoren

Als größte Hindernisse stellten sich bei der Umsetzung der BSC vor allem zwei Aspekte dar:

- ⇨ Die organisationsübergreifende Prozesssteuerung war bislang nur in Extremsituationen wie Großdemonstrationen usw. üblich. Die im übrigen eher hierarchisch-funktionale Organisation erschwert die unternehmensweite Geschäftsprozesssteuerung;

- ⇨ eine mangelhafte Prozesssicherheit für die Betroffenen in der Umsetzungsphase kann zu empfindlichen Störungen bis hin zum Stillstand führen;
- ⇨ Informationsdefizite im Hinblick auf Kosten, Aktivitäten und Wirkungen.

Als wichtige Faktoren für eine erfolgreiche Entwicklung der BSC stellten sich heraus:

- ⇨ Die breite Kommunikation des BSC-Konzeptes
- ⇨ Die Unterstützung durch die Unternehmensleitung
- ⇨ Der Wille zur Veränderung, insbesondere im Bereich der Führung
- ⇨ Der Einsatz eines externen Beraters zur Vermeidung methodischer Fehler
- ⇨ Die Bereitschaft zur Transparenz.

Bisherige Erfahrungswerte

Die Umsetzung der entwickelten Strategien befindet sich erst im Anfangsstadium, so dass noch keine hinreichenden Erfahrungswerte bestehen. Allerdings zeigen Frühindikatoren, dass strategische Ziele jetzt besser durchsetzbar sein dürften. So haben sich Angebot und Nachfrage nach strategisch relevanten Qualifizierungsmaßnahmen bereits nach wenigen Monaten deutlich erhöht. Auch zeigten erste Projekte bereits praktische Erfolge.

Kosten der BSC

Der Aufwand

- die eingesetzte Arbeitszeit von Management und Mitarbeitern in jeweils ca. fünf Workshops
- der Beratereinsatz
- die zusätzlichen Analysen
- die zahlreichen Informationsveranstaltungen und
- Mitarbeiterschulungen

habe sich aber, so Holger Münch, durchaus gelohnt, denn insgesamt haben sich die Erwartungen an die Einführung der BSC bislang erfüllt.

Ein Allheilmittel ist BSC jedoch auch für die Bremer Polizei nicht. So muss man nach der Überzeugung von Holger Münch deutlicher heraus stellen, dass BSC zwar Strategien leichter umsetzbar und steuerbar macht. Jedoch »ersetzt sie keinen Strategiebildungsprozess. Strategien« so Holger Münch »sind die Voraussetzungen für die Erstellung einer Balanced Scorecard, nicht deren Ergebnis. Allerdings unterstützt die BSC anschließend die Fortentwicklung der Strategien«.

Zweierlei Dinge, so Münch, sollten nach den bisherigen Einführungs- und Nutzungserfahrungen vermieden werden:

⇨ Schwierige Kennzahlenentwicklungen oder unklare Strategien dürfen nicht dazu führen, dass die BSC als eine Art »Sammlung« für Unternehmenskennzahlen missverstanden wird. »Ohne Klärung der Strategien macht eine BSC keinen Sinn. Der größte Fehler allerdings ist, sich auf das zur Zeit messbare zu beschränken anstatt das zu tun was man für wirkungsvoll hält. Gerade schwer oder spät messbare Wirkungen können wichtig sein«;

⇨ Eine Scorecard kann keine hinreichende Wirkung entfalten, wenn formulierte Ziele nicht auch mit persönlichen Verantwortungen hinterlegt werden.

»Wir sind auf einem guten Weg«, sagt Holger Münch. Und so wird es der Bremer Polizei hoffentlich auch in Zukunft mit der BSC gelingen, »die nöthigen Anstalten zur Erhaltung der öffentlichen Ruhe, Sicherheit und Ordnung, und zur Abwendung der dem Publico oder einzelnen Mitgliedern desselben bevorstehenden Gefahr zu treffen.« Das natürlich ganz modern und effizient, versteht sich.

BSC in speziellen Unternehmensbereichen

Balanced Scorecard in der IT – Den Nutzen für das Unternehmen darstellen
von Martin G. Bernhard

Die Wertschöpfung der IT transparent machen – Siemens Building Technology/Landis Staefa Division
von Christine von Below

Die Bosch GmbH und ihr IT-Grundsatz – Kennzahlen nicht als Selbstzweck
von Christine von Below

Wissensmanagement steuern – Die Balanced Scorecard als innovatives Controllinginstrument
von Péter Horváth

Kennzahlen im Personalwesen – Sind menschliche Qualitäten messbar?
von Frederic Fredersdorf

Balanced Scorecard in der IT – Den Nutzen für das Unternehmen darstellen

Die Balanced Scorecard kann als strategisches Kennzahlen- und Managementsystem für die IT eingeführt werden. Die IT kann dabei als interne IT-Organisation oder als ausgegründete Einheit, eine Ausgründungspartnerschaft, operieren. Durch die extrem hohe Entwicklungsgeschwindigkeit der Informationstechnologie in den vergangenen 20 Jahren in allen Bereichen ist es für den typischen Anwender oder IT-Kunden als auch im Top-Management kaum noch möglich, all diese Entwicklungen und insbesondere Anwendungsmöglichkeiten der IT noch zu überblicken. Instrumente zur Erkennung dieser Entwicklungen und kontinuierlichen Integration von strategischen Ideen und Impulsen für die IT sind notwendig geworden.

Martin G. Bernhard

Aufklärungsarbeit ist nötig

Heute ist von Seiten der IT Aufklärungsarbeit gegenüber den IT-Anwendern nötig. Insbesondere das Aufzeigen von Einsatzmöglichkeiten und des Nutzen der IT im Unternehmen ist von besonderer Wichtigkeit geworden. Die IT muss mehr Informationsarbeit und -politik leisten als früher.

Hinzu kommt, dass die IT bei ihren Anwendern und in der Unternehmensführung sehr unterschiedlich von ihrem Leistungsspektrum her wahrgenommen wird. Seit langer Zeit werden Ansätze gesucht und diskutiert, wie Effizienz und Effektivität sowie der Beitrag der IT zum Unternehmen dargestellt werden können. Zudem ist das Know-how über IT und die Einsatzmöglichkeiten der IT im Top- bzw. Senior-Management in einigen Unternehmen nicht hinreichend vorhanden. Die IT wird im Top-Management mitunter nur einseitig oder nicht angemessen wahrgenommen. Geeignete Darstellungsmöglichkeiten sind hierfür notwendig. Einen Ansatz dafür bietet die Anwendung des Balanced Scorecard-Ansatzes für die Informationstechnologie.

In zahlreichen Unternehmen haben IT-Manager folgende Probleme:

⇨ Aus der Sicht der Unternehmensführung:
- »Was machen die in der IT überhaupt?«
- »Die IT ist viel zu teuer, ständig werden Budgets nicht eingehalten«
- »Mir ist unklar was uns die IT eigentlich bringt«

⇨ Aus der Sicht zahlreicher IT-Manager:
- »Wie können wir die Leistungen und den Service der IT und den Beitrag der IT zur Unternehmensstrategie bestmöglich darstellen?«
- »Wir haben ein viel zu geringes IT-Budget
- »Wie können wir dem Top-Management verdeutlichen, dass die IT längst nicht nur ein Kostenfaktor ist?«

Wie können wir die Bedeutung und den Nutzen der IT gegenüber dem Top-Management darstellen?

Allzu selten erfolgen Diskussionen zwischen der Unternehmensführung und der IT-Führung über den Beitrag der IT zum Unternehmen [6]. Durch die Entwicklung einer Balanced Scorecard für die IT lässt sich aufgrund der darin enthaltenen nicht-finanziellen Kennzahlen die Diskussion von einer oftmals einseitig geführten Finanz- oder Budgetdiskussion verschieben in die Richtung qualitativer Fragestellungen wie:
- »Welchen Nutzen bringt uns die IT?«
- »Was leistet die IT für unsere internen und externen Kunden?«
- »Wie innovativ ist unsere IT?«
- »Wo haben wir durch die IT / in der IT Vorsprung gegenüber den Wettbewerbern?«

Zur Zeit gibt es jedoch noch wenige praktische Anwendungen, da sich viele Unternehmen noch in der unternehmensweiten Balanced Scorecard-Einführungswelle befinden. D.h. es befinden sich BSC-Projekte für das gesamte Unternehmen oder eine einzelne SGE in der Umsetzung. Zwei Beispiele zur Balanced Scorecard-Einführung in der IT sind als Anschauungsmaterial im Buch enthalten (vgl. die Kapitel über Bosch und Siemens Technology Building). Zudem kann eine Balanced Scorecard auch für den E-Commerce-Bereich gebildet werden [4,10]. In Unternehmen, welche generell Balanced Scorecard einführen, kann die IT die Situation nutzen, eine Balanced Scorecard speziell für den Bereich Informationstechnologie einzuführen. Mit einer Balanced Scorecard kann einerseits die IT-Strategieumsetzung langfristig verfolgt werden, andererseits werden durch Feedbacks über die IT-Strategie strategisches Lernen und kontinuierliche Strategieverfeinerung und -anpassung möglich. Befindet sich die IT im Wettbewerb zu anderen IT-Dienstleistern, dann ist ein Prozess für die kontinuierliche Diskussion und Weiterentwicklung der IT-Strategie wichtig.

Welchen Nutzen haben nun Unternehmen und IT durch die Einführung einer Balanced Scorecard für die IT?

⇨ Aufgezeigt wird die Anbindung der IT-Strategie an die gemeinsame Unternehmensstrategie für das Top- bzw. Senior-Management des Unternehmens
⇨ Die IT-Strategie wird darstellbar, vermittelbar und kann weiter kommuniziert werden. In der Diskussion zwischen dem IT-Management und dem Top-Management eines Unternehmens können die Diskussionsinhalte von IT-Kosten oder -Budgets verlagert werden, hin zu qualitativen und strategischen Themen. Die IT-Scorecard kann als Instrument zur Verdeutlichung der IT-Leistungen herangezogen werden.
⇨ Die IT-Organisation wird verstärkt in Richtung Kunden- und Serviceorientierung ausgerichtet.
⇨ Eine systematische Herangehensweise bei Change Management-Prozessen innerhalb der IT ist gewährleistet.
⇨ Das Balanced Scorecard-Kennzahlensystem kann als Managementsystem für sämtliche IT-Prozesse genutzt werden.

- ⇨ Sämtliche IT-Prozesse werden durch die Balanced Scorecard einbezogen in ein konsistentes und vollständiges Kennzahlensystem , worin die vier Kennzahlenbereiche Finanzen, Markt/Kunde, interne Prozesse sowie Innovation und Mitarbeiter enthalten sind. Zudem lassen sich verschiedene IT-Management-Themen diesen vier Perspektiven zuordnen (vgl. dazu Abb. 2).
- ⇨ Eine kritische Überprüfung der IT-Strategie wird eingeleitet und das strategische Lernen als Management-Prozess wird initiiert.
- ⇨ Die Scorecard kann für den Life-Cycle von IT-Investitionen herangezogen werden und zudem für strategische Vorgaben in den IT-Planungen (mit Integration innerhalb des IT-Planungssystems).

Aus diesen Nutzenargumenten lassen sich auch die Motivationsgründe für einen Projektantrag »Balanced Scorecard für die IT« ableiten. Leider sind hierunter keine Argumente zu finden, die auf das quantitative Potenzial (Einsparungen ect.) eines derartigen Projektes hindeuten.

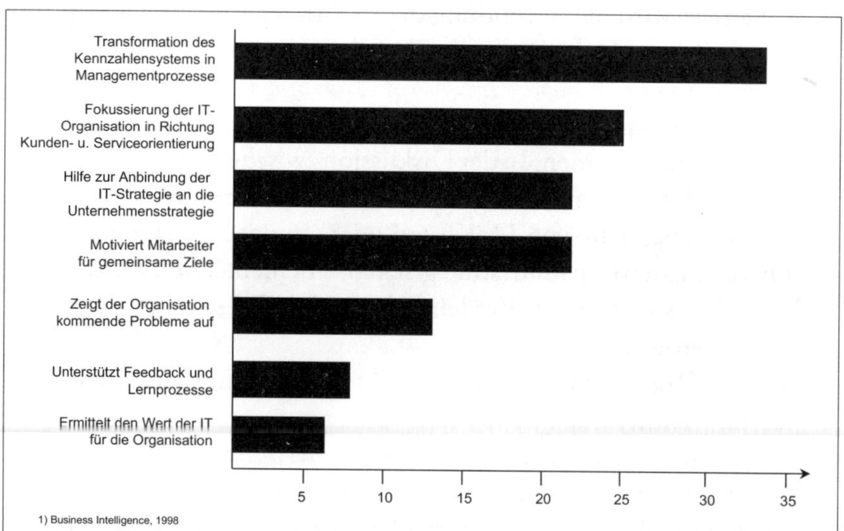

Abb. 1: *Nutzen und Vorteile einer Balanced Scorecard für die IT*

Business Intelligence, eine Consulting Firma in Großbritannien, [7] führte eine Befragung bei 50 Unternehmen (Benchmarking Partnern) durch, um die Vorteile einer Balanced-Scorecard für die Informationstechnologie bei den jeweiligen Benchmarking Partnern zu erfragen. Die Befragung mit den Benchmarking-Partnern wurde so durchgeführt, dass jedes Unternehmen die Top-3-Vorteile der »IT-Scorecard« ranken sollte. Der am häufigsten genannte Vorteil war »transforms measurement to management process«, d.h. Nutzung des IT-Kennzahlensystems für die Steuerung der Management-Prozesse. Fast von ähnlicher Bedeutung war der Vorteil »Focusses IT organization on customer service / delivery, d.h. Kunden- und service-orientierte Ausrichtung der IT-Organisation.

Mentale Ausrichtung und Denken in vier Kategorien

Eine Balanced Scorecard für die IT übersetzt die IT-Strategie in die strategischen Ziele und Kennzahlen (Ergebniskennzahlen und Leistungstreiber) von vier Perspektiven. Eine Balanced Scorecard bringt nicht nur den Vorteil, dass die Mitarbeiter der IT-Organisation mental in vier Kategorien denken. Eine Balanced Scorecard für die IT kann zudem als übergeordneter strategischer Ordnungsrahmen für zahlreiche IT-Management-Themen und deren Priorisierung eingesetzt werden.

Damit ein Balanced Scorecard-Projekt für die IT gestartet werden kann, müssen verschiedene inhaltliche Voraussetzungen vorliegen:

- Damit die (vier) Perspektiven abbildbar sind, muss für die IT ein geschlossener Wertschöpfungsprozess mit Lieferanten, internen Prozessen und Kunden vorliegen
- Die existierende und zukünftige Rolle der IT muss definiert sein (vgl. dazu Abbildung 3).
- Unternehmensstrategien und deren Konsequenzen für das Informationsmanagement müssen definiert sein. (vgl. dazu Abbildung 4).
- In der IT-Führung muss ein Commitment über die IT-Strategie vorliegen. Für jede Scorecord-Perspektive sind dann die strategischen Ziele, Kennzahlen und Maßnahmen zu entwickeln

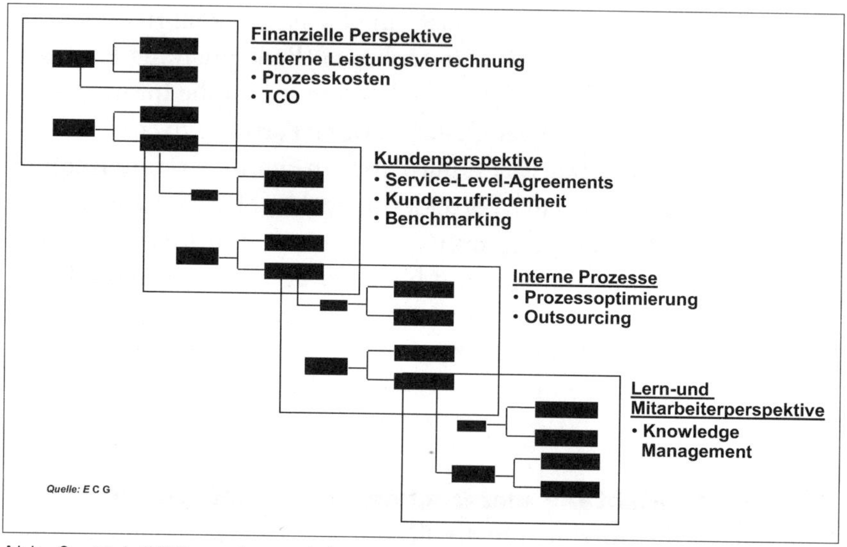

Abb. 2: *Viele IT-Themen lassen sich den vier Scorecard-Perspektiven zuordnen*

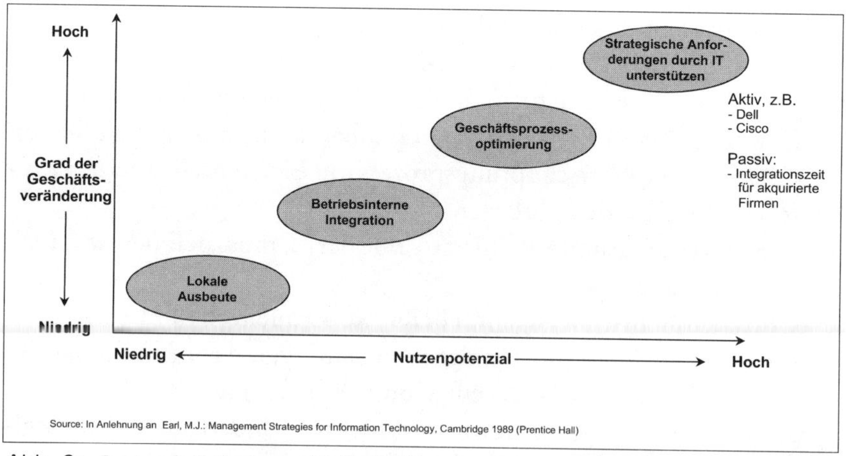

Abb. 3: *Strategische Bedeutung und Rolle der IT*

- Der Überblick über die strategischen Themen und Prioritäten sollte feststehen. Diese sollten den Scorecard-Perspektiven zugeordnet werden
- Die IT-Organisationsstruktur muss definiert sein.

Vor der Entwicklung einer Balanced Scorecard für die IT stellt sich damit die Frage, welche Strategie und Rolle die Informationsverarbeitung im Unternehmen hat und wie die IT organisiert ist (vgl. Abb. 3). Dient die IT zur Geschäftsoptimierung oder hat die IT die Rolle, strategische Änderungen aktiv oder passiv einzuleiten?

Durch die schnellen Entwicklungen im Internet ist eine traditionelle Regel zumindest für einzelne Unternehmen oder auch Unternehmensfunktionen bereits gebrochen worden: »IT follows Business« bzw. »IT follows Strategy«. Bei Dell wird der Computer via Internet konfiguriert und verkauft, bei Cisco werden Router und zahlreiche andere Produkte übers Internet verkauft. Hier gilt »Business follows IT«, das Business folgt den Möglichkeiten neuer Internet-Anwendungen und -Technologien. Demzufolge sollten die IT-bezogenen Entscheidungen in Unter-

Unternehmensstrategie	**Bedeutung der Strategie**	**Konsequenzen für das Informationsmanagement**
Marktorientierte Unternehmensstrukturen	• Fokussierung der Holding auf das strategische Management • Volle operative Verantwortung bei den strategischen Geschäftseinheiten	• Verlagerung des Informationsmanagements (IM) in die strategischen Geschäftseinheiten
Globalisierung	• Standorte übergreifende Markt- und Geschäftsverantwortung	• Übergang zu globalen IT-Systemen und globalem Informationsmanagement
Wertmanagement	• Trennung von Geschäftsfeldern ohne hohe Renditeperspektiven	• Entweder Ausbau von IT-Services zu einem Geschäftsfeld oder Aufgabe

Quelle: E C G

Abb. 4: *Unternehmensstrategien und deren Konsequenzen für das Informationsmanagement* nehmen, in denen die IT das Business maßgeblich mitbestimmt und strategisch verändern oder gestalten kann, auch in der obersten Führungsebene eines Unternehmens angesiedelt werden. Eine IT-Strategie ist als Input für ein Projekt »Entwicklung und Umsetzung einer Balanced Scorecard für die IT« Voraussetzung. Die Balanced Scorecard setzt auf der Strategie der IT auf und kann dann als Ansatz zur strategischen Kennzahlenbildung und als strategisches Managementsystem herangezogen werden.

Die zu entwickelnden Balanced Scorecard-Kennzahlen müssen auch die Komplexität der Organisation widerspiegeln. Bei der Entwicklung und Detaillierung der Top-Scorecard in weitere Scorecards und Kennzahlenbäume innerhalb der IT-Organisation sind verschiedene Vorgehensweisen möglich:

⇨ Entlang der gegebenen IT-Organisationsstruktur: Entweder sind die Kennzahlen innerhalb der Perspektiven für die gesamte IT und entlang der existierenden Organisationsstruktur zu verfeinern. Dasheißt – es ist eine Top-Scorecard für die gesamte IT zu entwickeln,

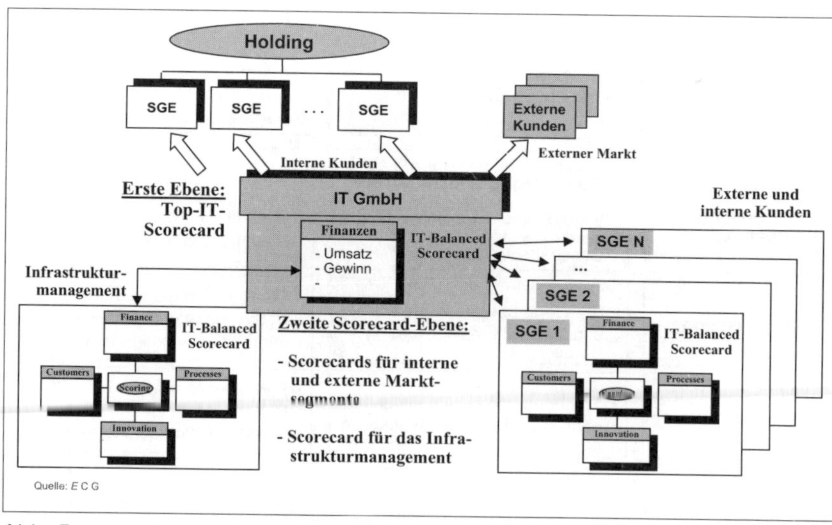

Abb. 5: *Beispiel einer IT GmbH als Ausgründungspartnerschaft.*

darunter jeweils Scorecards für die Hauptabteilungen (die dann wieder Verbindungen zur Top-Scorecard vorweisen) etc.

⇨ Innerhalb der IT-Leistungen sind nach den Geschäftsbereichen jeweils die Scorecard-Perspektiven zu bilden und zu verfeinern. Das heißt zunächst ist eine Top-Scorecard für die gesamte IT zu entwikkeln, darunter eine IT-Scorecard für die SGE 1, eine weitere IT-Scorecard für die SGE 2 etc. (die dann wieder Verbindungen zur Top-Scorecard vorweisen).

⇨ Bei IT-Ausgründungspartnerschaften (vgl. dazu Abbildung 5): Es sind z.B. bei einer Ausgründungspartnerschaft, in der die ausgegründete IT interne Kunden innerhalb der Firmengruppe sowie Kunden am Drittmarkt bedienen, mehrere Scorecards zu bilden, nämlich

– für die internen Kunden und
– für die externen Kunden (Drittgeschäft).

Die Abbildung 6 zeigt eine Balanced Scorecard für eine IT, die als Profit-Center organisiert ist. In der Abbildung 6 wurde die Balanced Scorecard für vier Perspektiven entwickelt, jedoch sind noch weitere Perspektiven, z.B. Sicherheit, denkbar.

Die Abbildung 7 verdeutlicht die Balanced Scorecard-Kennzahlen für die IT-Kundenperspektive.

Sind die Kennzahlen erst einmal entwickelt worden, so kann danach das geschaffene Kennzahlensystem als Management- und Steuerungssystem verwendet werden. Mit der Balanced Scorecard für die IT können die IT-Management-Prozesse gesteuert werden (vgl. Abb. 8). Es lassen sich grundsätzlich drei unterschiedliche Arten von IT-Management-Prozesse identifizieren:

– Der übergeordnete IT-Management-Prozess zur Steuerung aller IT-Management-Prozesse
– Horizontale IT-Management-Prozesse: Typische IT-Prozesse (z.B. Kunden-Management)
– Vertikale IT-Management-Prozesse: Querschnitts-Prozesse (Kommunikation der IT-Strategie, strategisches Feedback über die IT-Strategie, Zielvereinbarungsprozesse, IT-Planungsprozesse, etc.)

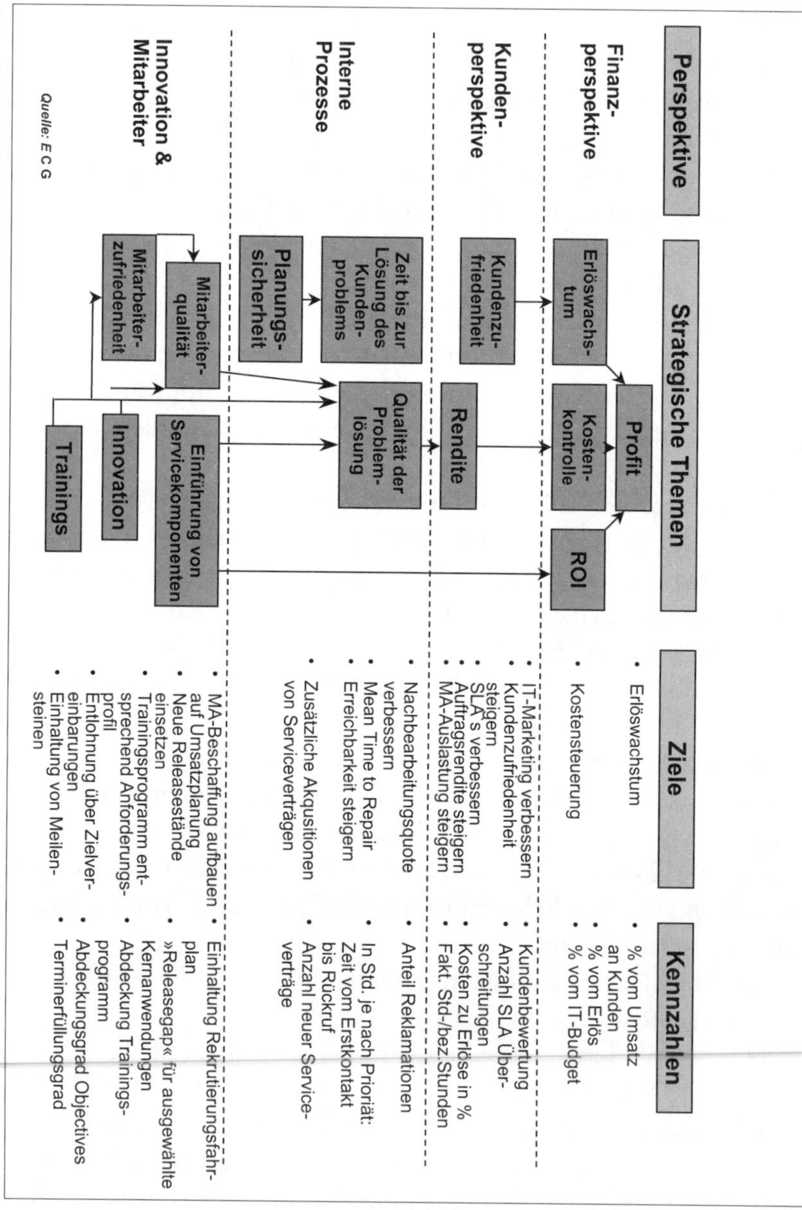

Abb. 6: *Beispiel einer Balanced Scorecard für die IT als Profit-Center*

Ziele	Marketing verbessern und informativ sein	Marketingorientiert gegenüber dem Kunden auftreten	Kundenzufriedenheit und Service verbessern	Verfügbarkeit gegenüber den Kunden verbessern	Ein bevorzugter Anbieter beim Kunden sein	Ein hervorragender Geschäftspartner für den Kunden sein
Kennzahlen	• Die bewertete Wahrnehmung des Kunden über die Service- und Produktportfolios des Anbieters • Prozentualer Anteil von Nutzergruppen, für die Informationsveranstaltungen gehalten wurden • Prozentualer Anteil beantworteter Informationsanfragen innerhalb eines Telefonats / Anzahl Beschwerden über schlechte Informationen bzw. Kommunikation pro Jahr	• Anteil der Nutzergruppen, für die ein Marketingplan existiert • Anteil der Nutzergruppen, für welche IT-Nutzung und IT-Bewußtsein stetig verfolgt werden • Anteil der Nutzergruppen, für welche Nutzerprofile und Charakteristiken kontinuierlich verfolgt und weiterentwickelt werden	• Kundenzufriedenheitsindex • Prozentualer Anteil von eingesetzten Technologien, die nicht zum »Standard« passen • Verfügbarkeit: MTBF-Mean time between failure pro Anwendung (in h oder Tagen); MTTR-Mean time to repair (in Minuten oder Stunden) • Anzahl störungsfreier Tage pro Periode • Anzahl von Reports mit Fehlern / Gesamtanzahl • Anzahl von Vorfällen p. a., wo SLA nicht eingehalten wurden • Penetrationssteigerung p.a. von SLA in den Schlüsselanwendungs- und Lösungsbereichen	• Verbrauchte Zeit mit Kunden im Verhältnis zur verfügbaren Zeit • Anzahl Telefonate mit Rückruf beim Kunden am gleichen Tag	• Marktanteile - Umsatz des Anbieters für IT beim Kunden / Gesamtumsatz - Anzahl geservicter Clients und Server durch den Anbieter / jeweilige Gesamtanzahl - Anzahl gewonnener Verträge im Wettbewerb zu anderen Anbietern	• Realisiertes vs. verabschiedetes Budget • % Anteil des IT-Umsatzes des Anbieters durch formelle Verträge • % Anteil der fristgemäß versendeten Rechnungen • Durchschnittliche Eingangsdauer für Forderungen • Anzahl der Teilnahmen bei strategischen Meetings beim Kunden p.a.

Quelle: E C G

Abb. 7: *Kennzahlen für die Kundenperspektive*

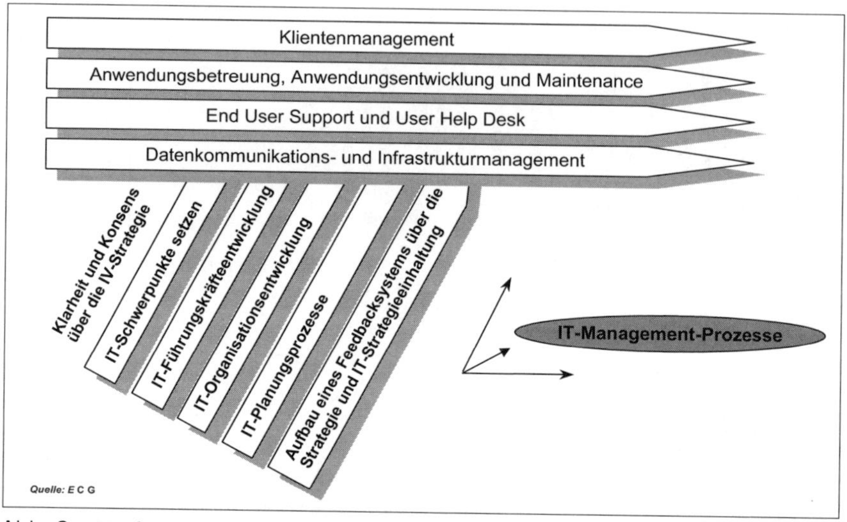

Abb. 8: *Mit den IT-Scorecards können alle IT-Management-Prozesse gesteuert werden*

Balanced Scorecard im IT-Planungs- und Portfoliosystem

Ein IT-Management-Prozess ist das IT-Planungssystem. Die Balanced Scorecard für die IT kann auch in das IT-Planungssystem integriert werden. Das heißt neben dem IT-Budget können spezifische IT-Kennzahlen aus den verschiedenen IT-Balanced Scorecard-Perspektiven mit in die IT-Planungen integriert werden.

Ein IT-Planungssystem kann aus folgenden Elementen bestehen:
- Planungsprozess
- Inhalte (Planungsparameter und Portfoliomethode)
- Planungskalender

Die inhaltlichen Bestandteile des Planungsprozesses sind neben Budgets ausgewählte Kennzahlen aus den folgenden Scorecard-Perspektiven
- Finanzielle Perspektive
- Kundenperspektive (IT-Kunden)
- Interne Prozesse (der IT)
- Lernen und Wachstum (der IT)

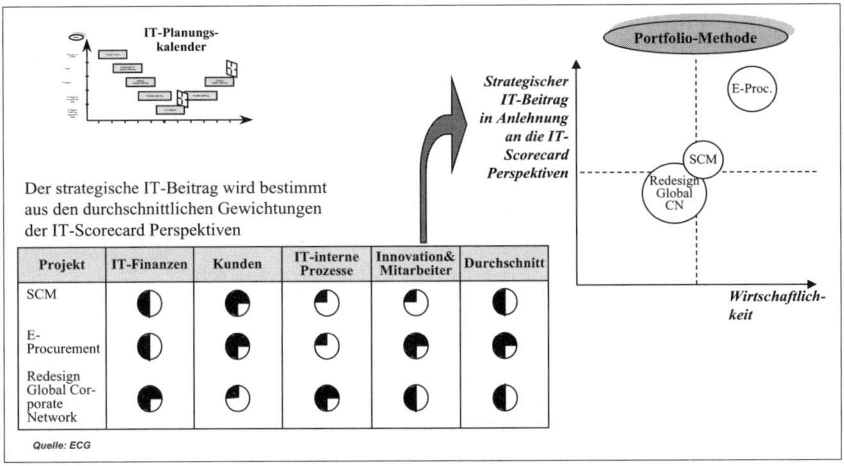

Abb. 9: *Die IT-Balanced Scorecard kann in die Planungssysteme integriert werden*

sowie eine Portfolio-Methode zur Integration der strategischen IT-Ziele in die strategische Bewertungsdimension. In einem zweidimensionalen IT-Portfolio-Verfahren können die IT-Projekte für die nächste Periode bestimmt werden. Die beiden Achsen bewerten den wirtschaftlichen (horizontale Achse) und den strategischen Beitrag (vertikale Achse) eines IT-Projektes. Der strategische Beitrag kann in Anlehnung an die IT-Balanced Scorecard nun aus einer Gewichtung der Beiträge des jeweiligen IT-Projektes zu den (vier) IT-Scorecard-Perspektiven ermittelt werden. In diesem Portfolio-Verfahren werden nur die IT-Projekte in ihrem strategischen Beitrag hoch bewertet, welche den höchsten gewichteten Beitrag zu den vier Scorecard Perspektiven vorweisen können.

Zusammenfassung

Die Balanced Scorecard für die IT ist ein strategisches IT-Kennzahlen- und Managementsystem. Die IT-Scorecard ist ein hervorragendes Kommunikationsinstrument zur Vermittlung der IT-Strategie. Mit der IT-Scorecard kann die IT-Führung typische Fragestellungen von der Geschäftsführung in eine qualitative Themenrichtung über den »Wert der IT« verlagern (»wie gut werden die Prozesse durch die IT unterstützt?«, »wie stehen wir im Vergleich zum Wettbewerb da?«, »wie innovativ ist unsere IT?«).

Nach ihrer Implementierung muss die IT-Scorecard weiterentwikkelt werden, um Lernen über die IT-Strategie als Prozess einzuführen. Dafür ist die Bereitschaft in der gesamten Organisation, bei der Führung, bei den Ownern der IT-Kennzahlen und -Management-Prozesse als auch bei den betroffenen Mitarbeitern erforderlich.

Die IT-Scorecard muss auch in die IT-Management-Prozesse integriert werden. Ein strategischer Management-Prozess ist der Planungsprozess, in dem auch Portfolio-Methoden zum Einsatz kommen. Durch die Integration der Scorecard-Perspektiven in die Portfolio-Methode kann erreicht werden, dass nur die IT-Projekte, die auch im Sinne der Scorecard Portfolio-Kriterien eine entsprechend hohe Bewertung vorweisen, tatsächlich ein »Go« erhalten und dann in der Folgeperiode realisiert werden.

Literatur

[1] BERNHARD, M.: *Balanced Scorecard in der IT, IT-Management , April 1999*

[2] BERNHARD, M.: *Balanced Scorecard in der IT, Welchen Nutzen bringt uns die IT?, IT-Management, Juni 2000*

[3] BERNHARD, M.: *IT-Controlling: Quo Vadis, IT-Management, Dezember 1999*

[4] CUTLER, M., STERNE, J. (NETGENESIS): *E-Metrics – Business For the New Economy, NetGenesis Corp. Working Paper, 2000 – www.netgen.com/emetrics/*

[5] DAVENPORT, T.: *Process innovation: reengineering work through information technology, Harvard Business School Press, Boston, 1993*

[6] GARTNER GROUP REPORT #5610: *»Using Measurements to Demonstrate the Business Value of IT«*

[7] GRAESER, VALERIE – WILLCOCKS, LESLIE PISANIAS, NIKOLAOS: *Business Intelligence: Developing the IT Scorecard – A detailed route map to IT evaluation and performance measurement through the investment life-cycle; – 1998*

[8] MILLER, B.: – *Measuring and Aligning Information Systems with the Organization, Information & Management, 1993*

[9] MOUNTFIELD, H.: *Das Data-Warehouse-Konzept – Basis für ein effizienteres Controlling, Der Controlling-Berater, Heft 1/2000*

[10] MÜLLER, PROF. DR. A., THIENEN, L. VON UND MOEDE, H.: *Einsatz der Balanced Scorecard im E-Business, Sonderdruck für Nordakademie – Hochschule der Wirtschaft, Haufe Verlag*

[11] REMENYI, D., MONEY, A., AND TWITE, A.: *A Guide to Measuring and Managing IT Benefits, NCC Blackwell Ltd., Oxford, 1993*

[12] REMENYI, D., SHERWOOD-SMITH, M. AND WHITE, T.: *Achieving Maximum Value From Information Systems: A Process Approach, Wiley, Chichester, 1997*

[13] VAN DER ZEE, HAN T. M.: I*n Search of the Value of Information Technology, Tilburg University, 1996*

Die Wertschöpfung der IT transparent machen – Siemens Building Technology Landis & Staefa Division

Christine von Below

Eine Balanced Scorecard (BSC) mit einer vergleichenden Wirtschaftlichkeitsanalyse (Benchmarking) zu kombinieren hat sich bei der Siemens Building Technology Landis & Staefa Division bewährt. Der Vorteil: Neben dem internen ist auch gleich ein externer Vergleich der Ergebnisse der BSC möglich.

Die Wertschöpfung transparent machen

Die IT-Abteilung wird noch heute in vielen Unternehmen als kostenintensiver Dienstleister betrachtet. Zwar ist man sich über die Notwendigkeit von Wartung oder User-Service im klaren. Den Beitrag den die IT zum Erfolg des Unternehmens beiträgt, wird allerdings oft zu wenig erkannt. Statt dessen betrachten Geschäftsleitung und Fachabteilungen das wachsende IT-Budget mit Sorge. Heinz Eichler, Leiter IT Europa bei der Siemens Building Technology Landis & Staefa Division, kennt dieses Problem. Ein Grund für ihn, ein BSC- und Benchmarking-Projekt in seinem Bereich durchzuführen. »Die BSC hilft die Wertschöpfung, die die IT erbringt, transparenter zu machen«, begründet er die Entscheidung.

Insgesamt sprachen drei Gründe für das Projekt. Zum Ersten war die unternehmensweite BSC-Einführung in Planung. Heinz Eichlers Initiative passte also ins Unternehmenskonzept, ging aber auch einen Schritt darüber hinaus. Er verknüpfte die BSC mit einem Benchmarking. Zum Zweiten hoffte Eichler, ein Mittel an die Hand zu bekommen, um den Wertbeitrag der IT im Unternehmen transparenter zu machen. »Die BSC erlaubt mir, den Kundennutzen statt der Kosten in den Vordergrund zu stellen und über die Effizienz und Effektivität interner Prozesse zu diskutieren;« führt Eichler den Nutzen aus. Und zum Dritten konnte er mit der BSC die internen Leistungsfaktoren definieren.

Den externen Vergleich suchen

Im Bereich Benchmarking wurde Eichler von der Firma Compass unterstützt. »Hier geht es um den Leistungsvergleich mit anderen Firmen. Obwohl jede BSC ein Unikat ist, hat Compass ein Modell entwickelt, mit dem sich aus einer BSC Schlüsselindikatoren erarbeiten lassen, die vergleichbar sind. Das erlaubt mir, nicht nur innerhalb der BSC die Ausgeglichenheit zwischen den vier Quadranten anzuschauen, sondern sie auch mit anderen Unternehmen zu vergleichen«; führt Eichler aus.

So lässt sich beispielsweise ermitteln, wie hoch die Kundenzufriedenheit im Vergleich zu anderen Unternehmen der gleichen Branche liegt oder wie die Vergleichswerte bei den Kosten, internen Prozessen und der Innovationskraft aussehen.

BSCs entwickeln

Die BSC-Untersuchung dauerte von April bis November 1999. Untersuchungsbereich war das SAP R/3 Competence Center (CC) im schweizerischen Zug mit seinen rund 20 Mitarbeitern. Das CC arbeitet als interner Dienstleister. Seine Kunden sind die rund 1200 Mitarbeiter der Landis & Staefa Division. Die Aufgaben lassen sich in drei Hauptprozesse untergliedern: Support, Business Driven Projects (alle vom Anwender initiierten Projekte), Organization and Technology Driven Projects (alle übrigen Projekte). Zur Umsetzung der Aufgabenstellung und Erreichung der Ziele wurden BSCs pro Hauptprozess entwickelt, eine Benutzerbefragung durchgeführt und die Wirtschaftlichkeit per externem Vergleich analysiert.

Mit der Balanced Scorecard waren folgende Zielsetzungen verbunden.

- Die Etablierung einer Methode zur Bewertung und zum Management von Prozessen, Funktionen oder Organisationen.
- Die Übersetzung der Strategie in ein Kennzahlensystem.
- Die Ergänzung der klassischen finanzwirtschaftlichen Erfolgsfaktoren durch qualitative Indikatoren.
- Die Verknüpfung der Kennzahlen nach ihrer Ursache-/Wirkungsbeziehung, um so die Ausgeglichenheit darzustellen.
- Die Betrachtung der vier Perspektiven »Finanzen«, »Kunde«, »interne Prozesse« sowie »Lernen und Innovation«.

Für den Bereich Support galt folgende strategische Zielsetzung: Optimierung des Supports, um die Effizienz der Anwender zu steigern und eine Minimierung der gesamten Support-Aufwände zu erreichen. Die Ursache-Wirkungsbeziehung der kritischen Erfolgsfaktoren wurde innerhalb der vier BSC-Perspektiven ausgearbeitet. Daraus wurden die Key Performance Indikatoren (KPIs) entwickelt. So wird im Bereich »Finanzen« der kritische Erfolgsfaktor »geringer Supportaufwand« durch den KPI »gesamte Supportkosten pro Anwender« definiert.

Qualitative Werte wie beispielsweise in der Kundenperspektive »Zufriedenheit mit der Erreichbarkeit« werden durch Fragebogenaktionen ermittelt.

Qualitative Werte ermitteln

»Ein wichtiges Element dieser BSC war die Kundenbefragung«, erläutert Heinz Eichler. »Wir haben sie aus Neutralitätsgründen von einem externen Dienstleister durchführen lassen und auf allen Ebenen unsere 1200 Kunden – von den Bereichsleitern bis zu den sporadischen Usern – miteinbezogen. Und zwar nicht, indem wir diese Fragebögen einfach an irgendwelche Kunden geschickt haben, sondern wir haben eine repräsentative Auswahl zusammen mit den Fachbereichen getroffen und die Fragebögen dann in Form von Workshops mit den Kunden bzw. Benutzern bearbeitet«, erklärt Eichler das Vorgehen.

Gleichzeitig wurde die IT-Mannschaft miteinbezogen. Sie erhielten die gleichen Fragen aber mit dem Anhang »Wie glaubt ihr, wird die IT von den Kunden beurteilt?« Die Selbsteinschätzung der IT-Abteilung war erstaunlich realistisch. Schwächen in der Kommunikation und im Bereich First und Second Level Support wurden klar erkannt und benannt.

Neuer Schwung

Die Konsequenz: Der Kontakt zu den Fachabteilungen wird jetzt intensiver gepflegt. »In diesem Punkt haben wir einiges erreicht«, freut sich Heinz Eichler. »Wir haben uns Instrumente erarbeitet, mit denen wir Probleme erfassen und lösen können. Das geht letztlich nur durch gemeinsame Gespräche, das können Sie nicht anordnen.«

Auch andere Analyseergebnisse wurden in konkrete Aktionspläne umgewandelt. »Wir haben dort angesetzt, wo das Gleichgewicht zwischen den BSC-Quadranten nicht gegeben war, oder dort, wo unsere Ergebnisse gegenüber vergleichbaren Unternehmen abfielen«.

Der Erfolg der Aktionspläne soll regelmäßig überprüft werden. Die Erhebung wird Ende des Jahres wiederholt, um zu sehen, ob die gewünschten Verbesserungen eingetreten sind.

»Es geht nicht nur um Verbesserungen, es geht auch um die Haltung des Standards«, präzisiert Heinz Eichler. »Dort, wo wir heute von den Fachabteilungen eine Note »gut« erhalten, wollen wir dieses »gut« erhalten, und das bei möglichst tieferen Kosten oder bei effizienteren Prozessen zu den gleichen Kosten. Die kontinuierliche Überprüfung sorgt dafür, dass wir die Auswirkungen von veränderten Prozessen sofort erfahren.«

Rückblickend auf die bisherigen Ergebnisse der BSC- und Benchmark-Analyse zeigt sich Heinz Eichler zufrieden. Sein Tipp: Bei der BSC sollte man sich nicht in Quantität verlieren, sondern sich auf wenige aussagekräftige Messkriterien beschränken. Die Kunst liege in der Beschränkung auf eine vernünftige Anzahl von Key Performance Indikatoren, die man dafür aber gründlich mit den Benutzern diskutiere.

Empfehlungen für BSC-Einführung

- Kenntnis der Vorgehensweise zur Entwicklung einer BSC bei allen Beteiligten erforderlich.
- Saubere Abgrenzung des Untersuchungsbereiches notwendig
- Klarheit über seine Visionen und strategischen Ziele unabdingbar
- Kein Überfrachten mit den althergebrachten Kennzahlen
- Betreuung der Anwenderbefragung und Begleitung durch eine kompetente und vertrauensvolle Person hilfreich
- Diskussion der Ergebnisse zum Verständnis aller Beteiligten erforderlich

Landis & Staefa

Landis & Staefa entstand durch die Fusion von Landis & Gyr und Staefa Control System, zwei der weltweit bekanntesten Anbieter von Lösungen in den Bereichen Steuer- und Regeltechnik für Heizung, Lüftung und Klima sowie Gebäudeautomation. Mit der Integration von Landis & Staefa in Siemens 1998 ist der größte Anbieter Europas im Bereich Gebäudetechnik entstanden.

Die Bosch GmbH und ihr IT-Grundsatz – Kennzahlen nicht als Selbstzweck

Vom Policy Deployment in Richtung Balanced Scorecard: Das ist der Weg, den der Bereich Informationsverarbeitung der Bosch GmbH eingeschlagen hat. Die Verbindung von Kennzahlensystem und Policy Deployment, das heißt die durchgängige Kommunikation von Zielen und Ergebnissen im Unternehmen - wird dabei als Basis für das künftige BSC-System betrachtet.

CHRISTINE VON BELOW

Abläufe definieren und steuern

»What's get measured gets attention, what's get attention gets done.« Dieser Satz der Unternehmensberatung Thomas Group macht die Meinung von Margit Bauer, Direktorin Informationsverarbeitung bei der Robert Bosch GmbH, deutlich. Ihr Credo: Kennzahlen sollen nicht um ihrer selbst willen gemessen und gesammelt werden, sondern um Unternehmensabläufe und -ziele zu definieren und zu steuern. Das heißt, sie müssen sorgfältig ausgewählt und gemessen werden.

Kennzahlen für die IT

Ein Grundsatz, den ihr Geschäftsbereich, die Informationstechnik, konsequent umsetzt. Der sogenannte Querschnittsbereich Informationsverarbeitung (QI) ist mit rund 1800 Mitarbeitern IT-Serviceleister für den gesamten Bosch-Konzern. Der firmeninterne Dienstleister konzentriert sich auf drei Geschäftsfelder: Rechenzentren/Netzwerke, Anwendungssysteme und lokaler Benutzerservice. QI wurde 1994 nach einer Umstrukturierung bei Bosch gegründet und als Cost-Center etabliert.

»Wir haben ein gewachsenes Kennzahlensystem, das wir in den vergangenen beiden Jahren besser systematisiert und – im Sinne des Policy-Deployment – auf unsere Organisation ausgeweitet haben«, erklärt Margit Bauer den Stand der Dinge.

»Ziele, die von der Geschäftsführung vorgegeben werden, brechen wir bis zum einzelnen Mitarbeiter herunter;« beschreibt sie das Vorgehen. Die Verbindung von einem Kennzahlensystem und Policy-Deployment sieht die Direktorin Informationsverarbeitung als Basis für die geplante Balanced Scorecard. Allerdings wird die Realisierung noch etwas auf sich warten lassen. »Wenn es nach uns ginge, würden wir es sehr schnell umsetzen wollen, aber wir wollen nicht alleine in Richtung BSC loslaufen, sondern warten, bis Bosch insgesamt soweit ist«, übt sich Bauer in Geduld.

Am häufigsten: Der Soll-Ist-Vergleich

Unternehmenskennzahlen lassen sich nach ihrer Dimension und Funktion unterscheiden. Zum einen gibt es Zahlen mit chronologischer Dimension, die verdeutlichen, was war, was ist und was sich daraus für die Zukunft ableiten könnte. Zum Zweiten gibt es Kennzahlen für den Soll-Ist-Vergleich, die häufigste Anwendung von Kennzahlen. Sie beantworten die Frage: Was wurde geplant, wie sah die dazugehörige Prognose aus und was hat sich tatsächlich eingestellt? Gibt es eine Abweichung stellt sich die Frage, ob der Grund in verbesserungsfähigen Abläufen, an ungeplanten äußeren Einflüssen oder unrealistischen Vorgaben liegt.

Außerdem lassen sich Kennzahlen nach ihrer Funktion systematisieren: Kennzahlen zur externen Darstellung eines Unternehmens, Kennzahlen für die interne Steuerung und solche für den Betriebsvergleich, das Benchmarking. Zusätzlich lassen sich direkte und indirekte Kennzahlen unterscheiden. Direkte Größen, die einen Prozess antreiben und andere Größen, die dadurch beeinflusst werden.

Bei der Definition von Kennzahlen gelten für die Bosch-Dienstleister folgende Grundsätze: Die Festlegung von Kennzahlen orientiert sich an ihrer Relevanz. Dazu werden in einem systematischen Prozess Ziele entwickelt und die dazugehörigen Kennzahlen erarbeitet, die auch immer messbar sein müssen. Die Mitarbeiter sollen sich mit den Kennzahlen identifizieren, um sie mit den notwendigen Inhalten zu füllen. Letztlich müssen die Verantwortlichen die Kennzahlen interpretieren und daraus steuernde Maßnahmen im Unternehmen ableiten können.

Ziele überprüfen

Momentan werden die Kennzahlen in der Informationstechnik Topdown festgelegt. Feedback-Prozesse sichern, dass neue Kennzahlen von den Anwendern geprüft und auf ihre Praxistauglichkeit hin bewertet werden.

Noch dienen die Kennzahlen nicht der Festlegung von langfristigen Unternehmensvisionen. Vielmehr lassen sich damit vorgegebene Zielvorgaben überprüfen. So ist es beispielsweise ein Ziel von QI, in den Rechenzentren eine Verfügbarkeit von 99.9 Prozent zu etablieren. Wie wird das gemessen? Gemessen wird die tatsächliche Ausfallzeit. Daraus wird dann die ausgefallene Benutzerzeit errechnet, wobei die Anzahl der User berücksichtigt wird. Aus den Werten »zugesicherte Betriebszeit« und »ausgefallene Betriebszeit« ergibt sich die Verfügbarkeit. Die Kundenzufriedenheit dagegen lässt sich durch Fragebögen ermitteln. Dabei wird ein Kundenzufriedenheitsindex als Maßstab angelegt, dessen Zielhöhe jährlich neu festgelegt wird.

»Ein wesentlicher Nutzen von Kennzahlen liegt darin, dass sie als Frühindikator dazu dienen, gegebenenfalls rechtzeitig steuernd in einen Prozess eingreifen zu können«, erklärt Margit Bauer.

Für Prognosen und Ziele würde das Kennzahlensystem bisher allerdings nicht genutzt. »Bisher galt das Argument, dass die IT zu schnelllebig sei, um strategische Ziele langfristig festzustecken«, erklärt die Direktorin Informationsverarbeitung. Sie ist da allerdings anderer Meinung. Und ab nächstem Jahr wird ihr Weg eingeschlagen. »Wir werden Geschäftsfeldplanungssitzungen einführen, bei denen wir darüber sprechen, wie die Welt für unseren Bereich in vier oder fünf Jahren aussehen wird. Dazu muss man natürlich auch Kennzahlen haben«. Einige Ziele hat Margit Bauer schon jetzt festgelegt: 50 Prozent mehr Kapazität soll für die Entwicklung von neuen Lösungen freigesetzt werden. Außerdem will die IT-Chefin eine höhere Effektivität erreichen, indem sie sich auf Projekte konzentriert, die einen Return on Investment (ROI) von mindestens 15 Prozent erwarten lassen.

Von der Kennzahl zur BSC

»Bisher kann ich nur mit den Begriffen Kennzahlen und Policy-Deployment agieren, weil der Ansatz, mit Balanced Scorecard zu arbeiten, sich erst in der Planungsphase befindet«, erklärt die IT-Fachfrau. Allerdings würden die Erfahrungen und Erkenntnisse aus der Arbeit mit Kennzahlen in das BSC-Konzept einfließen.

»Bei der BSC stehen in jedem Feld Messgrößen zur Verfügung, die zur Umsetzung der Strategien zu verfolgen sind und eine klare Wegweisung für die Ableitung von Unterzielen und Maßnahmen geben. Diese Vorgehensweise ist weitgehend identisch mit unserem Prozess der Zielentfaltung« führt Margit Bauer aus. »Der wesentliche Unterschied zwischen Policy-Deployment und Balanced Scorecard ist weniger inhaltlicher als konzeptioneller Art. Bei der Balanced Scorecard haben Sie zwar einen Vorschlag, wie die einzelnen Felder aussehen sollten, haben aber die Möglichkeit, einen weiteren Bereich aufzunehmen oder das Ganze auf sich zuzuschneiden. Die BSC ist da wesentlich flexibler als das Policy-Deployment«, erklärt sie. Was sich Margit Bauer von einer BSC verspricht, ist mehr Flexibilität und strategisch visionäres Denken als es das bisherige Kennzahlensystem erlaubt. »Wir sehen die BSC als eine gute Ergänzung für den Zielentfaltungsprozess, das Policy Deployment«, so die IT-Chefin.

Der Bosch-Konzern mit rund 200.000 Mitarbeitern gliedert sich in vier Unternehmensbereiche: Kraftfahrzeugausrüstung, Kommunikationstechnik, Produktionsgüter und Gebrauchsgüter.
Für die IT ist bei Bosch der Querschnittsbereich Informationstechnik (QI) als firmeninterner Informatikdienstleister zuständig. QI ist in den Geschäftsfeldern Rechenzentren/Netzwerke, Anwendungssysteme und lokaler Benutzerservice tätig. Rund 1800 QI-Mitarbeiter betreuen etwa 60.000 interne Kunden in Europa.

Wissensmanagement steuern: Die Balanced Scorecard als innovatives Controllinginstrument

Traditionelle Kennzahlensysteme konzentrieren sich auf finanzielle Größen und lassen damit die nichtmonetären Werte des Unternehmens außer acht. Nicht so die Balanced Scorecard, ein von den US-Wirtschaftswissenschaftlern R.S. Kaplan und D.P. Norton entwickeltes Instrument, mit dem sich materielle und immaterielle Güter – also auch das intellektuelle Kapital – darstellen und Unternehmensstrategien umsetzen und kontrollieren lassen. Es ist auf alle Betriebsgrößen anwendbar.

Péter Horváth

BSC: Vier Sichtweisen auf das Unternehmen

Der Balanced Scorecard (BSC)-Ansatz ist der Vorschlag für ein Managementsystem, das die Mängel »klassischer« Kennzahlensysteme beseitigen und eine umfassende, an der Unternehmensstrategie orientierte Steuerung ermöglichen soll. »The Balanced Scorecard complements financial measures of past performance with measures of the drivers of future performance.« [6] Dabei stehen folgende vier Absichten im Vordergrund:

- Klärung und Übersetzung von Vision und Strategie in konkrete Aktionen,
- Kommunizieren und Verbinden strategischer Ziele mit Maßnahmen,
- Pläne aufstellen, Vorgaben formulieren und Initiativen abstimmen,
- Verbessern des Feedbacks und Lernens.

Selten liefern Strategien handlungsleitende Aussagen, und kaum einmal werden gleichzeitig mit der Zielfestlegung auch die dafür notwendigen

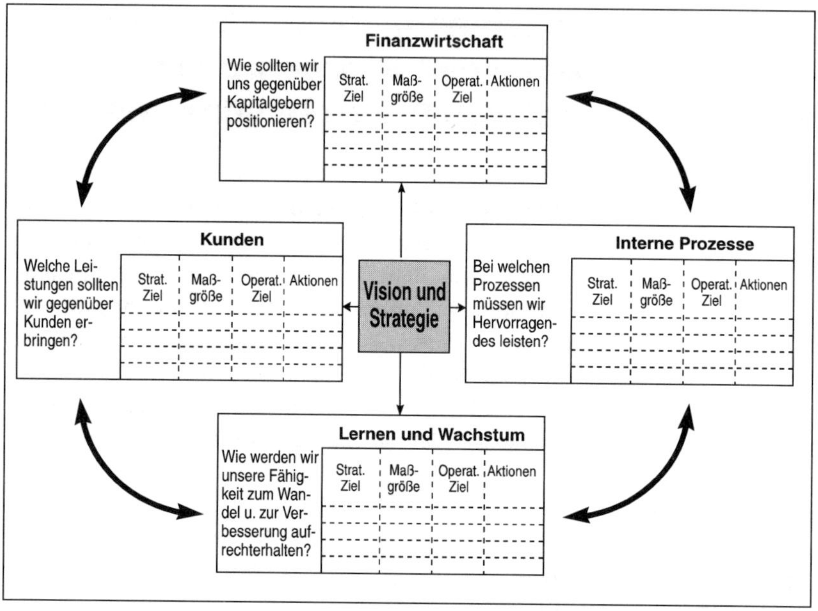

Abb. 1: *So sieht das Grundgerüst einer Balanced Scorecard (BSC) aus: Mit Hilfe der BSC werden Vision und Strategie in vier Perspektiven [7] übersetzt. Dies lässt sich formlos, beispielsweise auf einem Blatt Papier, darstellen. Je Perspektive sollte man sich drei bis fünf Ziele setzen. Diese trägt man in die entsprechenden Felder ein. Um den Erfolg des strategischen Ziels zu kontrollieren, sollte man sich auf durchgängige Messgrößen einigen, Teilziele bestimmen und Handlungsschritte festlegen.*

Aktionen und erfolgsprüfenden Indikatoren bestimmt. Diese erfolgskritischen Verknüpfungen meistert die Balanced Scorecard, indem sie die finanziellen Zielsetzungen mit den Leistungsperspektiven hinsichtlich

- Kunden,
- interner Prozesse sowie
- des Lernens

strategie- und visionsfokussiert zusammenfasst. Abbildung 1 zeigt diese Verknüpfung von Vision und Strategie in den genannten vier Perspektiven auf.

BSC und Wissensmanagement

Die Balanced Scorecard fördert und fordert das Wissensmanagement in vielerlei Hinsicht: Allein der Prozess, strategische Ziele in operative Handlungen zu übersetzen und Messinstrumente festzulegen, verlangt einen Transfer von Wissen: zwischen Abteilungen, Mitarbeitern und verschiedenen Hierarchieebenen.

Obgleich der finanzielle Fokus innerhalb des Perspektiven-Quartetts Priorität hat, muss deutlich betont werden: Die Balanced Scorecard ist ein integratives Instrument; eine Perspektive allein kann die Vision nicht realisieren; alle vier gehören zusammen. Die Perspektive Lernen und Wachstum kann somit auch die finanzwirtschaftliche Perspektive beeinflussen – und umgekehrt. Die BSC unterstützt das Zusammenführen und Handling verschiedener Wissensgebiete (vgl. Abb. 3).

Wer die BSC anwendet, muss Ziele vereinbaren. Prozesse sollen effizienter werden, Geschäftsbereich profitabler, Mitarbeiter zufriedener – zumeist sind derlei Ziele nicht ohne Anstrengung und nicht unter Beibehaltung des Status Quo zu erreichen. Das heißt: Neue Produktionsverfahren, neue Absatzmärkte und Motivationsprogramme müssen erarbeitet, also Wissen generiert werden. Die Balanced Scorecard initiiert Wissensmanagement und -transfer.

Traditionelle Kennzahlensysteme vermitteln durch ihre Konzentration auf monetäre Größen ein im besten Fall fokussiertes Wissen. Die BSC bezieht nichtmonetäre Kennzahlen (beispielsweise Mitarbeiterzufriedenheit) ein und schafft damit ein ganzheitliches, facettenreiches Bild eines Unternehmens. Bislang nutzen größere Firmen die BSC hauptsächlich, um Geschäftsfelder zu steuern. Mittelständler setzen sie verstärkt ein, um die Strategie des gesamten Unternehmens umzusetzen und zu kontrollieren.

Die BSC in der Hand des Knowledge-Officers

In den Augen des US-Managementtheoretikers Peter Drucker ist jeder Manager ein »knowledge worker«. Für ihn steht für die Zukunft fest: »Ziel und Funktion einer jeden Organisation, ob im geschäftlichen oder im privaten Bereich, ist die Integration spezialisierten Wissens in eine gemeinsame Aufgabe« [1]. Um diese Aufgabe zu meistern, benötigen wir Wissensmanagement. »Wissensmanagement als zielgerichtete Gestaltung organisationaler Lernprozesse basiert darauf, erfolgsrelevantes Wissen zu identifizieren, zu erzeugen bzw. zu entwickeln, in Verhalten umzusetzen [...]« [10]. Doch betrachten wir hier den Wissensbeauftragten (knowledge officer) im engeren Sinne: Der Knowledge Officer soll sein Handeln mit Hilfe einer Balanced Scorecard planen. Auch Wissensmanagement als unternehmerische Aufgabe ließe sich in vier Perspektiven aufteilen:

⇨ Es gibt einen finanziellen Aspekt (etwa das jährliche Budget),

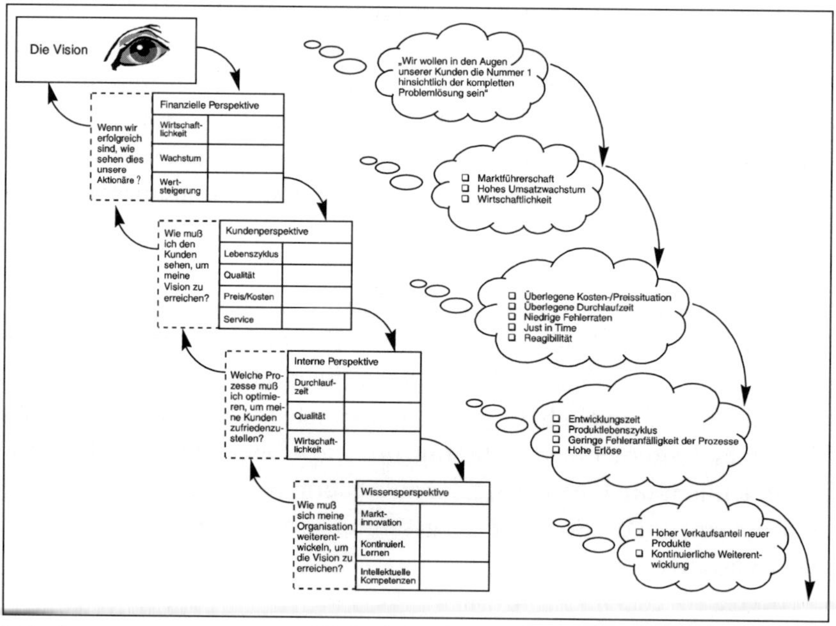

Abb. 2: *Ursache-und-Wirkung-Kette in der Balanced Scorecard [9]: Links stehen die strategischen Ziele für jede der vier Perspektiven, rechts die Messgrößen, mit deren Hilfe der Erfolg kontrolliert wird. Die Erfolge der (stragischen und der quantifizierbaren) Ziele bedingen einander. Wendet man die BSC mit denselben Zielen in verschiedenen Unternehmensbereichen an, müssen auch die Messgrößen übereinstimmen.*

- ⇨ eine Kundenausrichtung (etwa die Mitarbeiter im Unternehmen, einzelne Abteilungen)
- ⇨ die internen Prozesse (Wie könnten beispielsweise Fortbildungsmaßnahmen eine höhere Beteiligung erzielen?) und
- ⇨ die Perspektive des Lernens und Wachstums (Wie zufrieden sind die Referenten?).

Somit könnten wir für unseren und mit unserem Knowledge Officer Ziele, entsprechende Handlungen und deren Indikatoren entwickeln. Die oft geführte Diskussion um Notwendigkeit und Wirksamkeit entsprechender Funktionsbereiche bekäme eine bessere Grundlage. Dennoch ist zu beachten, dass der Aufwand und die Interdependenzen, die durch die Verknüpfung mit anderen Funktionsbereichen entstehen, um so größer werden, je kleiner der Bereich ist, auf den die BSC angewendet wird.

Wie die Balanced Scorecard funktioniert

Die klassischen Kennzahlensysteme sind von zahlreichen Unzulänglichkeiten geprägt:

- ⇨ Sie sind ausschließlich operativ und damit vergangenheitsorientiert ausgerichtet. Die Verbindung zur Unternehmensstrategie fehlt;
- ⇨ im Mittelpunkt stehen nur Zahlen der Bilanz und der Gewinn-und-Verlust-Rechnung, nichtmonetäre Leistungsgrößen werden nicht einbezogen;
- ⇨ sie ermöglichen keine Steuerung des Unternehmens, weil sie an Symptomen und nicht an Ursachen anknüpfen;
- ⇨ Fragen der Erarbeitung, Verfolgung und Rückkopplung der Kennzahlen werden nicht problematisiert, das heißt, ihre Einbindung ins Managementsystem bleibt ungeklärt. In der Wettbewerbssituation der Gegenwart können »klassische« Kennzahlensysteme das Management nicht ausreichend unterstützen.

Die Verknüpfung der vier Balanced Scorecard-Dimensionen folgt der Logik einer Ursache-Wirkung-Beziehung, wie sie Abbildung 2 zeigt. Aus den Erwartungen der Kapitalgeber abgeleitete monetäre Ziele stehen an oberster Stelle. Aus ihnen lassen sich in dieser Reihenfolge die weiteren Zieldimensionen ableiten:

⇨ Typisch für die Zielgrößen der *Finanzperspektive* sind die branchenunabhängigen, auf die Steigerung des Unternehmenswertes abzielenden Größen wie etwa der Discounted Cash flow. Strategiespezifische Größen wie die Projektrentabilität bei einem Anlagenbauer können hier Eingang finden.

⇨ Bei der *Kundenperspektive* stellt sich die Frage, welche Kundenerwartungen zu erfüllen sind, um die finanziellen Ziele zu erreichen. Hier tauchen neben allgemeinen Größen wie der Kundenbindungsquote oder dem Preis-Leistungs-Verhältnis spezifische Größen für ein

Die neun Leitsätze zur Balanced Scorecard:

⇨ BSC betrachtet das Unternehmen aus vier Perspektiven: Finanzwirtschaft, Kunden, interne Prozesse, Lernen und Wachstum.

⇨ BSC verbindet finanzielle Steuerungsgrößen mit nichtfinanziellen Steuerungsgrößen.

⇨ BSC ist viel eher ein Managementprozess als ein Measurementansatz.

⇨ Die BSC beschreibt die spezifische Strategie einer Business Unit.

⇨ BSC ist das Vehikel im 4-stufigen strategischen Managementprozess: Übersetzen der Vision, Kommunizieren und Verbinden, Business Pläne aufstellen, Lernen und Anpassen.

⇨ BSC hilft, Strategien in Aktionen umzusetzen.

⇨ Die BSC für das Gesamtunternehmen, für die Business Units und für einzelne Manager sind aufeinander abgestimmt.

⇨ In der »guten« BSC stecken Kurzfristziele und Langfristziele, gewünschte Ergebnisse und die Treiber dieser Ergebnisse, Verbindungen der vier Perspektiven durch Ursache-Wirkungsbeziehungen, nur Maßgrößen, die direkt oder indirekt mit finanziellen Resultaten verbunden sind.

⇨ Der Prozess der Erstellung einer BSC ist wichtiger als die Resultate.

Zielmarktsegment wie der Zufriedenheitswert für Garantie- oder Servicearbeiten auf.

- ⇨ Die *interne Prozessperspektive* klärt, bei welchen Prozessen Hervorragendes geleistet werden muss, um die Kunden zu begeistern. Voraussetzung ist, dass das Management die erfolgskritischen Prozesse im Unternehmen, die sogenannten Kernprozesse, identifiziert hat.
- ⇨ Die Perspektive *Lernen* greift Steuerungsgrößen auf, die bei längerfristigem Horizont die Quellen des Unternehmenserfolges sind: Hier steht die Frage im Vordergrund, wie Flexibilität und Fähigkeiten zur laufenden Verbesserung aufrechterhalten werden können.

Das neue Lernen durch die BSC: »Echo Engineering«

Mit Hilfe des Balanced Scorecard-Ansatzes wird – anders als bei klassischen Planungs- und Steuerungssystemen – ein *double-loop-learning* ermöglicht: Die strategischen Ziele werden auf ihre Plausibilität hin geprüft, Strategie-Prämissen auf ihre Gültigkeit hin getestet (vgl. [12]). Die Balanced Scorecard realisiert Wissensmanagement, weil hier dem operativen und dem strategischen Lernen ein klar definierter Managementrahmen gegeben wird (vgl. [6]):

- ⇨ Es existiert ein gemeinsamer Rahmen, der die Strategie vermittelt und jedem Mitarbeiter ermöglicht zu erkennen, wie seine Handlungen zur Erreichung der Gesamtstrategie beitragen.
- ⇨ Es ist ein Feedbackprozess da, der die Informationen über die Zielerreichung der Strategie sammelt und die Überprüfung der Hypothesen über die Wirksamkeit der Aktivitäten zur strategischen Zielerreichung ermöglicht.
- ⇨ Ein teamorientierter Problemlösungsansatz wird praktiziert, der aus der Analyse der Leistungsinformationen gegebenenfalls die Anpassung der Strategie an sich geänderte Bedingungen in die Wege leitet.

Ein wichtiges Beispiel des strategischen Lernens mit Hilfe der Balanced Scorecard demonstriert das »Echo Engineering«, gezeigt in Abbildung 3.

Die in die Strategie eingebetteten Hypothesen über die Ursache-Wirkungs-Ketten lassen sich in der Realität testen. So lässt sich der vermutete Zusammenhang

- verbesserte Mitarbeiterzufriedenheit,
- verbesserte Kundenzufriedenheit,
- niedrigere Forderungsausfälle,
- höhere Kapitalrendite

durchaus messen und in der zeitlichen Entwicklung kontrollieren. Dazu müssen die Messgrößen in allen Unternehmensbereichen, auf die eine BSC angewendet wird, gleich sein. Die Fortschritte werden in regelmäßigen Meetings, Zielerreichungsgesprächen, überprüft, die in geeignetem Turnus (sechswöchentlich bis jährlich) stattfinden sollten.

Der Weg zum maßgeschneiderten Planungs- und Berichtswesen

Die Balanced Scorecard ist weniger ein »fertiges« System als vielmehr ein Kommunikationsprozess zur Strategieformulierung und zur Übersetzung von Strategien in konkrete Aktivitäten. Mit ihr sollen vier Haupthindernisse bei der Strategieumsetzung beseitigt werden [6]:

- Vision und Strategie sind nicht operational,

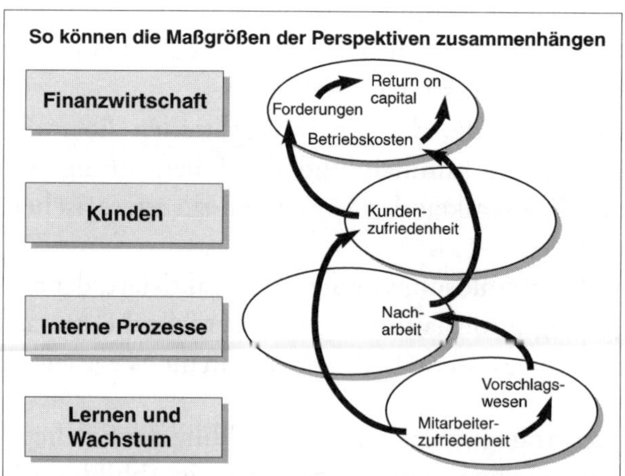

Abb. 3: *»Echo Engineering« [6]: Zufriedene Mitarbeiter sind aktiver und wirken durch Verbesserungen auf Produkte und Prozesse ein. So senken sie Nacharbeit und Betriebskosten. Dies macht wiederum Kunden und Investoren zufriedener.*

Wie man die Balanced Scorecard implementiert

Zahlreiche Fallstudien belegen, »dass das Konzept bestechend schlüssig, logisch und einfach ist, die Kunst aber in einer gelungenen Implementierung liegt.« [2]
Die Implementierung der BSC ist eine klassische Projektaufgabe, die je nach Ressourcen des Unternehmens von einer eigenen Projektgruppe oder mit externer Hilfe wahrgenommen werden kann. Zahlreiche Unternehmensberater haben sich auf den Bereich »BSC« spezialisiert und mögen außer dem Fachwissen eine hilfreiche Sicht von außen auf die zentralen Fragen richten, die jede Unternehmensführung vor der Einführung einer Balanced Scorecard beantworten muss:

- ⇨ Hat sich das Topmanagement auf eine gemeinsame Vision und Strategie geeinigt?
- ⇨ Welche Perspektiven müssen unternehmensspezifisch abgebildet werden?
- ⇨ Besitzen alle Kennzahlen strategische Relevanz?
- ⇨ Werden maximal 20 Maßgrößen für jede Organisationseinheit (Gesamtunternehmen, Teilkonzern, Division oder Abteilung) verwendet?
- ⇨ Sind alle Ursache-Wirkung-Beziehungen eindeutig und klar?

Die Initiative für die Einführung der BSC sollte vom Topmanagement und/oder dem Chef des betroffenen Geschäftsfelds kommen, denn schließlich ist es die Unternehmens-/Geschäftsbereichsführung, die die strategischen Ziele formulieren und schriftlich niederlegen muss. Das Controlling erweist sich oft als Promotor für die BSC, weil hier die Mängel herkömmlicher Kennzahlensysteme – der Zwiespalt zwischen Strategiedokumentation und Zielverfolgung – am deutlichsten zu Tage treten. Die Kooperation des Controllings ist unabdingbar, da es einen Großteil der relevanten Informationen liefert. Da die BSC jedoch auf Kunden- und Mitarbeiterzufriedenheit setzt und auf die Effizienz interner Prozesse, bleibt kein Unternehmensbereich von dem Projekt unberührt. Abbildung 4 zeigt ein Fallbeispiel für die Umsetzung der BSC.

- keine Verknüpfung der Strategie mit den Abteilungs-, Team- und Mitarbeiterzielen,
- keine Verbindung der Strategie zur Ressourcenallokation,
- lediglich operative und keine strategischen Kontrollen.

Auszug aus einer Balanced Scorecard einer Software-Division

Perspektive	*strategisches Ziel*	*Meßgröße*	*konkrete Ausprägung*
Finanzielle Perspektive: Wie sollten wir aus Kapitalgebersicht dastehen?	ROCE über dem Branchendurchschnitt	Return on Capital Employed	ROCE > 24%
	Schneller als der Markt wachsen	Umsatzwachstum	Wachstumsrate von >13%
	Cash flow steigern	Discounted free cash flow	Zuwachs von + 15% p.a.
Kundenperspektive: Wie sollten wir aus Kundensicht dastehen?	Innovator-Image	Umsatzanteil neuer Produkte und Dienstleistungen	Anteil von Leistungen, die jünger als 2 Jahre sind > 60%
	Preis-Leistungsverhältnis hervorragend	Kundenbewertung	Nr. 1 bei mind. 60% der Kunden
	Vorzugslieferant sein	Umsatzanteil mit Stammkunden	Anteil > 50%
Prozeßperspektive: Bei welchen Prozessen müssen wir Hervorragendes leisten?	Frühes Einwirken auf die Kundenanforderungen	Beratungsstunden für Kunden vor Eröffnung des Angebotsprozesses	Anstieg um 5% p.a.
	Entwicklung des Regionalmarktes A	Anzahl Neukunden in Region A	Anstieg um 30% p.a.
	Schnelle Hardware-Installation	Arbeitstage zwischen Auftragserteilung und Hardware-Installation	90% unter 10 Arbeitstagen
	Überragendes Projektmanagement	Anteil Projekte ohne overrun	90%
Mitarbeiter-/Lernperspektive: Wie können wir unsere Flexibilitäts- u. Verbesserungsfähigkeiten aufrechterhalten?	Kontinuierliche Verbesserung	Halbwertszeitindexwert	jährliche Verbesserung um > 10%
	Hohe Mitarbeiterzufriedenheit	Index Mitarbeiterzufriedenheit u. Anzahl Verbesserungsvorschläge je MA	Zufriedenheitsindex > 80%, > 20 Vorschläge pro MA

Abb. 4: *Fallbeispiel: Matrix-Überblick zur Ausgestaltung einer Balanced Scorecard*

Des Weiteren gilt: Die Balanced Scorecard fokussiert eher den Prozess als die Instrumente. Sie stellt ein integratives Navigationskonzept zum Herunterbrechen und Präzisieren von Unternehmensstrategien dar und lenkt die Aufmerksamkeit des Topmanagements auf vier wesentliche Perspektiven. Dadurch wird die Datenflut auf eine begrenzte Zahl von Messgrößen reduziert. Statt schablonenhafte Normstrategien umzusetzen, fördert die Balanced Scorecard ein betont unternehmensindividuell maßgeschneidertes Planungs- und Berichtswesen.

Literatur

[1] DRUCKER, P.: *Umbruch im Management, Düsseldorf 1996.*

[2] FINK, C. A./GRUNDLER, C.: *Strategieimplementierung im turbulenten Umfeld, in: Controlling, 10. Jg. (1998), Heft 4, S. 226-235.*

[3] HORVÁTH, P. UND KAUFMANN, L.: *Balanced Scorecard. Ein Werkzeug zur Umsetzung von Strategien, in: Harvard Business Manager, 20. Jg. (1998), Heft 5, S. 39-48.*

[4] KAPLAN, R. S./NORTON, D. P.: *The Balanced Scorecard: Measures that Drive Performance, in: Harvard Business Review, 70 Jg. (1992), Heft 1, S. 71-79.*

[5] KAPLAN, R. S./NORTON, D. P.: *Putting the Balanced Scorecard to Work, in: Harvard Business Review, 71 Jg. (1993), Heft 5, S. 134-147.*

[6] KAPLAN, R. S./NORTON, D. P.: *The Balanced Scorecard: Translating Strategy into Action, Boston 1996.*

[7] KAPLAN, R. S./NORTON, D. P.: *Using the Balanced Scorecard as a Strategic Management System, in: Harvard Business Review, 74. Jg. (1996), Heft 1, S. 75-85.*

[8] KAPLAN, R. S. UND NORTON, D. P.: *Balanced Scorecard: Strategien erfolgreich umsetzen, dt. Übersetzung von Prof. Dr. Péter Horváth, Stuttgart 1997.*

[9] MAISEL, L. S.: *Performance Measurement: The Balanced Scorecard Approach, in: Journal of Cost Management, 6. Jg. (1992), Heft 2, S. 47-52.*

[10] PAWLOWSKI, P./REINHARDT, R.: *Ein integrierter Ansatz zur Gestaltung organisationaler Lernprozesse, in: Dr. Wieselhuber & Partner (Hrsg.): Handbuch Lernende Organisation, Wiesbaden 1997.*

[11] PORTER, M. E.: *Nur Strategie sichert auf Dauer hohe Erträge, in: Harvard Business Manager, 19 Jg. (1997), Heft 3, S. 42-58.*

[12] SIMONS, R.: *Levers of Control: How Managers use Innovative Control Systems to Derive Strategic Renewal, Boston 1995.*

Kennzahlen im Personalwesen – Sind menschliche Qualitäten messbar?

Im Personalmanagement werden vielfältige Steuerungsinstrumente eingesetzt. Sie dienen dazu, Mitarbeiter auszuwählen, zu beurteilen, zu qualifizieren, um- oder freizusetzen. Während es nun umfangreiche und kompetente Handbücher zu den vielfältigen Aufgaben und Instrumentarien des Personalwesens gibt, finden sich dagegen in der wissenschaftlichen Literatur aus dem deutschen Sprachraum wenige Publikationen oder Ausführungen zur Balanced Scorecard in diesem Bereich. Wenn also nachfolgend Aspekte der Balanced Scorecard im Personalwesen diskutiert werden, geschieht dies im Hinblick auf wissenschaftliche Erkenntnisse über Bildungscontrolling, Personalentwicklung und Evaluation und nicht anhand eines konkreten betrieblichen oder wissenschaftlichen Projekts. Dennoch soll der Aufsatz jene Bedingungen umreißen, die für den Aufbau einer Balanced Scorecard im Personalwesen bedeutsam sind. Der Schwerpunkt liegt dabei auf der Gestaltung aussagekräftiger Kennzahlen für das Personalwesen.

Frederic Fredersdorf

Quantifizierung »weicher« Faktoren

Die quasi-paradigmatische Kontroverse zwischen quantitativer und qualitativer Sozialforschung löst sich auf. Neuere methodologische Beiträge heben darauf ab, dass qualitative und quantitative Ansätze oder Methoden nur scheinbar gegensätzlich sind und ein soziales Phänomen komplementär beschreiben [21, 25]. Der innovative Ansatz der Balanced Scorecard greift diesen pragmatischen methodologischen Ansatz auf und setzt ihn in Form eines Kennzahlensystems um. Zentrales Element der Balanced Scorecard ist es, Kennzahlen über definierte betriebliche

Wissenschaftliche Informationen sind Mangelware

Vergeblich warten hiesige Personalentwickler auf die deutsche Übersetzung des amerikanischen Balanced-Scorecard-Grundlagenwerks von Kirckpatrick [18]oder auf eine ähnlich fundierte Abhandlung aus unserem Kulturkreis. Die unzureichende wissenschaftliche Information über Balanced Scorecard im Allgemeinen und im Personalwesen im Besonderen mag ihre Gründe haben. Einer liegt sicher darin, dass die Balanced Scorecard als Steuerungsinstrument in Deutschland nicht weit verbreitet ist. Das strategische Steuerungsverfahren verbreitete sich in Deutschland erst Mitte bis Ende der 90er Jahre. Dementsprechend liegen wenig Projekte und Studien darüber vor. Die Arbeit von Egli & Lüthi [5] ist hier eher die Ausnahme – zudem eine aus der Schweiz. Selbst wenn einzelne Projekte gestartet wurden – wie etwa bei der Siemens AG oder der Alba AG – verwundert die mangelhafte Informationslage nicht. Eine aussagekräftige Balanced Scorecard muss für jedes Unternehmen neu definiert werden. Dies mag ein zweiter Grund des Informationsmangels sein, denn der Prozess setzt umfangreiche Maßnahmen der Organisationsentwicklung voraus, was entsprechend kostenintensiv ist. So dürften Informationen über kausale Zusammenhänge sowie die konkret verwendeten Kennzahlen eines Unternehmens aus Wettbewerbsgründen ein Betriebsgeheimnis bleiben.

Zustände zu erheben und auf den vier Ebenen der Lern- und Entwicklungsperspektive, der internen Prozessperspektive, der Kundenperspektive und der finanzwirtschaftlichen Perspektive in Relation zu setzen [16]. Dabei werden sogenannte weiche und harte Erfolgsfaktoren definiert, erhoben und in ein Kausalsystem integriert, wobei die Begriffe »weich« und »hart« aus betriebswirtschaftlicher und sozialwissenschaftlicher Perspektive unterschiedlich gedeutet werden. Nach enger betriebswirtschaftlicher Auslegung beziehen sich harte Kennzahlen oder Indikatoren letztlich nur auf finanzwirtschaftliche Aspekte (z.B. Return on Investment). Dagegen sind nach sozialwissenschaftlich-empirischer Auslegung damit Kennzahlen oder Indikatoren gemeint, die sich statistisch-quantitativ erfassen lassen – gerade auch, wenn es sich um Verhalten, Wissen, Fertigkeiten oder Einstellungen handelt.

Nach dem Ansatz der Balanced Scorecard beziehen sich harte Erfolgsfaktoren auf den Geldwert und weiche Erfolgsfaktoren auf den sozialen Hintergrund, der diesen Geldwert generiert. Im zweiten Fall werden – im empirischen Sinn – harte Indikatoren erhoben, die jedoch – im betriebswirtschaftlichen Sinn – weiche Werte repräsentieren. Dies sagt noch nichts über die verwendeten Methoden aus. Kennzahlen zu sozialen Phänomenen sind mit jenen sozialwissenschaftlichen Methoden zu erheben, die dem Gegenstand angemessen sind. Das heißt, es können gleichermaßen quantitative (z.B. standardisierter Fragebogen) wie qualitative Erhebungsinstrumente (z.B. Leitfadeninterview) eingesetzt werden. Allerdings zielt die Erhebung in jedem Fall darauf ab, eine Zahl hervorzubringen. Balanced Scorecard lehnt sich hier der sozialwissenschaftlichen Auslegung an, menschliche Qualitäten seien definierbar, beobachtbar und damit auch mess- und überprüfbar. Das Steuerungsinstrument nimmt aber insofern eine Mittlerposition zu qualitativ-konstruktivistischen Ansätzen und Methoden ein, als es explizit die subjektiven Perspektiven der Akteure berücksichtigt. Dies drückt sich etwa in Kennzahlen über Zufriedenheiten von Kunden und Mitarbeitern aus.

Für das Personalwesen erweist sich der theoretische Ansatz der Balanced Scorecard aus vier Gründen als besonders bedeutsam. Erstens lehnt es sich mit diesem Steuerungsinstrument eng an die strategischen Unternehmensziele an – was gerade Kennzeichen eines innovativen Personalmanagements ist. Durch Balanced Scorecard wird die Personalabteilung direkt aufgefordert, ihren Beitrag zum Unternehmenserfolg zu definieren und dazu in Beziehung zu setzen. Zweitens berücksichtigt die Personalauswahl, -entwicklung und -beurteilung zu einem erheblichen Teil jene erfolgsversprechenden Fähigkeiten, die in der Kompetenzdebatte unter den Begriffen »Sozialkompetenz« oder »Soft-Skills« subsumiert werden [4, 6, 27]. Diesbezügliche Personalkennzahlen bringen Mitarbeiterqualitäten auf den Punkt, welche die Grundlage des Unternehmenserfolgs bilden. Weiterhin geben Kennzahlen aus dem Personalwesen Auskunft über die Entwicklung der Mitarbeiter durch

Führungs- und Bildungsprozesse und über die dazugehörigen Qualitätsstandards. Sie belegen also nicht nur drittens das Ergebnis betrieblicher Bildung an den Mitarbeitern, sondern auch viertens die Bedingungen, die zu diesem Ergebnis führen.

Diese genannten Qualitäten sind nun durchaus messbar, und aus Steuerungsgründen ist es mehr als sinnvoll, sie – trotz gewisser Unschärfen – messbar zu gestalten. Denn nur, was messbar ist, kann auch gesteuert werden. Um Mißverständnissen vorzubeugen: Dieses Theorem widerspricht monokausalem oder vulgär-empiristischem Denken. Es regt eher dazu an, die Erhebungs- und Bewertungsproblematiken exakt zu berücksichtigen. Ob als Bewertung externer Dozenten oder als Zahl hausintern qualifizierter Führungskräfte, Kennzahlen im Personalwesen beziehen sich gleichermaßen auf subjektive Einschätzungen und objektive Standards der betrieblichen Lern- und Entwicklungsperspektive. So quantifiziert etwa die BfG Bank den finanziellen Wert von Verkaufstrainings, indem sie Verhaltensänderungen der Mitarbeiter dokumentiert. Sie beziehen sich auf die neun Faktoren »Verhalten im Team«, »Kommunikation mit Kunden«, »verkäuferisches Verhalten«, »Entscheiden«, »Initiative«, »Abwicklungsqualität«, »Arbeitseffizienz«, »Kundenorientierung« und »Fachkompetenz«. In die Leistungsmessungen gehen Selbst- und Fremdbeurteilungen ein. Der finanzielle Nutzen wird anschließend anhand der Leistungssteigerungen sowie der Personal- und Trainingskosten berechnet [23]. Einen ähnlichen Kosten-Nutzen-Ansatz bietet die Analysemethode von Schmidt, Hunter & Pearlman [9]. Um den finanziellen Nutzen auf der Ebene des Unternehmenserfolgs zu messen, wird jedoch mit hohem Aufwand evaluiert, was die Kennzahlen verdeutlichen. In die Berechnung von Kosten und Nutzen gehen unter anderem ein: der Nutzen des Trainingsprogramms, die Dauer des Trainingseffekts auf die Leistung in Jahren, die wahre Leistungsdifferenz zwischen Trainierten und Untrainierten, die Trainingskosten pro Teilnehmer und die (Standardabweichung der) Leistung der Untrainierten in Geldeinheiten [10]. Die Kennzahlen belegen zwar ein umfangreiches Evaluationsdesign mit Kontrollgruppe und

Zeitreihenmessung. Sie zeigen aber auch, dass Verhaltensvariablen messbar und auf finanzielle Kenngrößen übertragbar sind.

Oft scheitert die Erhebung relevanter Indikatoren an Killerphrasen, die aus Angst vor Veränderung oder Durchschaubarkeit oder vielleicht aus Denkfaulheit den Mythos der »Nicht-Messbarkeit« verbreiten. Vor Allsätzen wie den nachstehenden sei darum dringend gewarnt!

- *»Resultate von Investitionen in weiche Faktoren (Training, Unternehmenskultur etc.) lassen sich nicht quantitativ darstellen.«*
- *»Es gibt zu viele Variablen, als dass der Einfluss auf die weichen Faktoren ermittelt werden könnte.«*
- *»Messen ist nur im Finanz- und Produktbereich sinnvoll.«*
- *»Wenn man den Return on Investment nicht berechnen kann, macht es keinen Sinn, die weichen Faktoren zu bewerten.«*

Solchen oder ähnlichen Statements kann das Personalwesen Kennzahlen von sechs leistungsunterstützenden Feldern entgegenhalten:

1. Unternehmensziele: Kennzahlen über Zielvereinbarungen und Zielerreichung,
2. Ressourcen: Kennzahlen über Material, Führungskräfte und Prozessqualitäten,
3. Personalentwicklung: Kennzahlen über das *System von* Auswahl, Bildung und Entwicklung von Mitarbeitern,
4. Mitarbeiterpotenzial: Kennzahlen über Mitarbeiterbeurteilungen, -qualitäten und Entwicklungsprozesse,
5. Information: Kennzahlen über Informationsflüsse, -medien und -ziele,
6. Motivation: Kennzahlen über Zufriedenheiten und Engagements.

Hierfür Indikatoren mit hoher Performance in einem mitarbeiterorientierten Prozess zu finden, ist die eigentliche kreative Aufgabe des Personalwesens. Sie kann nur unternehmensspezifisch geleistet werden. Dennoch sollten bewährte Kennzahlen des Personalwesens auf Tauglichkeit im eigenen Unternehmen überprüft werden. Einige denkbare Indikatoren werden nun vorgestellt.

Kennzahlen sind »geronnene Realität«

Kennzahlen sind quantitative Daten über systemische Zustände. Sie reduzieren die komplexe Realität auf ihre wesentlichen Einflussgrößen und dienen dem Management dazu, sich möglichst schnell und präzise über ein spezifisches Aufgabenfeld zu informieren. Der hierfür notwendigen Komplexitätsreduktion sind sich die Urheber der Balanced Scorecard sehr wohl bewusst. Sie wird nicht nur in Kauf genommen, sondern zur Steuerung umfangreicher Systeme als »nützlich und stabil« angesehen, weil (und wenn) sie die erfolgsrelevanten Faktoren erfasst [17]. Zu einem bestimmten Zeitpunkt erhoben, sind Kennzahlen »geronnene Realität«. In Form von Zeitreihen spiegeln sie die Entwicklung des systemischen Zustands wider. Kennzahlen erfüllen dabei mehrere Zwecke [13]. Sie

- verdeutlichen eigene Aktivitäten und Prozesse,
- zeigen bedeutende Einflussfaktoren des Geschäftsprozesses auf,
- veranschaulichen Beziehungen zwischen den Teilsystemen eines Unternehmens,
- belegen Zusammenhänge von »weichen« und »harten« Erfolgsfaktoren,
- verdeutlichen Schwachstellen,
- belegen das aktuelle Leistungsniveau u.v.a.m. .

Kennzahlen sind demnach bedeutsame Indikatoren für das Controlling im Personalwesen und den Unternehmenserfolg. Ein internationaler Vergleich zeigt, dass besonders deutsche und österreichische Personalmanager mit kennzahlen- und kostenorientierten Ansätzen arbeiten. Hingegen ist etwa das amerikanische Personalmanagement am striktesten auf Erfolgsfaktoren und den internen Kundennutzen ausgerichtet, gefolgt von Spanien und Frankreich [26]. Doch gerade wegen der Dominanz von Kennzahlensystemen in deutschen Unternehmen ist vor übertriebener Zahlengläubigkeit zu warnen:

Erstens werden oft nur Finanzkennzahlen zur Unternehmenssteuerung herangezogen. Wenn man Balanced Scorecard dermaßen eingeschränkt realisiert, wird der eigentliche Sinn verfehlt. Balanced Scorecard erweist sich gerade deshalb als strategisches Entwicklungsinstrument, weil es Verhaltens-, Wissens-, Entwicklungs- und Einstellungsaspekte der Prozessbeteiligten berücksichtigt.

Zweitens können Kennzahlen trügen. Besonders bei der quantitativen Erhebung, Analyse und Interpretation weicher Faktoren wie Seminar- und Mitarbeiterqualitäten, Lerntransfer, Kunden- und Mitarbeiterzufriedenheiten tritt die aus der empirischen Sozialforschung bestens bekannte selektive Wahrnehmung auf. Dies sind zum Beispiel der Pygmalion-Effekt, der Hawthorne-Effekt, der Halo-Effekt, die Tendenz zur Mitte, die Tendenz zum Extremwert oder die Ausblendung relevanter Erhebungsgrößen [22, 2]. Diese und andere Fehler führen dazu, die Realität verzerrt wahrzunehmen und unter Umständen suboptimale oder sogar falsche Steuerungsentscheidungen zu treffen.

Drittens beraubt sich ein ausschließlich auf quantitative Methoden zurückgreifendes Personalwesen der Möglichkeit, tiefere Einblicke in systemische Zusammenhänge zu bekommen (etwa in die aktuelle Motivationslage von Mitarbeitern und Führungskräften). Nur, wenn quantitative und qualitative Erhebungsmethoden angewendet, quantitative und qualitative Daten erhoben und gemeinsam diskutiert werden, ergibt sich ein realitätsnaher Eindruck der unternehmensinternen Prozesse. Diesbezüglich besteht in deutschen Unternehmen noch ein erheblicher Veränderungsbedarf. Eine quantitative Studie über 907 deutsche Unternehmen mit jeweils über 2.000 Mitarbeitern zeigte unter anderem, dass 97 Prozent der befragten Personalabteilungen häufig quantitative Daten verarbeiten. Dagegen verarbeiten nur 38 Prozent häufig qualitative Daten – meist deshalb, weil sie schwierig zu operationalisieren sind [11]. Der Autor zieht nach seiner Gesamtanalyse das vernichtende Fazit, die Controllingfähigkeit der Personalprozesse sei bei den weitaus meisten befragten Unternehmen nicht einmal ansatzweise gegeben [12].

Die genannten Einwände sprechen aber nicht gegen den Einsatz von Kennzahlen im Personalwesen. Auf Kennzahlen zu qualitativen Faktoren können wir aufgrund ihrer fundamentalen Bedeutung für den ökonomischen Erfolg nicht verzichten. Vielmehr muss es darum gehen, Strategien und Maßnahmen zu entwickeln, die für das Unternehmen oder die Personalabteilung relevanten Indikatoren zu definieren, sie fortlaufend valide zu erheben und ebenso fortlaufend kritisch zu analysieren, gegebenenfalls zu revidieren. Damit Kennzahlen über qualitative Prozesse im Personalwesen sinnvoll interpretiert werden, müssen einige grundlegende Bedingungen gewährleistet sein [13]:

- ⇨ Kennzahlen sollten die tatsächliche Performance der Personalprozesse erfassen. Unwesentliche Kennzahlen sind auszuschließen, da sie nicht im Zusammenhang mit dem Unternehmenserfolg stehen.
- ⇨ Abteilungsspezifische Kennzahlen sollten durch alle Prozessbeteiligte gemeinsam definiert werden. Durch eine größere Beteiligung der relevanten Mitarbeiter erhöht sich die Wahrscheinlichkeit, die tatsächlich bedeutsamen Indikatoren zu identifizieren.
- ⇨ Bei der Auswahl relevanter Kennzahlen sind Anforderungen interner und externer Kunden sowie unternehmensinterne Prozesse zu berücksichtigen. Eine überwiegend auf monetäre Kennzahlen bezogene Perspektive führt den systemischen Ansatz der Balanced Scorecard ad absurdum.
- ⇨ Erkenntnisse aus qualitativen Erhebungen, wie zum Beispiel aus offenen Interviews, dürfen durch den Einsatz von Kennzahlen nicht verdrängt oder verleugnet werden.
- ⇨ Redundante, zu detaillierte und aufwendig zu erhebende Kennzahlen sollten ausgeschlossen werden. In der Regel erhält man mit einer größeren Anzahl leicht zu erhebender Kennzahlen dieselbe realitätsnahe Abbildung wie mit einigen wenigen, sehr präzisen, aber kostenintensiven Indikatoren. Die erstgenannten weisen zwar oft eine gewisse »Unschärfe« auf. Sie sind aber in der Regel kostengünstiger zu erheben. Hier gilt es, jenen Prozessen im Unternehmen nachzuspüren, die – quasi nebenbei – interessante Kennzahlen für das Personalwesen generieren.

⇨ Kennzahlen über Soft-skills der Mitarbeiter sollten aus verschiedenen Perspektiven erhoben werden (Fremd- und Eigenbeurteilungen). Dies ist von zweifachem Vorteil: Zum einen entstehen durch die Spiegelung der Perspektiven gültigere Erkenntnisse. Zum anderen entspricht dieses Verfahren dem aufgeklärten Anspruch der Balanced Scorecard, die Perspektive der Mitarbeiter zu berücksichtigen. Bei offener Kommunikation kann sich dies auf weiche Faktoren wie Arbeitsplatzzufriedenheit oder Mitarbeitermotivation nur günstig auswirken.

Zwar wäre es optimal, wenn jedes Unternehmen beziehungsweise jede Personalabteilung die für das Personalwesen wichtigen Kennzahlen in einem differenzierten Prozess selbständig generiert. Dennoch lassen sich einige erprobte Messgrößen unternehmens- und branchenübergreifend zusammenstellen. Tabelle 1 zeigt nachfolgend Kennzahlen des Personalwesens, aufgeteilt nach den relevanten Aufgabengebieten, wie sie sich aus der aktuellen Literatur zur Personalentwicklung und zum Bildungscontrolling ableiten lassen [24,1, 26, 15, 13]. Ihre Summe skizziert somit ein innovatives Personalmanagement, das harte und weiche Erfolgsfaktoren gleichermaßen berücksichtigt.

Die obige Auflistung erhebt keinen Anspruch auf Vollständigkeit. Sie sollte jedoch acht wesentliche Merkmale eines Kennzahlensystems im Personalwesen veranschaulichen:

⇨ Einzelne Kennzahlen sind abhängig von der spezifischen Unternehmenskultur und damit nicht generell gültig. So ist etwa die Zahl über Vorgesetzte, die 360-Grad Feed-back-Bewertungen von ihren Mitarbeiter einholen, mit einem aufgeklärten, partizipativen Führungsstil eng verbunden. Ein zweites Beispiel: Die Zahl der bedarfsorientiert konzipierten Seminare basiert auf einem systemischen Verständnis von Weiterbildung. Innovative systemische Weiterbildung ist voll und ganz auf die Unternehmensziele und damit eng auf den Unternehmensbedarf ausgerichtet [3]. Nur in einem entsprechenden Unternehmenskontext wird eine derartige Kennzahl erhoben.

Tabelle 1: Ausgewählte Kennzahlen im Personalwesen

Aufgabe	**Kennzahl**
Personalmanagement allgemein	– Zahl der Mitarbeiter pro Personalabteilungsmitglied – Kosten der Personalmanagement-Funktion pro Mitarbeiter – Anteil der jährlichen Neueinstellungen (ohne und mit benötigter Zusatzqualifizierung) – Prozentsatz des Erfolgs im Personalwesen in Relation zu den definierten Zielen – Güte der Feed-back-Bewertung durch das Linienmanagement – Güte der Feed-back-Bewertung durch die internen Kunden – Güte der Unternehmenskultur
Personalbedarfsbestimmung	– Anteil der definierten Stellen im Unternehmen – Anteil der definierten Stellen im Unternehmen – Anteil und Qualität der zukünftig benötigten Fähigkeitsprofile pro Fach, Abteilung oder Standort – Anteil der kurz-, mittel- und langfristig geplanten Mitarbeiterbedarfe pro Fach, Abteilung oder Standort – Geplante Unternehmensfaktoren (zukünftige Absatzmenge, Produktionsmittel, Produktionsmethoden etc.) – Jährliche Steigerungsrate der Arbeitsproduktivität
Personalbestandsanalyse	– Anteil der Mitarbeiter mit spezifischem Fähigkeitsprofil – Anteil der Mitarbeiter mit spezifischen Qualifizierungen – Anteil der kurz-, mittel- und langfristig ausscheidenden Mitarbeiter – Güte der Mitarbeiterbeurteilungen
Personalbeschaffung	– Anteil der Personalbeschaffungen durch spezifische Auswahlverfahren (z.B. Assessment-Center, Beurteilungs- und Entwicklungsgespräche, Entwicklungspläne) – Anteil der Personalbeschaffungen durch aktive Beschaffungsmaßnahmen (z.B. Personalberater, -vermittler, Stellenanzeigen, Traineeprogramm, Kontakt von Betriebsangehörigen) – Anteil internationaler Personalbeschaffungen – Anteil unternehmensinterner Personalbeschaffungen
Personaleinsatz	– Anzahl interdisziplinär oder abteilungsübergreifend besetzter Projekte – Anteil der Soll-Ist-Analysen von benötigten und gezeigten Fähigkeiten der Mitarbeiter – Umfang des Lerntransfers von Weiterbildung an den Arbeitsplatz – Zeitspanne zwischen Erwerb und Anwendung neuen Wissens
Personalentwicklung	– Anzahl der jährlichen Weiterbildungsmaßnahmen pro Mitarbeiter / pro Führungskraft – Kosten der jährlichen Weiterbildungsmaßnahmen pro Mitarbeiter / pro Führungskraft – Anteil der bedarfsorientiert konzipierten Seminare – Anteil der Mitarbeiter, die nach Soll-Ist-Analyse ihrer benötigten und gezeigten Fähigkeiten bedarfsorientiert weitergebildet wurden

Tabelle 1: Ausgewählte Kennzahlen im Personalwesen (Fortsetzung)	
Aufgabe	**Kennzahl**
Personal-entwicklung	– Anteil der Mitarbeiter, die nach einem Zielvereinbarungs-gespräch an einer Weiterbildung teilnehmen – Anteil der Teilnehmer an Weiterbildung nach Funktionen, Standort, Geschlecht, Alter – Jährliche Pro-Kopf-Weiterbildungszeit – Anteil interner/externer Trainer/Veranstaltungen oder Weiterbildungsstunden – Anteil firmenspezifischer bzw. standardisierter Weiterbildungs programme – Anzahl/Zeit für spezifische Themen – Weiterbildungskosten pro Tag und Teilnehmer – Anteil aktiver/passiver Lehrmethoden in der Weiterbildung – Anteil von CBT in der Weiterbildung – Anteil an Follow-up-Veranstaltungen zur Transfersicherung – Güte der Feed-back-Bewertung von Seminaren durch die Seminarteilnehmer – Anteil der Seminarnachbereitungsgespräche zwischen Vorgesetztem und Mitarbeiter – Anzahl absolvierter anerkannter Prüfungen (z.B. bei der IHK) – Anzahl der Beteiligungen am betrieblichen Vorschlagswesen – Güte der Teambildungsprozesse
Personal-führung	– Anteil realisierter Beförderungen an den geplanten Beförderungen – Anteil der Vorgesetzten, die 360-Grad Feed-back-Bewertungen von ihren Mitarbeitern einholen – Güte der 360-Grad Feed-back-Bewertungen von Mitarbeitern – Anteil hausintern qualifizierter Führungskräfte – Anteil der als Mentoren tätigen Führungskräfte – Anteil der Führungskräftecoachings – Anzahl der von der Führungskraft kontrollierten Mitarbeiter – Anzahl disziplinarischer Maßnahmen – Güte des Betriebsklimas
Personal-freisetzung	– Anteil der jährlichen Freisetzungen Art der Freisetzungsgründe pro Fach, Abteilung, Standort etc. – Anteil der gerichtlich begründeten Freisetzungen – Anteil gerichtlich rückgängig gemachter Freisetzungen

⇨ Es macht Sinn, einige Kennzahlen durch externe Evaluation zu erheben. So wird zum Beispiel die Güte der Unternehmenskultur mit größerer Wahrscheinlichkeit valide erhoben, wenn das Erkenntnisinteresse nicht durch »Betriebsblindheit« geleitet wird. Ist das Unternehmen an einem aufrichtigen Feed-back interessiert, wird es externe Gutachter auch nicht als Hofberichterstatter oder Auftragsschreiber einsetzen. Vom externen Berater sollten Personalverantwortliche ein möglichst unabhängiges Gutachten verlangen.

⇨ Kennzahlen über Dimensionen, die sich auf menschliche Einstellungen oder menschliches Verhalten beziehen, können nicht mit betriebswirtschaftlichen, sondern nur mit sozialwissenschaftlichen Methoden erhoben werden. Dies verlangt von Evaluatoren ein besonderes Maß an Kompetenz. Sie müssen nicht nur quantitative und qualitative empirische Verfahren kennen, sachgerecht anwenden, die Daten jeweils für sich interpretieren und miteinander in Bezug setzen. Darüber hinaus benötigen sie auch ein überdurchschnittliches Maß an sozialer Kompetenz [28]. *»Eine Evaluation dieses Typs ist zwar nicht billig, aber sie ist preisgünstig im Vergleich zu den Kosten von Fehlentscheidungen ...«* [20].

⇨ Balanced Scorecard im Personalwesen nutzt bestehende Instrumente der Unternehmens- und Personalentwicklung. Aus Gründen der Effektivität ist anzuraten, zunächst jene Kennzahlen zu erheben, die sich aus existierenden Instrumenten leicht ableiten lassen – und natürlich sinnvoll sind. Wenn ein Unternehmen zum Beispiel im Intranet eine Datenbank des Wissensmanagements aufgebaut hat, könnte eine Kennzahl in der Zugriffshäufigkeit, unterteilt nach Abteilungen, Standorten, Sachgebieten etc., bestehen. Diese Kennzahl gibt über selbstgesteuerte Lernprozesse der Mitarbeiter Auskunft (Lern- und Entwicklungsperspektive).

⇨ Balanced Scorecard im Personalwesen entwickelt innovative Methoden der Kennzahlenerhebung. Wenn Unternehmen Innovation umsetzen wollen, werden sie nicht umhin kommen, innovative Kennzahlen auch innovativ zu erheben. So ist beispielsweise bekannt, daß sich Interessengegensätze zwischen Personalabteilung und Betriebsrat nachteilig für das Unternehmen und die Belegschaft auswirken [8]. Erkennen sich die Beteiligten als Kooperationspartner an, können Reibungsverluste und unproduktive Zeiten vermieden werden. Warum also nicht eine Kennzahl einführen, die nachweist, bei wie vielen relevanten Prozessen oder Entscheidungen Personalabteilung und Betriebsrat konstruktiv zusammenarbeiten? Ein kurzes standardisiertes Statement der Beteiligten in bezug auf einen spezifischen Prozess, telefonisch oder per E-Mail abgefragt, sollte genügen und zudem äußerst valide sein. Diese Kennzahl gibt über das Binnenverhältnis der Kooperationspartner Auskunft (Perspektive der internen Kunden).

⇨ Welche Kennzahlen auch immer erhoben werden, stets gilt für solch ein weitreichendes Instrument der strategischen Organisationsentwicklung, dass es kontinuierlich gepflegt werden muss. Hierfür ist eine personalverantwortliche Person oder Projektgruppe zu benennen, die zwar nicht alle Kennzahlen aus dem Bereich des Personalwesens selbst erhebt, aber dafür sorgt, dass sie regelmäßig eingebracht und analysiert werden. Balanced Scorecard ist mit einer gut geführten Homepage oder Datenbank vergleichbar. Niemand interessiert sich für einen Sachstand, der mehr als sechs Monate zurückliegt, denn nicht nur schnellebige Branchen benötigen möglichst aktuelle Informationen über den Systemzustand.

⇨ Die für Balanced Scorecard Verantwortlichen haben weiterhin die Aufgabe, den Wert des Erhebungssystems stets aufs Neue zu hinterfragen. Das entwickelte Kennzahlensystem ist in bezug auf seine Gültigkeit und Relevanz fortlaufend zu validieren [14]. Zudem ist die Ansicht der internen Kunden einzuholen, von denen spezifische Kennzahlen geliefert werden. Sie sind periodisch zu fragen, inwieweit die Erhebungsmethoden angemessen sind.

⇨ Letztlich sind die Kennzahlen des Personalwesens unternehmensintern zu kommunizieren, und zwar aus zwei Gründen. Zum einen wird der Wert qualitativer Personalarbeit abteilungsübergreifend verdeutlicht. (*»Tue Gutes und rede darüber.« »Klappern gehört zum Handwerk.«*). Zum anderen steigt die Performance des Systems, wenn die Beteiligten ihre arbeitsbezogenen Qualitätsindikatoren fortlaufend verfolgen. Hierfür sind alle erprobten und – je nach Rahmenbedingungen einige innovative – Informationswege zu nutzen. Ein Beispiel aus der Chipherstellung soll dies verdeutlichen:

Als einziger nennenswerter Konkurrent auf dem Weltmarkt der Mikroprozessoren konnte sich im Jahr 2000 das Unternehmen AMD (Advanced Micro Devices) gegen das Unternehmen Intel behaupten. Dies gelang vor allem durch die Produktion von Chips auf Kupferbasis in der neuen Produktionsstätte in Dresden. Um solche technisch ausgefeilten Produkte zu erstellen, werden sogenannte »Reinräume« benötigt, in denen ein annähernd keimfreies Klima herrscht. Der Grad der Luftreinheit in den Produktionsräumen wurde nun seit Beginn der Produktion 1999 im Dresdner AMD-Werk täglich gemessen und auf einer großen Tafel optisch ansprechend visualisiert. Zudem zeigte die Tafel die aufwärtsstrebende Kurve der erwünschten Luftreinheit, wie sie für das Jahr 1999 als Zielvereinbarung getroffen wurde. So waren Ziel und Realität direkt miteinander vergleichbar. Die Tafel stand nun direkt vor dem Eingang der Kantine. Jeder Mitarbeiter musste sie täglich mindestens einmal wahrnehmen. Jeder Mitarbeiter trug auch durch sein spezifisches Verhalten zur Zielerreichung bei. (So sollten Mitarbeiter in der Chip-Produktion zum Beispiel zwei Stunden vor Arbeitsbeginn nicht mehr rauchen, da noch in diesem Zeitraum Teermoleküle aus der Lunge abgeatmet werden. Auf Chip-Rohlinge wirken sich Teermoleküle verheerend aus). Es verwundert nicht, dass die Jahresziele der Reinraumqualität für 1999 weit übertroffen wurden.

Notwendige Entwicklungen

Wie zu Beginn vermerkt, ist die Bedeutung der Balanced Scorecard im Personalwesen und die des mit Balanced Scorecard arbeitenden Personalwesens für das Unternehmen noch nicht ausreichend wissenschaftlich erforscht. Um diese Erkenntnislücke zum Wohl der betrieblichen Praxis zu schließen, sollten zukünftig

- ⇨ interdisziplinäre Forschungsprojekte in Kooperation von Wissenschafts- und Wirtschaftseinrichtungen aufgelegt,

- ⇨ »typische« Kennzahlen für das Personalwesen sowohl branchenübergreifend als auch branchenspezifisch definiert und
- ⇨ dabei die Messbarkeit und Bedeutung »weicher« Erfolgsfaktoren herausgearbeitet werden.

Frederic Fredersdorf, Dr. phil., Jg. 1955, ist seit 1998 Privatdozent an der Technischen Universität Berlin und seitdem im Quartären Bildungssektor freischaffend tätig. Als examinierter Sport- und Geschichtslehrer für das Amt des Studienrats (Erstes Staatsexamen), promovierter Soziologe und habilitierter Erziehungswissenschaftler mit dem Schwerpunkt Weiterbildung realisiert er Forschungs- und Entwicklungsprojekte sowie Seminare und Beratungen für Unternehmen, staatliche Institutionen und Non-Profit-Organisationen. Vor seiner Selbständigkeit fungierte er als Bildungsmanager in der Suchtselbsthilfe Synanon, Leiter der Aus- und Weiterbildung in einem Sicherheitsunternehmen sowie als wissenschaftlicher Mitarbeiter im Institut Begleitforschung Weiterbildung.

Literatur

[1] Bracht, R.: *Strategisches Bildungscontrolling, in: Jahrbuch Personalentwicklung und Weiterbildung 1998/99, S. 203-208*

[2] Dieckmann, A.: *Empirische Sozialforschung – Grundlagen, Methoden, Anwendungen, S. 44-51, Reinbek 1998*

[3] Döring, K.-W. & Ritter-Mamczek, B.: *Weiterbildung im lernenden System, S.63, Weinheim 1999*

[4] Edinsel, K.: *Soziale Kompetenz und Berufserfolg, Aachen 1998*

[5] Egli, B. & Lüthi, H. P.: *Strategische Kommunikation als Perspektive der Balanced Scorecard, Bern 1999*

[6] Euler, D.: *Sozialkompetenz – eine »Ungefährqualifikation« oder Kernelement einer zukunftsorientierten Bildung?, in: Drees, G. & Ilse, F. (Hg.): Arbeit und Lernen 2000 – Band 2: Bildungstheorie und Bildungspolitik, Bielefeld 1997, S.105-142*

[7] Fröhlich, W. & Weißenrieder, J.: *Konfliktpotenziale und Lösungsstrategien in der Zusammenarbeit zwischen Personalabteilung und Betriebsrat in wirtschaftlich schwierigen Zeiten und schnellem Wandel, in: Fröhlich, W. (Hg.): Effiziente Personalarbeit – Neue Ansätze zu Organisationsentwicklung, Leistungsverbesserung und Mitarbeiterdialog, Neuwied 1999, S. 59-79*

[8] EBENDA, *S.61f*

[9] GÜLPEN, B.: *Evaluation betrieblicher Verhaltenstrainings, S.38-56, München 1996*

[10] ebenda, *S. 41*

[11] HAASTERS, K.: *Innovative Instrumente der prozessorientierten Personalarbeit – Konzeptionelle Grundlagen und empirische Erhebungen, S. 198, Frankfurt/M. 1999*

[12] ebenda, *S. 219*

[13] HÖLZLE, P.: *Prozessorientierte Personalarbeit – vom Personal- zum Führungs-Controlling, S.58, Frankfurt/M. 1999*

[14] EBENDA, *S. 59*

[15] HUMMEL, T. : *Erfolgreiches Bildungscontrolling. Praxis und Perspektiven, Heidelberg 1999*

[16] KAPLAN, R. & NORTON, D.: *Balanced Scorecard, S.147; 154, Stuttgart 1997*

[17] KAPLAN, R. & NORTON, D.: *Balanced Scorecard, S. 33; Stuttgart 1997*

[18] KIRCKPATRICK, D. L.: *Evaluation Training Programs – The four Levels, San Francisco 1998*

[19] KROMREY, R.: *Strategisches Bildungscontrolling, in: Jahrbuch Personalentwicklung und Weiterbildung 1998/99, S. 203-208*

[20] ebenda, *S.202*

[21] LAMNKEK, S.: *Qualitative Sozialforschung - Band 1 Methodologie, Weinheim 1995*

[22] LUDWIG, P.: *Sich selbst erfüllende Prophezeiungen im Alltagsleben, Stuttgart 1991*

[23] MAAS, K.-M. & ASCHENDORF, M.: *Der geldwerte Nutzen von Verkaufstrainings, in: Absatzwirtschaft 2/1997, S. 56-59*

[24] MENTZEL, W.: *Unternehmenssicherung durch Personalentwicklung, Freiburg i.B. 1997*

[25] SALDERN, M. V.: *Zum Verhältnis von qualitativen und quantitativen Methoden, in: König, E. & Zedler, P. (Hg.): Bilanz qualitativer Sozialforschung - Band I: Grundlagen qualitativer Forschung, Weinheim 1995, S.331-371*

[26] SCHOLZ, C.: *Personalmanagement, S.147, München 2000*

[27] SCHULER, H. & BARTHELME, D.: *Soziale Kompetenz als berufliche Anforderung, in: Seyfried, B. (Hg.): »Stolperstein« Sozialkompetenz, Berlin 1995, S.77-116*

[28] WOTTAWA, H. & THIERAU, H.: *Lehrbuch Evaluation, S. 37-52, Bern 1998*

Das Handwerkszeug ... Einführungsprozesse und Methodik

Strategieumsetzung durch Balanced Scorecard – Kennzahlensysteme entwickeln und Managementprozesse steuern
von Martin G. Bernhard

Der Einführungsprozess – Die Kunst liegt in der gelungenen Implementierung
von Martin G. Bernhard

Software-Lösungen realisieren – Die Umsetzungsphase beginnt
von Martin G. Bernhard

Corporate Planning Software – Ein Hilfswerkzeug für die richtige Lösung
von Peter Sinn

Strategieumsetzung durch Balanced Scorecard: Kennzahlensysteme entwickeln und Managementprozesse steuern

Eine Balanced Scorecard ist, da sie auf der Vision und Strategie einer Organisation aufsetzt, ein spezifisches Kennzahlen- und Management-System, ein Unikat. Jedoch ein Unikat, welches sich im Zeitverlauf verändern kann, genauso wie eine Strategie. Nicht der Umfang und die Komplexität eines aus den Perspektiven entwickelten Kennzahlensystems sind entscheidend, sondern der kontinuierliche Entwicklungsprozess. Die Kennzahlen, d.h. die Ergebnis- und Leistungstreiber, sind spezifisch zu entwickeln und können nicht aus betriebswirtschaftlichen oder empirischen Modellen als »Standardrezepturen« übernommen werden. Deshalb sind die folgenden Ausführungen über die verschiedenen Kennzahlenperspektiven und der Prozess der Kennzahlenfindung und -entwicklung als methodische Toolbox mit Beispielcharakter für die praktische Anwendung zu verstehen. Zur besseren Illustration der Inhalte sind verschiedene Zitate beigefügt.

Martin G. Bernhard

Die Elemente einer Balanced Scorecard

Zunächst werden noch einmal die Elemente einer Balanced Scorecard zur Verdeutlichung der Methodik dargestellt:

Vision und Strategie sind Voraussetzung einer Balanced Scorecard

⇨ Eine Balanced Scorecard setzt auf der Vision und Strategie eines Unternehmens bzw. einer Organisation auf.

⇨ Eine Balanced Scorecard bringt die Strategie einer Geschäftseinheit zum Ausdruck, in der die Kennzahlen direkt aus den strategischen Zielen abgeleitet sind

Eine Balanced Scorecard besteht aus mehreren Perspektiven

⇨ Abgeleitet aus der Strategie müssen die strategisch relevanten Perspektiven identifiziert und festgelegt werden.

⇨ Im Grundmodell der Balanced Scorecard werden vier Perspektiven vorgeschlagen:

- Finanzielle Perspektive
- Markt- und Kundenperspektive
- Perspektive der internen Prozesse
- Lernen und Wachstum

Für die festgelegten Scorecard-Perspektiven muss ein kaskadisches System entwickelt werden. D.h. es besteht ein spezifisches hierarchisches Beziehungsgefüge zwischen den Perspektiven. Aus der Finanzperspektive werden z.B. die Ziele für die Markt- und Kundenperspektive abgeleitet und aus dieser Perspektive wiederum die Ziele für die internen Prozesse abgeleitet. Damit wird eine Durchgängigkeit und Konsistenz im Ursache-Wirkungsbeziehungsgeflecht innerhalb einer Balanced Scorecard zwischen den Perspektiven sichergestellt.

Innerhalb der Perspektiven sind die strategischen Ziele, dazugehörigen Kennzahlen, Zielwerte, Ursache-Wirkungsbeziehungen und Maßnahmen festzulegen

⇨ Die Gesamtarchitektur bzw. die Scorecard-Mappe ist festzulegen: Balanced Scorecards sind für das gesamte Unternehmen zu entwikkeln. Eine Top-Scorecard für das Unternehmen bzw. die Organisation insgesamt, Scorecards für die Ebenen darunter, bis hin zu Scorecards für Teams und Mitarbeiter. Es werden also verschiedene Scorecards für die Ebenen des Unternehmens entwickelt.

⇨ Für jedes Scorecard-Tableau sind insgesamt ca.14 bis 20 Kennzahlen für die darin enthaltenen Perspektiven zu entwickeln.

⇨ Jedes Scorecard-Tableau besteht also aus mehreren Perspektiven, in denen die strategischen Ziele, dazugehörigen Kennzahlen, Zielwerte und Maßnahmen enthalten sind.

⇨ Die Kennzahlen in einer Balanced Scorecard lassen sich in sogenannte Ergebniskennzahlen (Spätindikatoren) und Leistungstreiber (Frühindikatoren) untergliedern.

– Ergebniskennzahlen = Spätindikatoren und damit Endziele der Strategie
– Leistungstreiber = Frühindikatoren, sie messen die Strategieeinhaltung bzw. die Einhaltung der strategischen Ziele

Zu jeder Ergebniskennzahl sollte ein Leistungstreiber gehören.

⇨ Eine Ergebniskennzahl einer Perspektive kann als Leistungstreiber für die nächst höhere Perspektive dienen. Ergebniskennzahlen und Leistungstreiber können zudem Treibergrößen für Kennzahlen einer Perspektive in der nächst höheren Scorecard-Ebene sein.

⇨ Es sind innerhalb einer Perspektive, zwischen den Perspektiven und zwischen den verschiedenen Scorecards in der Organisation die Ursache-Wirkungsketten zu erarbeiten. Diese sollten in einer eher pragmatischen Weise erarbeitet werden.

⇨ Ursache-Wirkungsbeziehungen verdeutlichen die Wirkungszusammenhänge, stellen das Hypothesensystem zur Strategie dar und ihre Darstellung ist hervorragend geeignet für die Kommunikation der Strategie.

Das Balanced Scorecard-System ist in die Management-Prozesse zu integrieren

⇨ Es gibt verschiedene Typen von Management-Prozessen

– strategische Management-Prozesse
– die Kernleistungsprozesse zur Erfüllung der Unternehmensaufgaben
– den übergeordneten Prozess zur Integration des Balanced Scorecard-Programms in die strategischen Management-Prozesse und die Kernleistungsprozesse

Vom Leitbild bis zur Strategie

Die Balanced Scorecard setzt auf der Vision und der Strategie auf. Was heißt das genau?

An dieser Stelle geht es zunächst darum, Begriffe zu klären (Leitbild, Vision, Mission, Strategie, strategische Stoßrichtung, strategische Ziele und operative Ziele) die im Anschluss konsistent verwendet werden. Anschließend soll dargestellt werden, worauf genau eine Balanced Scorecard aufsetzt.

Der Ausgangspunkt ist das Leitbild eines Unternehmens: Im Leitbild vereinen sich die Elemente aus Unternehmensphilosophie, Vision, Mission und Werte. Das Leitbild beschreibt insgesamt die angestrebte Identität eines Unternehmens. Wenn das Unternehmen als Ganzes stärker wirken soll, müssen gemeinsame »Spielregeln« bekannt sein. Das Leitbild gibt hierfür den Orientierungsrahmen vor, der je nach Situation und Problem ausgefüllt werden kann.

Leitbild = Ordnungsrahmen für ein Unternehmen

Dazu gehören: Unternehmensphilosophie, Vision, Mission und Werte

Mit den Elementen des Leitbildes wird zudem der übergeordnete Unternehmenskurs sowie der Rahmen für das künftige Handeln durch verschiedene Kriterien vorgegeben. Dazu gehören:

- ⇨ Werte und Bekenntnisse der Unternehmensführung zu unternehmerischem Handeln
- ⇨ Normen für das Verhalten des Unternehmens
- ⇨ Das Betriebssystem für das Verhalten ist die tatsächlich gelebte Unternehmenskultur. Das Leitbild entspringt dieser Kultur. Im Leitbild werden Wünsche und Erwartungen der Mitarbeiter und externen Interessensgruppen wie Shareholder, Kunden und Lieferanten formuliert.

Das Unternehmensleitbild kann durch ein Motto auf den Punkt gebracht werden. Das Motto fasst alles aus dem Leitbild in einem kurzen, prägnanten Slogan zusammen (vgl. nachfolgende Beispiele).

- *BMW:* »Freude am Fahren«
- *BASF:* »Wir tun mehr für Sie«
- *Vailland:* »Ideen für Wärme«
- *EINSTEINet AG:* »Just the benefits«
- *LetsBuyIt.com:* »Je mehr kaufen, desto niedriger wird der Preis«
- *Hard Rock Cafe:* »Love all, serve all«
- *Management Circle:* »Bildung für die Besten«

Vision

Mit einer Vision wird ein Zukunftsbild, z.B. von Fernzielen oder/und von grundlegenden angestrebten Veränderungen für die angestrebten zukünftigen Entwicklungen eines Unternehmens entworfen. In die Vision, welche auch Emotionen widerspiegeln kann fließen Kreativität, Träume, Wünsche, Glaubenssätze und Werte eines Senior-Managementteams ein.

Mit der Vision wird in wenigen Worten beschrieben, »Was wollen wir erreichen und wie wollen wir sein?« Die Vision wird in der Regel zwangsläufig mit einer Person verknüpft, dem Vorstandsvorsitzenden oder dem Sprecher der Geschäftsführung. Die Entstehung einer Vision ist ein Gestaltungsprozess des Senior-Managements. Eine Vision soll den Mitarbeitern Auskunft über die gewünschte Zukunft und die wesentlichen Eckpunkte eines Unternehmens geben, beispielsweise der zukünftigen Märkte, Kunden, Produkte, Services und Strukturen. Eine Vision kann durch folgende Eigenschaften beschrieben werden:

- Impulsgebend und erfolgsfördernd
- Herausfordernd
- Emotional
- Integrierend
- Hat Orientierungs- und Ordnungsfunktionen

Beispiele für Visionen und die Rolle des Vorstands als ihr Sprachrohr:

⇨ »Wir bei Domain verkaufen keine Möbel – Wir verkaufen Träume« (Judy George, Chairwoman und CEO, Domain Home Fashion)

- ⇨ »Ladies and Gentlemen serve Ladies and Gentlemen« (Hotellerie, Ritz-Carlton)
- ⇨ »Wir müssen Wellen .... von leidenschaftlichem Verlangen nach unserem Produkt hervorrufen« (Andy Growe, Chairman und CEO, Intel)
- ⇨ Der Vorstand als »Prediger« der Vision: »Wir sind ein Dienstleistungsbetrieb wie ein Friseur« (Heinz Nixdorf)

Mission

Die Mission beantwortet die Frage, »was ist der Auftrag des Unternehmens?« So war z.B. die Mission der Treuhandanstalt die Privatisierung der Staatsbetriebe in den neuen Bundesländern. Die Mission beschreibt Aufgaben, Mechanismen und Randbedingungen für ein Unternehmen. Die Mission wird von den Verantwortlichen eines Unternehmens vorgegeben, die Erarbeitung einer Vision ist Senior-Management-Aufgabe (denn sie ist die Basis für das spätere Balanced Scorecard-Projekt). Verantwortlich kann das gegenwärtige Management sein -häufiger ist es der Gründer oder ein Gründerteam. Denn die Grundfesten der Unternehmensidentität werden nicht alle paar Monate und auch nicht im jährlichen Rhythmus geändert, und schon gar nicht auf der Grundlage von Indikatoren.

Strategie

Die Strategie muss die Frage beantworten, »Wie wird die Vision und Mission realisiert? Der Handlungsrahmen für die Formulierung einer Strategie wird aus der Vision und der Mission bestimmt. Im Vergleich zur Vision und Mission ist die Gültigkeitsdauer einer Strategie in den vergangenen Jahren in zahlreichen Industrien erheblich kürzer geworden.

Eine Strategie ist ein Bündel von integrierten Maßnahmen, mit deren Hilfe lange anhaltende Wettbewerbsvorteile erzielt werden sollen. Folgende Eigenschaften und Elemente kennzeichnen die Strategie:

- *Sich verstärkend:* Maßnahmen, die sich gegenseitig ergänzen.

- *Wettbewerbsvorteile erzielend:* Durch Zusatznutzen Wettbewerbsvorteile erlangen.
- *Lang wirkend:* Schwierig zu imitieren oder zu substituieren

Eine strategische Stoßrichtung (z.B. Expansion nach Asien) ist die Ausgangsbasis für die Bildung strategischer Ziele und die Ableitung von Maßnahmen. Die strategischen Stoßrichtungen sind Bestandteil einer Strategie. Mit anderen Worten: Das Bindeglied zwischen Strategie und Balanced Scorecard sind die strategischen Ziele.

Strategieumsetzung

Das Kernproblem in den meisten Unternehmen bzw. Organisationen ist eine effiziente Umsetzung der entwickelten Strategie. Dazu bietet sich der Balanced Scorecard-Ansatz an. Ferner, und das ist der innovativste Aspekt am Balanced-Scorecard-Ansatz, sind
- die Rückkopplung, d.h. ein strategisches Feedback einzuholen und
- die Strategieweiterentwicklung als kontinuierlicher Prozess zu integrieren

Eine Strategie enthält unter anderem strategische Stoßrichtungen.
Aus den strategischen Stoßrichtungen werden die strategischen Ziele und Maßnahmen abgeleitet.
Die strategischen Ziele sind der Kern und Ausgangspunkt der Balanced Scorecard.

Die Abbildungen 1 und 2 zeigen die Zusammenhänge zwischen Leitbild, Strategie und Balanced Scorecard.

Die Strategie muss geklärt sein –
Was deckt eine Balanced Scorecard nicht ab?

In einem Balanced Scorecard-Projekt wird nicht eine Strategie entwikkelt, eine Balanced Scorecard setzt auf der Vision und der Strategie auf. Was heißt das konkret? Durch Hinterfragung der Vision und Strategie

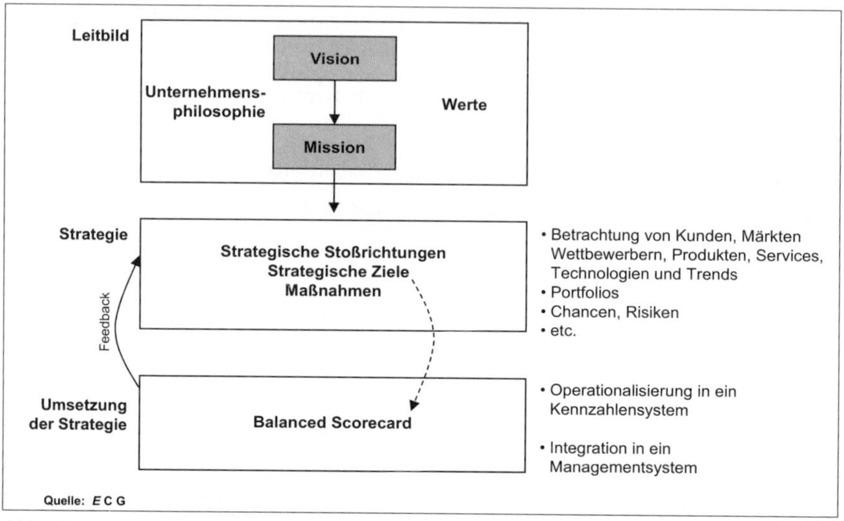

Abb. 1: *Vom Leitbild bis zur Umsetzung der Strategie*

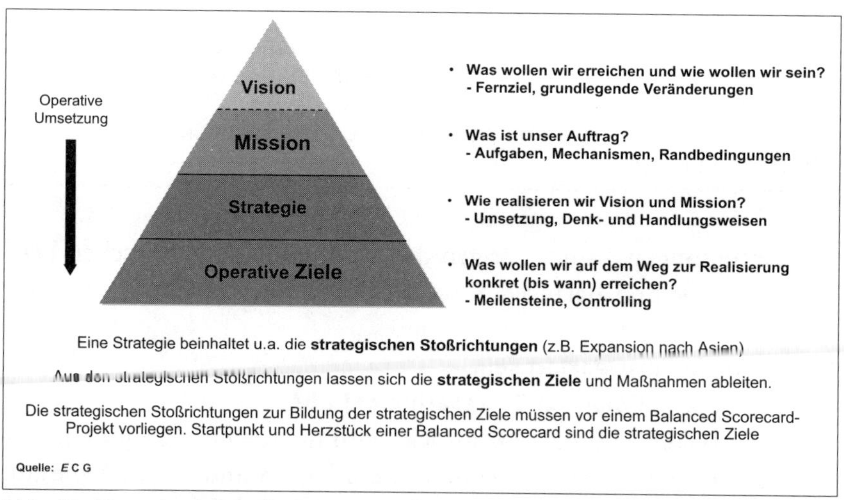

Abb. 2: *Unternehmen setzen ihre Visionen mittels Strategien in operative Ziele um*

und die Ableitung von strategischen Zielen kann zwar deren Konsistenz überprüft werden, aber eine Balanced Scorecard wäre auch ein Instrument, die falsche Strategie zu implementieren. Die BSC ist also Mittel zum Zweck – d.h sie dient lediglich dazu, die Strategie umzusetzen. Ob diese Strategie letzlich die richtige war, wird sich erst im Nachhinein zeigen.

Was leistet eine Balanced Scorecard nicht? Mit einem Balanced Scorecard-Programm werden keine Vision und Mission entwickelt. Zu dem werden folgende Punkte nicht abgedeckt, die typischerweise Bestandteil eines Strategieentwicklungsprozesses sind:

⇨ Die strategische Analyse von Chancen/Risiken sowie Stärken/Schwächen
⇨ Die Analyse von Lebenszyklusphasen (Geschäfte) und deren kritische Erfolgsfaktoren
⇨ Die *Festlegung von strategischen Stoßrichtungen* – Richtungshinweise innerhalb der Strategie – auf Basis strategischer Analysen. Mit den strategischen Stoßrichtungen wird die Art und Weise beschrieben, durch die es dem Unternehmen gelingen soll, eine gewünschte strategische Position zu erreichen, z.B. Expansion in China oder Wachstum durch Akquisition von Firmen mit einem Umsatz von ca. 800 Mio. DM.

Über diese Punkte muss (!) jedoch ein einheitliches Verständnis im Senior-Management vorhanden sein. Sollten diese Punkte der Strategie nicht vorliegen, so muss eine vorgeschaltete Projektphase, vor dem eigentlichen BSC-Projekt, zur Erarbeitung dieser Fragestellungen durchgeführt werden. Um mit einem Balanced Scorecard-Projekt beginnen zu können, ist nicht entscheidend, dass ein 200-Seiten-Dokument über die Strategie vorliegt, sondern es muss vielmehr ein einheitliches Verständnis und Commitment des Top-Managements bzw. der für die Strategie Verantwortlichen darüber vorliegen.

Ausgangspunkt für die Formulierung der strategischen Ziele können mitunter auch die im Unternehmenssprachgebrauch so genannten

»Business Driver« eines Unternehmens sein. Hierbei handelt es sich um eine Liste von Zielen. Diese Ziele dienen zur Erreichung der Strategie und stellen Erfolgsfaktoren für das Geschäft dar. Man kann die Business-Driver schnell gruppieren, den verschiedenen Scorecard-Perspektiven zuordnen und damit zusätzlich die Akzeptanz des Balanced Scorecard-Ansatzes fördern. Beispiele für Business-Driver sind:
- Verbesserung der angebotenen Services
- Verbesserung der Marktposition
- Erhöhung des Kundenbindungsmanagements
- Wachstum durch strategische Akquisitionen
- Technologische Führerschaft
- Kostenoptimierung in der Produktion
- Return/Profit on investment
- Technologieführer werden
- Entwickeln der Führungskräfte

Vor einem BSC-Projekt müssen die Voraussetzungen über den inhaltlichen Ausgangsstatus der Strategie sorgfältig geprüft werden. Andernfalls können leicht wichtige offene strategische Fragestellungen, die noch im Balanced Scorecard-Projekt bearbeitet werden, dazu führen, dass der gesamte Projektverlauf sich zu stark verlängert.

Sollte bereits vor einem Strategieentwicklungsprojekt feststehen, dass im Folgeprojekt die Strategie mittels Balanced Scorecard-Ansatz umgesetzt wird, dann sollten
- die Scorecard-Perspektiven und
- strategischen Ziele für die Perspektiven

  bereits im Strategieentwicklungsprojekt definiert werden.

Umsetzen der Strategie –
Ausgangspunkt sind die strategischen Ziele

Die strategischen Ziele sind der Kern der Balanced Scorecard. Die Kennzahlen sind nur Mittel zum Zweck! Was helfen die besten Kennzahlen ohne konkrete vorgeschaltete Ziele, die zur Strategie passen

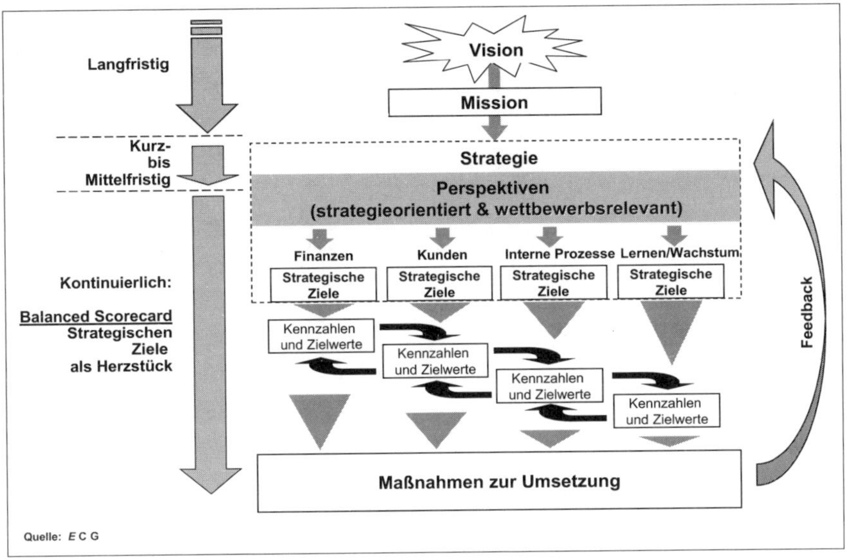

Abb. 3: *Von der Vision bis zur Umsetzung mittels Balanced Scorecard-Ansatz*

müssen? Die strategischen Ziele sind gegenüber den operativen Zielen durch eine hohe Wettbewerbsrelevanz und eine hohe Handlungsnotwendigkeit abgegrenzt. Die strategischen Ziele werden aus den strategischen Stoßrichtungen einer Strategie abgeleitet (vgl. Abb. 2). Die strategischen Stoßrichtungen müssen als Bestandteil einer Strategie feststehen. Zunächst sind in einer Scorecard sauber und eindeutig die wirklich relevanten strategischen Ziele für die gewählten Perspektiven zu erarbeiten (vgl. Abb. 3).

Die Ziele müssen untereinander konsistent sein und in Anlehnung an die Strategie zu einem nachhaltigen Wettbewerbsvorteil für das Unternehmen führen. Die Ziele dürfen nicht zu allgemein sein, sondern sollen auch vermitteln, wo die Kräfte des Unternehmens sich hinbewegen sollen.

Eine Balanced Scorecard hilft also nicht, das zu finden, »was« in den nächsten ein, zwei oder drei Jahren in dem Unternehmen durchgeführt werden soll, sondern hilft dabei zu bestimmen,

Strategische Zielsetzung	Strategische Ergebnis-kennzahlen (Spätindikatoren)	Leistungstreiber (Frühindikatoren)
Finanzperspektive		
Kundenperspektive		
Interne Perspektive		
Lernperspektive		

Quelle: *E C G*

Abb. 4: *Anfangstableau einer Balanced Scorecard*

- »woran« das »Was« gemessen werden kann,
- »was« das »Was« erreichen soll,
- »wie« eine Rückkopplung zur Strategie erfolgen kann.

D.h. die Balanced Scorecard hilft bei der Operationalisierung der strategischen Ziele, dem Ausgangspunkt und Herzstück, und später beim Herunterbrechen derselben in die operativen Ziele. Das zu erarbeitende Grundraster für eine Balanced Scorecard wird im Tableau in der Abbildung 4 dargestellt.

Perspektiven wählen und strategische Ziele festlegen

Sollte bereits im Strategieentwicklungsprojekt feststehen, dass ein Balanced Scorecard-Projekt folgt, dann sollten bereits in der Strategieentwicklungsphase die Perspektiven und strategischen Zielsetzungen definiert werden. Andernfalls ist die Festlegung der Balanced Scorecard-Perspektiven und die Erarbeitung der darin enthaltenen Zielsetzungen eine der ersten wichtigen inhaltlichen Aufgaben im Balanced Scorecard-Projekt. Die Balanced Scorecard-Perspektiven sind für jede Strategie spezifisch zu erarbeiten.

Welche Perspektiven sollten gewählt werden?

Die Perspektivenwahl ist ein wichtiger kreativer Arbeitsschritt.

Die vier von Kaplan & Norton vorgeschlagenen Perspektiven sind nur als ein Vorschlag und nicht als ein Korsett für alle Unternehmen oder Organisationen zu verstehen. Es handelt sich dabei nur um ein Grundmuster. Dieses ist flexibel hinsichtlich Anzahl und Namen, d.h. es kann je nach Themenbereich und Situation angepasst werden. Welche Perspektiven eine konkrete Scorecard haben sollte, ist also vom jeweiligen Einzelfall abhängig. Die Wahl der Perspektiven hängt von den strategischen Erfolgsfaktoren ab. Für jede Perspektive sollte in etwa die gleiche Anzahl strategischer Ziele vorliegen. Durch die Perspektivenwahl werden letztendlich die strategisch relevanten Felder und Zielsetzungen gebündelt. Eine falsche Auswahl kann zu falschen Prioritäten führen und diese können zu einer falschen Umsetzung der Strategie führen.

Um eine durchgängige Verkettung von Ursache-Wirkungs-Beziehungen zu erhalten, müssen die Perspektiven in kaskadischer Form zueinander liegen. Im Falle einer Balanced Scorecard für die Informationstechnologie muss eine durchgängige Ursache-Wirkungskette – i.S. der nachfolgenden Reihenfolge - über die Perspektiven Finanzen, Kunden, Sicherheit, interne Prozesse und Lernen & Wachstum gebildet werden können.

Die Perspektiven sind individuell festzulegen (strategieorientiert & wettbewerbsrelevant).
Die Perspektiven müssen in einer kaskadischen Form verknüpfbar sein.

Gewinnorientierte, auf Käufermärkte ausgerichtete Unternehmen, werden wohl i. d. R. mit der Finanzperspektive beginnen, an die die Kundenperspektive anknüpft. Verwaltungen, die ihre Bürgerzufriedenheit steigern wollen, können mit einer Kunden- oder Bürgerperspektive beginnen. Bestimmte Industrien, z. B. eine Firma aus der Mineralölindustrie [13], haben zusätzlich eine Umweltperspektive. Eine weitere Perspektive ist auch bildbar für die Abbildung der Unternehmensgrenzen. Hierin spiegeln sich die strategierelevanten Ziele und Kennzahlen über Merger- und Akquisitionsaktivitäten, Outsourcing, Insourcing und verschiedene Arten von Kooperationen wieder. In öffentlichen Unternehmen, wo die Umsetzung von Projekten wichtig ist für Neuausrichtungsprogramme, ist mitunter eine »Projektperspektive« vorzufinden.

Es sind also spezifische Perspektiven für bestimmte

- Industrien (z.B. Umweltperspektive für die Mineralölindustrie)
- prozess- oder funktionalorientierte Bereiche (z.B. Perspektive der Unternehmensgrenzen)
- Change-Management-Programme oder Transformationsprozesse (z.B. Projektperspektive)
- kritische Unternehmensthemen (z.B. Perspektive der Kommunikationspolitik, Sicherheit)
- Stakeholder (z.B. Perspektive der Lieferanten, Outsourcing-Partner)

denkbar. Hier bietet das Konzept hohe Flexibilität und fordert Kreativität.

> Die oberste Perspektive muss nicht immer die Finanzperspektive sein. Diese hängt von den obersten strategischen Zielen des Unternehmens bzw. der Organisation ab.

Die Anzahl und die Arten sind also von den strategischen Erfolgsfaktoren – Vision und Strategie – abhängig und von Faktoren wie z. B.

- Unternehmensgröße
- Eigentumsverhältnisse
- Organisationsstruktur
- Rahmenbedingungen (z. B. Gesetze) im Umfeld

Die vier vorgeschlagenen Perspektiven sind nur als ein mentaler Denkrahmen zu verstehen, der spezifisch anzupassen ist.

Sollten mehr als fünf Perspektiven gewählt werden, ist darauf zu achten, dass die in den Perspektiven insgesamt enthaltene Anzahl von Kennzahlen nicht zu hoch ist (insgesamt zwischen 14 und 20 Kennzahlen). Die Auswahl der notwendigen Perspektiven, abgeleitet aus den strategischen Erfolgsfaktoren, ist ein sehr wichtiger Prozessschritt.

Die Perspektiven sind der mentale Denkrahmen für alle Organisationseinheiten, Teams und Mitarbeiter im Unternehmen.

Die vier vorgeschlagenen Perspektiven

Es geht nicht darum, durch die Entwicklung einer Balanced Scorecard völlig neue Kennzahlen zu definieren, sondern den Entwicklungsprozess erst einmal anzustoßen durch

- die Entwicklung von Perspektiven,
- das Setzen strategischer Ziele,
- die Erarbeitung der Ergebniskennzahlen und Leistungstreiber (und der dazugehörigen Zielwerte),
- die Entwicklung der Ursache-Wirkungs-Beziehungsketten und
- die Festlegung der Maßnahmen.

Bestimmte Ergebniskennzahlen erscheinen immer wieder in den verschiedenen Balanced Scorecards. Folgende Kennzahlen erscheinen in verschiedenen Top-Scorecards auf der Ebene von Unternehmen oder SGE häufiger. Auf die Perspektive der internen Prozesse wird nicht näher eingegangen, da es hierfür sehr viele unterschiedliche Kennzahlen gibt. Eine Auflistung würde den Rahmen sprengen.

⇨ Finanzielle Perspektive

- ROCE (Return on Capital employed)/EVA (Economic Value Added)
- Wirtschaftlichkeit
- Umsatzwachstum/-mix

⇨ Kundenperspektive:
- Marktanteil
- Kundenakquisition
- Kundenloyalität
- Kundenrentabilität
- Kundenzufriedenheit

⇨ Lernen und Wachstum
- Mitarbeiterzufriedenheit
- Mitarbeiterloyalität
- Mitarbeiterproduktivität

Die Kreativität im Prozess der Kennzahlenentwicklung liegt insbesondere in der Identifikation der Leistungstreiber. Es ist zu bestimmen, <u>wie</u> die Ergebniskennzahlen verwirklicht werden können und wie der Umsetzungserfolg der Strategie gemessen werden kann.

Finanzielle Perspektive

Für die finanzielle Perspektive lautet die wichtigste Frage: Welche Zielsetzungen sind aus den finanziellen Erwartungen unserer Kapitalgeber abzuleiten? Hier stellt sich natürlich die Frage, wie die Strategie des Unternehmens aussieht. Um ein Gefühl für die strategischen Ziele und Kennzahlen zu vermitteln, sind einige Beispiele über strategische Ziele und Kennzahlen dargestellt. Die Top-Finanzkennzahlen sind in vielen Unternehmen bekannt, da sie durch Shareholder-Value-Management getrieben sind und zudem zahlreiche Unternehmen durch Finanzziele gesteuert werden. In die Finanzperspektive lassen sich auch die Ziele der Shareholder integrieren (z.B. Ergebnis der gewöhnlichen Geschäftstätigkeit, Kapitalrendite, Cash Flow). In den Finanzzielen findet man typischerweise Ziele, die Aussagen über Renditen, Kosten und Wachstum ermöglichen.

Beispiele für strategische Ziele der Finanzperspektive:
- Shareholder-Value steigern
- Rendite erhöhen

	»Umsatzwachstum«	»ROCE, Betriebsergebnis und DB«	»Cash Flow«
Lebenszyklen einer Geschäftseinheit	**Wachstum**	**Reife**	**Ernte**
Hauptaktivitäten in der Phase	- Anfangsphase des Lebenszyklus - Aufbau/Ausweitung von Produktionsstätten - Gestaltung von neuen Produkten/ Diensten - Investitionen in Systeme - etc.	- Überbrückung von Engpässen - Kapazitätserweiterung - Continuous Improvement - etc.	- nahezu keine Ausgaben für F&E und Kapazitätserweiterung - keine wichtigen Investitionen mehr - Nutzung vorhandener Potenziale (keine neuen Potenziale schaffen) - Ernten der Investitionen der vorherigen Stufen
Auswirkungen	➤ Negativer Cash-Flow ➤ Negative Kapitalrendite	➤ Investitionsprojekte mit kurzen Amortisationszeiten	➤ Cash-Flow [2)] Rückfluss maximieren
Finanzwirtschaftliche Gesamtziele	• Prozentuale Ergebniswachstumsraten • Umsatzwachstumsraten in - Zielmärkten - Kundenkreisen - Regionen	➤ Betriebsergebnis ➤ Deckungsbeitrag (maximierter Ertrag eines gegebenen Kapitals)	• Operating Cash-Flow (vor Abschreibung) • Senkung des benötigten Nettoumlaufvermögens (Working Capital)

1) Teilweise EVA und Shareholder Value
2) Alle Investitionen müssen Rückfluss nach sich ziehen

Quelle: *E* C G

Abb. 5: *Die finanzwirtschaftlichen Ziele einer Geschäftseinheit hängen von der jeweiligen Lebenszyklusphase ab*

- Anteil Fremdkapital verringern
- Umsätze verdoppeln
- Erhöhung des operativen Ergebnisses
- Erhöhung der Kapitalrendite
- Profitablere Aufträge annehmen
- Cash-Flow steigern

Welche Finanzziele auszuwählen sind, hängt von der jeweiligen Lebenszyklusphase des Geschäftes ab (vgl. Abb. 5).

Ein IT-Systemhaus kann sich am Ende des Jahres 2000 mit seinen Geschäften in unterschiedlichen Lebenszyklusphasen befinden:

⇨ *Wachstumsphase:*
- Application Service Providing (»ASP«)
- E-Commerce-Beratung (Strategieberatung für E-Commerce, Web-Design, Web-Hosting,..)

⇨ *Reifephase:*
- SAP R/3 Consulting
- Peoplesoft Consulting

⇨ *Ernte-Phase:*
- SAP R/2 Consulting
- Euro-Umstellung

Wachstumsphase

Unternehmen bzw. Geschäftseinheiten in der Wachstumsphase weisen ein hohes Wachstumspotenzial bei zunächst negativem Cash Flow auf, da die hohen Anlaufinvestitionen vielfach noch nicht aus dem täglichen Geschäft generiert werden können. In der Wachstumsphase eines Geschäftes stehen wachstumsorientierte Ziele im Vordergrund.

Reifephase

Unternehmen bzw. Geschäftseinheiten in der Reifephase versuchen, den Ertrag aus dem investierten Kapital zu maximieren. Dabei müssen Marktanteile gehalten oder ausgebaut werden. Bei erfolgreichen Unternehmen übersteigen die Einzahlungen die Auszahlungen deutlich. In der Reifephase ist die Rentabilität das oberste Ziel.

Erntephase

In der Erntephase versuchen die Unternehmen bzw. Geschäftseinheiten, den Cash Flow zu maximieren. Ziel ist es, mit den in der Vergangenheit getätigten Investitionen möglichst hohe Rückflüsse zu erreichen. Wichtige finanzielle Ziele sind die Maximierung des Cash-Flows und die Senkung des Working Capital (Netto-Umlaufvermögen).

Den verschiedenen Lebenszyklusphasen (Wachstum, Reife, Ernte) lassen sich drei verschiedene Grundmuster von finanzwirtschaftlichen Themen zuordnen (vgl. Abb. 6).

- ⇨ Ertragswachstum – mit dem Ziel, eine Angebotserweiterung an Produkten und Dienstleistungen zu erreichen
- ⇨ Kostensenkung/Produktivitätsverbesserung – mit dem Ziel, die Kosten zu senken und Ressourcen gemeinsam zu nutzen
- ⇨ Nutzung von Vermögenswerten/Investitionsstrategie – mit dem Ziel, die vorhandene Anlagenbasis besser zu nutzen und das Niveau des Nettoumlaufvermögens zu reduzieren

Die konsequente Anwendung der Balanced Scorecard ermöglicht es, die Geschäfte i.S. ihrer Lebenszyklusphase zu analysieren und die zum jeweiligen Geschäft passenden strategischen Ziele und Kennzahlen auszuwählen. Speziell für die Finanzperspektive liegen in vielen Unternehmen zahlreiche Kennzahlen vor, die für eine Balanced Scorecard spezifisch selektiert werden können.

Die Kennzahlen der Finanzperspektive zeigen den finanziellen Erwartungswert einer Strategie auf und geben zudem die Ziele für die nachfolgenden darunter liegenden Perspektiven (Kunden, interne Prozesse sowie Lernen & Wachstum) vor. Die dahinter liegenden Perspektiven müssen einen Kausalzusammenhang zu den Kennzahlen der Finanzperspektive aufweisen.

Lebenszyklusphasen im Geschäftsleben	Strategische Themen: Ertragswachstum und -mix	Strategische Themen: Kostensenkung/ Produktivitätsverbesserung	Strategische Themen: Nutzung von Vermögenswerten
Wachstum	• Umsatzwachstumsrate pro Segment • Prozent der Erträge aus neuen Produkten, Dienstleistungen und Kunden	• Ertrag/Mitarbeiter	• Investition (in % des Umsatzes) • F & E (in % des Umsatzes)
Reife	• Anteil an Zielkunden • Cross-Selling • Prozentuale Erträge aus neuen Anwendungen • Rentabilität von Kunden und Produktlinien	• Kosten des Unternehmens vs. • Kosten bei der Konkurrenz • Kostensenkungssätze • Indirekte Kosten (Verkauf in Prozent)	• Kennzahlen für das Working Capital (Cash-to-cash-cycle) • ROCE pro Hauptvermögens-kategorien • Anlagennutzungsrate
Ernte	• Rentabilität von Kunden und Produktlinien • Prozentzahl der unrentablen Kunden	• Einheitskosten - pro Outputeinheit, - pro Transaktion	• Amortisation • Durchsatz

Quelle: *Kaplan & Norton, S. 50*

Abb. 6: *Überblick über die finanzwirtschaftlichen Kennzahlen in Abhängigkeit von der Lebenszyklusphase und den strategischen Themen*

Kundenperspektive

Für die Kundenperspektive lautet die wichtigste Frage: Welche Ziele sind hinsichtlich Struktur und Anforderungen unserer Kunden zu setzen, um unsere finanziellen Ziele zu erreichen? Die Herausforderung in der Erarbeitung der Kundenperspektive liegt darin, für genau die Kundensegmente, in denen das Unternehmen konkurrenzfähig sein soll, die strategischen Ziele und Kennzahlen zu erarbeiten. Diese Kundensegmente sollen die Erlöse zur Sicherung der finanzwirtschaftlichen Ziele sichern. Für die Kundensegmente sind in den Fragestellungen sowohl die Kundenaspekte als auch die Unternehmenssicht zu berücksichtigen.

Für diese Segmente sind die spezifischen Wertangebote für die darin anzusprechenden Zielkunden klar zu identifizieren und zu messen. Ein Unternehmen kann nie alle Kunden hundertprozentig zufrieden stellen. Deshalb ist eine intelligente Kundensegmentierung und Identifikation potenzieller Kunden sehr wichtig. Dies sind die treibenden Faktoren, die Hauptindikatoren für die Kundenergebniskennzahlen.

Wer führt letztendlich das Unternehmen? Die Kunden!

»Alles was Ihre Beziehung zu einem Ihrer Kunden festigt, erhöht die Umsätze, die Sie mit ihm erzielen.« (Michael Taylor, Arthur D. Little)

Strategische Ziele für die Kundenperspektive können sein:
- Ausbau der Marktposition
- Erhöhung der Marktanteile
- Zukauf von Marktanteilen
- Hauptzulieferer für den Kunden werden
- Verbesserung des Firmenimages und der Reputation
- Erhöhung der Kundenzufriedenheit mit den Serviceprozessen
- Key-Account-Management verbessern
- Steigerung der Kundenbindung
- Image als technologischer Produktführer etablieren

Die typischen Kundenkennzahlen sind in Abbildung 7 zu finden.

Ein Schlüsselelement der Kundenperspektive ist die Image- und Reputationsdimension. Dabei handelt es sich um immaterielle Faktoren, die ein Unternehmen für einen Kunden attraktiv machen. Ziel ist es, über den materiellen Aspekt der Produkte und Dienstleistungen hinaus, Kundentreue und Kundenbindung zu erzielen. Damit wird einerseits eine Marke etabliert und anderseits ein Erlebnis verkauft. Als Beispiele sind folgende Zitate zu nennen:

- »It´s a Sony
- MCI: »Is that a great time or what?«
- »Come to Marlboro Country!«
- »Wenn Sie mit einem Flugzeug fliegen, das nicht so aussieht, zahlen Sie wahrscheinlich zuviel« (Richard Branson, Chairman und CEO, Virgin Airlines – Werbeposter auf denen die roten Flugzeuge der Virgin-Airlines zu sehen waren.)
- »Wer fällt Ihnen beim Stichwort Stromversorgungsunternehmen ein? Bestimmt niemand!« (Bill Dahlberg, CEO, Southern Co.) => Nein! – »Strom hat eine Farbe, gelb« Yellow Strom, ein Kölner Billigstromanbieter, hat es auch geschafft.

In der Kundenperspektive müssen aus den an die Kunden vermittelten Wertangeboten Ziele formuliert werden. Die Wertangebote beinhalten oftmals Kennzahlen über Reaktionszeiten, Qualität und Preise. Diese Ergebniskennzahlen stehen für die Ziele der internen Organisation (Marketing, Logistik, Produktion etc.)

Ergebnisse des Formulierungsprozesses der Kundenperspektive

- Klare Vorstellung über Zielkunden- und Geschäftssegmente
- Liste der Hauptergebniskennzahlen (Markt- und Kundenanteil, Kundentreue, Akquisition, Zufriedenheit, Rentabilität) für die jeweiligen Zielsegmente

Erfolgsfaktoren bei der Bildung von Kennzahlen für die Kundenperspektive.

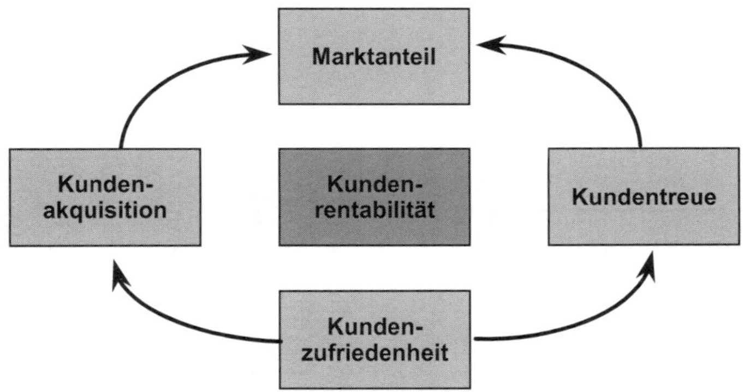

Marktanteil	Drückt den Umfang eines Geschäftes in einem gegebenen Markt aus (als Anzahl der Kunden, ausgegebene Beträge oder verkaufte Einheiten)
Kunden-akquisition	Misst das Ausmaß, in dem eine Geschäftseinheit neue Kunden anlockt oder gewinnt (in absoluten oder relativen Zahlen)
Kundentreue	Misst das Ausmaß, in dem eine Geschäftseinheit dauerhafte Beziehungen zu seinen Kunden erhält oder gewinnt
Kunden-zufriedenheit	Untersucht den Zufriedenheitsgrad der jeweiligen Zielkunden anhand spezifischer Leistungskriterien innerhalb der Wertvorgaben
Kunden-rentabilität	Misst den Nettogewinn eines Kunden oder eines Kundensegments unter Berücksichtigung der für diesen Kunden entstandenen einmaligen Ausgaben

Quelle: ***Kaplan & Norton, S. 66***

Abb. 7: *Die Kennzahlen der Kundenperspektive*

Abb. 8: *Grundschema – Die Kundenperspektive vermittelt ein Wertangebot an den Kunden*

⇨ Herausarbeiten der Kundenwünsche in den Zielsegmenten
⇨ Die Kundenkennzahlen umfassen drei Eigenschaftsklassen:
- Produkt- und Dienstleistungseigenschaften: Funktionalität, Qualität, Preis
- Kundenbeziehungen (Qualität der Kauferfahrung und persönliche Beziehung)
- Image und Reputation

Es ist erkennbar, dass sich in Deutschland in den vergangenen sieben bis zehn Jahren eine starke Fokussierung hin zum Kunden vollzogen hat. Der frühere Technologie- oder auch mitunter der Prozessfokus hat sich in seiner Priorisierung verringert. Allerdings wissen in Deutschland die Unternehmen im Vergleich zu den USA (hier ist die Kunden- und Serviceorientierung ausgeprägter in den Unternehmen) immer noch zu wenig über ihre Kunden. Inzwischen haben innovative Produkte und Services überall die höchste Priorität. Das heißt: Es hat ein Wertewandel stattgefunden, und neben Time to Market zählen Kundenorientierung und Innovation. Durch eine Kundensegmentierung und das Herausarbeiten der dahinterliegenden Wertangebote pro Segment, stellt sich oft heraus, das nicht die Preise sondern andere Faktoren das Unternehmen für den Kunden interessant machen.

Häufige Probleme aus der Praxis:

- ⇨ Welche Kundensegmente existieren, und welche Kunden im jeweiligen Segment sind wie anzusprechen? Vor einem Balanced Scorecard Projekt sollte eine Kundensegmentierung vorliegen. Andernfalls werden die zu definierenden Treiberkennzahlen nicht konkret genug, die einzelnen Kundensegmente können nicht richtig ausgeschöpft werden.
- ⇨ Welche Marktanteile liegen im Einzelfall für ein Geschäft, Produkt oder eine Dienstleistung vor? Wie werden die Marktanteile konkret definiert? Hier gibt es Unterschiede in den verschiedenen Branchen. In abgeschotteten Märkten, für die kaum Kennzahlen und Informationen vorliegen, sind Marktanteile nur schwer zu erarbeiten. Ohne Marktanteile sind die Kundenwünsche schlechter zu spezifizieren, die Scorecard ist bestenfalls begrenzt aussagekräftig.

Interne Prozesse

Für die Perspektive der internen Prozesse lautet die wichtigste Fragestellung: Welche Ziele sind hinsichtlich der Unternehmensprozesse zu setzen, um die Ziele der Finanz- und Kundenperspektive erfüllen zu können? Es stehen jene Prozesse eines Unternehmens im Vordergrund, die für die Erreichung der Kundenziele von besonderer Bedeutung sind. Die interne Prozessperspektive identifiziert die kritischen Prozesse, in denen die Organisation ihre Verbesserungsschwerpunkte setzen muss. Diese Prozesse befähigen das Unternehmen dazu,

- die Wertvorgaben zu liefern, die von Kunden der Zielmarktsegmente gewünscht werden und
- die Erwartungen der Anteilseigner in Bezug auf hervorragende finanzielle Gewinne zufrieden zu stellen.

Aus der Kundenperspektive sind die Zielvorgaben und Kennzahlen aus den einzelnen Kundensegmenten (strategische Ziele und Kennzahlen pro Kundensegment) herunterzubrechen in die Wertschöpfungsstufen der internen Prozessperspektive. Die Balanced Scorecard verlangt dabei die Definition der vollständigen internen Wertschöpfungskette, über den Innovationsprozess über die internen Betriebsprozesse bis hin zu den Kundenprozessen.

Die interne Prozessperspektive kann dabei selbst als kaskadisches System von drei grundsätzlichen Subperspektiven verstanden werden. Über die spezifischen strategischen Ziele und Kennzahlen aus den Zielkundensegmenten sind die strategischen Ziele und Kennzahlen für den Innovationsprozess, die internen Betriebsprozesse und den Kundendienstprozess abzuleiten. Damit wird zwischen den strategischen Zielen pro Kundensegment und den strategischen Zielen der Innovationsperspektive eine direkte Verbindung hergestellt, die sich auch in den Ursache-Wirkungsbeziehungen spiegeln sollte. Zielsetzung ist es, in den wettbewerbsrelevanten Geschäftsprozessen Wettbewerbsvorteile hinsichtlich Zeit, Qualität, Produktivität und Kosten zu erzielen.

Abbildung 9 zeigt den grundsätzlichen Zusammenhang der drei Subperspektiven bzw. Wertschöpfungsstufen (Innovations-Prozess, Betriebsprozesse und Kundendienst-Prozess).

Beispiele für die strategischen Ziele der Perspektive der internen Prozesse:

- Reduzierung der Entwicklungszeiten
- Prozessorientierung und –flexibilität erhöhen
- Angebote schneller erstellen
- Durchlaufzeiten halbieren
- Gemeinkosten reduzieren
- Zusammenspiel mit externen Partnern verbessern
- Servicekosten pro Einheit reduzieren

Die drei Sub-Prozesse sollten im Sinne einer »Forward-Prozesskette« beim Herunterbrechen der strategischen Ziele und Kennzahlen im

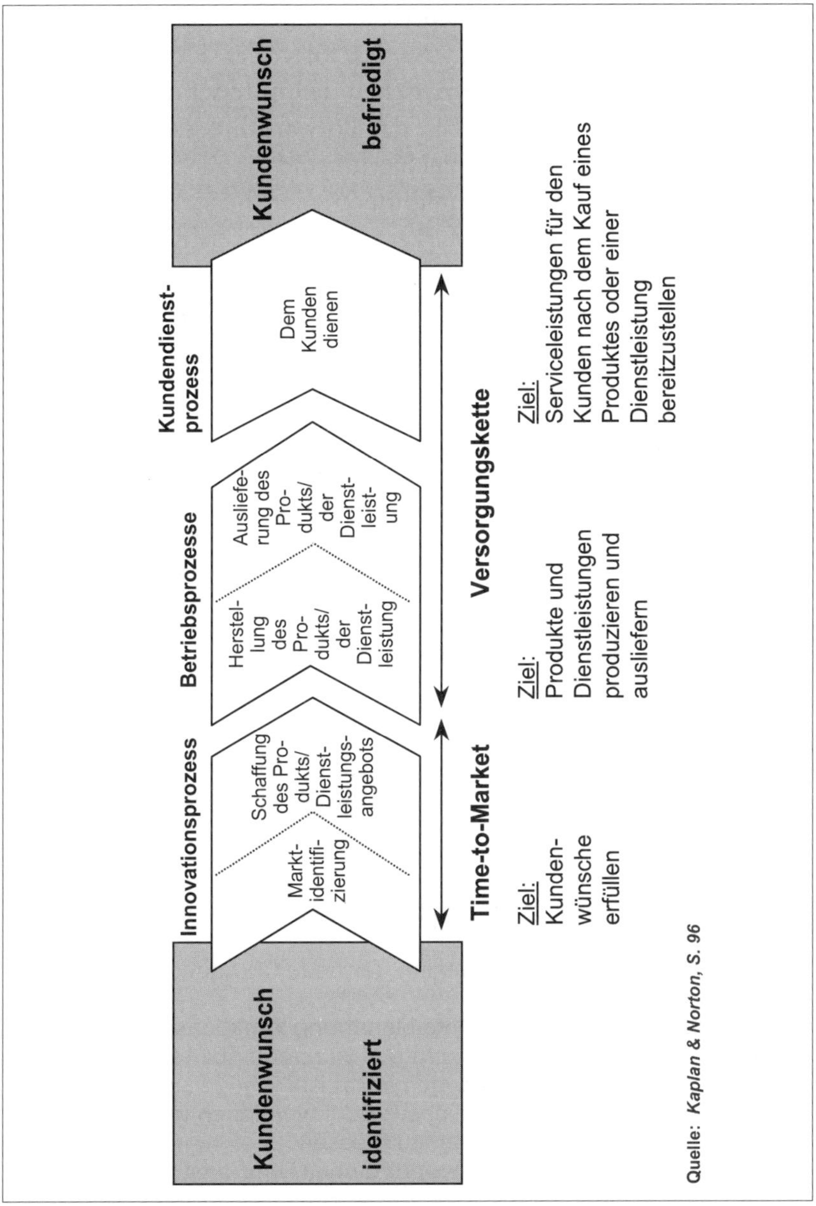

Abb. 9: *Die interne Prozessperspektive – das generische Wertschöpfungsmodell*

Scorecard-Entwicklungsprozess entwickelt werden. Hier müssen vor allem im Zuge der Diskussion (siehe den folgenden Kasten) die typischen inhaltlichen Zielkonflikte zwischen den unterschiedlichen Zielsetzungen der beteiligten Spieler in der Forward-Prozesskette in Einklang gebracht werden. Ein Beispiel hierfür sind die Zielkonflikte eines Automoblilzulieferers, der Systemkomponenten herstellt – Z.B. frühestmöglich das Ziel »Time-to-Market« realisieren versus hohe Anwendungsbreite für die Entwicklung des Produktes sicherstellen.

Steht beispielsweise ein neues Produkt in der Entwicklungspipeline, so können folgende strategischen Ziele bei den Beteiligten der »Forward«-Prozesskette vorliegen:

⇨ **Vertrieb & Marketing (für die jeweiligen Zielkundensegmente)**
- Time to Market im Zeitslot 3. Quartal 2003
- Mindestkundenwünsche der drei wichtigsten Schlüsselkunden mit der ersten Produktserie erfüllen
- Mit den neuen Produkten einen Wertschöpfungsschritt weiter nach vorne kommen

⇨ **Innovationsprozess**
- Evolutionäre und zukunftsorientierte technologische Plattformstrategie
- Hohe Anwendungsbreite für das Produkt

⇨ **Interne Betriebsprozesse**
- Produkte mit geringen Herstellungskosten entwickeln
- Geringer Aufwand für neue Produkte und für die Produktverfahrensentwicklung
- Möglichst wenig fremdes Know-how für den Aufbau der Produktionslinie benötigen
- Bereits die erste Produktserie mit hohem Automatisierungsgrad produzieren
- Wenig Ausschuss bereits zu Beginn der neuen Produktserie

⇨ **Kundendienstprozess**
- Servicekomponenten mit Remote-Monitoring-Funktionen einsetzen
  Machbare Service-Levels aus Sicht des Kunden anbieten können
- Hohe Servicequalität durch Economies of Knowledge sicherstellen, d.h. nicht zu viele unterschiedliche Produktversionen und -technologien im Markt betreuen zu müssen
- Geringst mögliche Servicekosten pro Einheit/Jahr anstreben

Innovationsprozess

Der Innovationsprozess ist Bestandteil und zentraler Ausgangspunkt der internen Prozessperspektive. Aus den strategischen Zielen der Kundensegmente folgen die Ziele für den Innovationsprozess (z.B. innovative Prozesse gestalten, neue Produkte und Services entwickeln).

> »Es gibt drei Arten von Unternehmen: Die einen bewirken, dass etwas geschieht; die anderen beobachten, was geschieht; und wieder andere Fragen sich, was geschehen ist.« (Philip Kotler).

Die Hauptaufgabe des Innovationsprozesses ist es, den Kunden zu überraschen und nicht nur zufriedenzustellen. Der Kunde soll mit neuen Produkten oder Dienstleistungen ein Erlebnis haben, das »Wow«-Erlebnis.

- »Mir ist lieber, ein Kunde kommt herein und sagt: »Wow, das habe ich ja noch nie gesehen«, als dass er sagt: »Wow, schau mal, wie sie das verändert haben ....« (Barry Gilbert, CEO Sharper Image)
- »Qualität bei Produkten ist Commodity und kein Wettbewerbsvorteil mehr!«(allgemeine Management-Weisheit)

  Innovation erfordert die Schaffung einer Innovationskultur. Die Elemente und Werte einer Innovationskultur sollen durch die folgenden Zitate verdeutlicht werden:
- »An dem Tag, an dem Du denkst, Du kannst nicht mehr besser werden, fängst Du an, immer den gleichen Song zu spielen« (David Bowie, Musiker -DaimlerChrysler Werbung)
- »...alles Licht dieser Welt kommt nur von Knallköpfen« [21]
- » Wenn die Menschen nicht manchmal unsinnige Dinge täten, würde nichts Kluges getan werden« (Ludwig Wittgenstein)
- »Das Problem besteht nie darin, neue, innovative Gedanken in ihren Kopf hineinzubekommen, sondern darin, die alten wieder loszuwerden« (Dee Hock, Gründer von Visa)

- ⇨ »Wir kommen zurück zum Prinzip Garage – Sie werden es sehen« (Carly Fiorina, Chairwoman und CEO, Hewlett-Packard)
- ⇨ »Innovation = Alle sind Michelangelos« [21]
- ⇨ Fehler müssen toleriert werden: »Stark ist, wer keine Fehler macht – noch stärker ist, wer aus Fehlern lernt« (Boris Becker – A-Klasse-Einführung DaimlerChrysler)
- ⇨ »Vergessen Sie Konsens...Meinungsverschiedenheiten und Reibereien machen sich auch irgendwann bezahlt!« (Tom Peters)

Die Wertschöpfung für die Unternehmung besteht darin, dass sie das Produkt unter dem Preis, den sie dafür bekommt, produziert, liefert und wartet. Doch die langfristigen finanziellen Erfolgstreiber können es für ein Unternehmen erforderlich machen, dass es völlig neue Produkte und Dienstleistungen schafft, welche neue Wünsche gegenwärtiger und zukünftiger Kunden erfüllen können. Der Innovationsprozess mit seinem mittel- bis langfristigen Zeithorizont in der Wertschöpfung ist für viele Unternehmen für zukünftige finanzielle Leistungen wirkungsvoller als der kurzfristige Handlungszyklus. Für viele Unternehmen kann es für zukünftige wirtschaftliche Leistungen erfolgskritischer sein, einen mehrjährigen Produktentwicklungsprozess effizient bewältigen zu können oder ein Potenzial zur Erreichung völlig neuer Kundengruppen zu entwickeln, als existierende Aktivitäten effizient, kontinuierlich und schnell zu gestalten. Viele Manager haben jedoch oft meistens keine Wahl zwischen diesen beiden wichtigen internen Prozessen.

Herkömmliche Performance-Measurement-Systeme stellen die Prozesse von gegenwärtigen Produkten und Dienstleistungen an die Kunden von heute in den Vordergrund. Sie versuchen, bereits existierende Aktivitäten zu steuern und zu verbessern, die die kurzfristigen Aspekte der Wertschöpfung vertreten und vergessen darüber die internen Betriebsprozesse.

Interne Betriebsprozesse

Die Perspektive »interne Betriebsprozesse« beginnt mit dem Eingang der Bestellung und endet mit der Lieferung beim Kunden. Bisherige Ansätze zum Monitoring oder zur Optimierung der internen Betriebsprozesse richten ihr Hauptaugenmerk normalerweise auf die Verbesserung und Überwachung der existierenden Prozesse. Sie vernachlässigen dabei aber mögliche neue Schritte. Dies wird durch nachfolgende – zum Teil sehr provokante – Zitate verdeutlicht:

- »Auch mit ISO 9000 können Ihre Verfahren und Produkte grauenhaft sein. Sie können einen Hersteller zertifizieren, der Schwimmwesten aus Beton herstellt, solange diese Schwimmwesten in Übereinstimmung mit den dokumentierten Verfahren hergestellt werden, und der Hersteller die nächsten Angehörigen darüber aufklärt, wie Beschwerden über mangelnde Funktionalität vorgebracht werden können. Das ist absurd.« (Richard Buetow, Direktor der QS für Business Systeme, Motorola)
- »Schrittweiser Zuwachs ist der schlimmste Feind der Innovation« (Nicholas Negroponte, Media Lab, MIT)
- »Eine Schlucht überquert man nicht in zwei Sprüngen« (chin. Sprichwort) oder »Kontinuierliche Verbesserung verhindert den Erfolg« [21]

Der Vorteil des Balanced Scorecard-Ansatzes ist, dass er auch neue Prozesse identifiziert die ein Unternehmen zur Erreichung optimaler Kundenzufriedenheit schaffen muss und er richtet die internen Prozesse auf die strategischen Zielsetzungen aus. Ein Unternehmen kann es beispielsweise als notwendig erachten, einen Prozess zu entwickeln, um Kundenwünsche zu erkennen oder neue Dienstleistungen anzubieten.

Kundendienstprozesse

Die Kundendienstprozesse beginnen nach der Lieferung beim Kunden für den Life-Cycle des Produktes. Hierzu gehören Funktionen wie Zahlungsverwaltung, Garantie- und Wartungsarbeiten, Bearbeitung von Fehlern und Reklamationen sowie Kundenbindungsmanagement. Die Wichtigkeit dieser Prozesse werden durch einige Zitate verdeutlicht:

- ⇨ »Durch mangelhafte Kundenbetreuung laufen fast die Hälfte der Kunden zur Konkurrenz über« (Forum Corporation)
- ⇨ »70 bis 90 Prozent der Entscheidungen, ein bestimmtes Produkt nicht mehr zu erwerben, sind nicht auf das Produkt oder dessen Preis zurückzuführen. Sie hängen in irgendeiner Weise mit dem Service zusammen« (Forum Corporation)
- ⇨ »Das Leben = Kundenservice. Punkt.«

Besonders bei Produkten mit anspruchsvollen Technologien kann das Unternehmen hier einerseits Kundenbindung durch intelligente Wartungs- und Diagnosesysteme lernen und anderseits Kundenbindungsmanagement betreiben. Ein Kunde in einem PKW fühlt sich sicherer, wenn er bereits vor einem möglichen Problem oder Fehler im »System Fahrzeug« eine Nachricht aus dem Diagnosesystem im Auto erhält. Der Hersteller lernt über seine eingesetzten Systeme und Technologien, der Kunde gewinnt mehr Vertrauen und Sicherheit. In Aufzügen, Kraftwerken und komplexen technischen Anlagen werden potenzielle Probleme oder Fehler sofort vom System an eine Wartungs- oder Reparaturstation gemeldet. Der Betreiber oder der Kunde erhält damit eine höhere Verfügbarkeit, da Ausfälle derartiger Systeme sehr teuer für ihn wären.

Die Zielsetzung ist, prompte, freundliche, sichere und zuverlässige Garantie- und Servicearbeiten mit möglichst hoher Bequemlichkeit für den Kunden anzubieten und als Wertangebot zu vermitteln.

Dieses Wertangebot wird auch in der Werbung vermittelt, z.B. in der DaimlerChrysler Werbung

> »Ein Daimler hat nie eine Panne«
>
> Zitat aus einer TV-Werbung

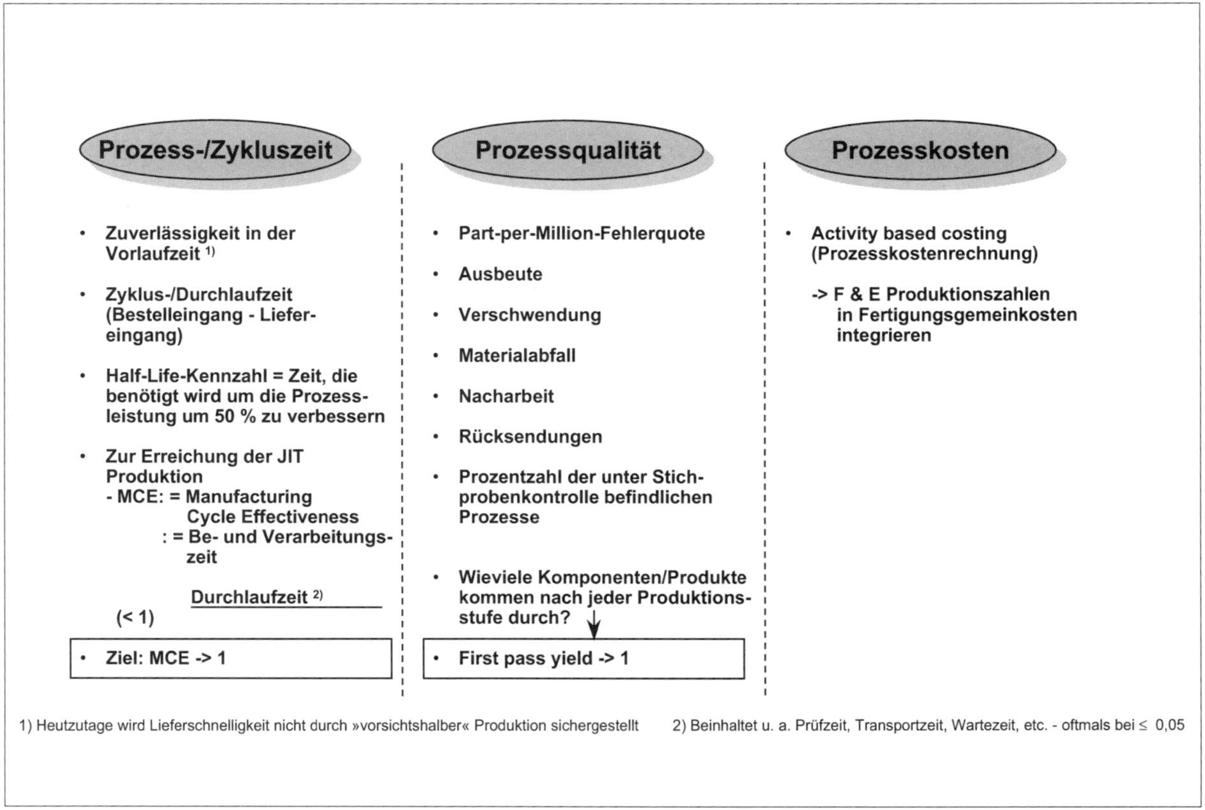

Abb. 10: *Die wichtigsten Kennzahlen zur Prozesszeit, -qualität und -kosten*

Die Perspektive der internen Prozesse beinhaltet mitunter die Beziehungen zu externen Dienstleistern, Outsourcing-Partnern und Lieferanten. Für Unternehmen mit einer geringen internen Leistungstiefe kann zwischen den Perspektiven »interne Prozesse« und »Lernen und Wachstum« eine Perspektive »Externe Partner« gebildet werden.

Generell sind innerhalb der Perspektive der internen Prozesse Kennzahlen über Zeit, Kosten und Qualität zu verwenden (vgl. Abb. 10). Wobei heute Zeit der entscheidende Wettbewerbsfaktor ist. Speziell in bestimmten Branchen zählt nur der Erste (z.B. Internet). Qualität ist Commodity und Preise spielen nur in bestimmten (aber bei weitem nicht allen) Kundensegmenten eine Rolle.

Die Kennzahlen der internen Prozessperspektive sind in vielen Unternehmen bereits in Teilen erarbeitet worden, da in den Unternehmen in den vergangenen zehn Jahren zahlreiche Transformations- und Reengineering-Prozesse durchlaufen wurden. Neben den im Scorecard-Entwicklungsprozess definierten Kennzahlen können aus der bereits vorhandenen Kennzahlenbasis die strategisch relevanten Kennzahlen selektiert werden.

Lernen und Wachstum

Die Lern- und Wachstumsperspektive identifiziert diejenige Infrastruktur, welche die Organisation schaffen muss, um langfristig Wachstum und Wandel zu sichern. Die Kunden- und die interne Prozessperspektive identifizieren die für den gegenwärtigen und zukünftigen Erfolg bedeutendsten Faktoren. Es ist eher unwahrscheinlich, dass Unternehmen allein mit heutigen Technologien und Potenzialen langfristige Ziele in Bezug auf Kunden und interne Prozesse erreichen können. Diese Perspektive dient nicht nur allein zur Umsetzung der aktuellen Strategie, sondern schafft die Voraussetzungen für die zukünftige Wandlungsfähigkeit.

Jede lernende und wachsende Organisation hat drei Ursprünge: Menschen, Systeme und Prozesse. Die finanzwirtschaftlichen und internen Ziele sowie die Kundenziele einer Scorecard zeigen oftmals große Lücken auf zwischen den vorhandenen Potenzial an Menschen, Systemen und Prozessen und den zur Erbringung von Höchstleistungen notwendigen Faktoren. Um diese Lücken zu schließen, muss das Unternehmen in Weiterbildung, Wissensmanagement, Informationstechnologien und Systeme investieren und seine Prozesse damit in Einklang bringen.

Die auch als »Zukunftsperspektive« oder »Potenzialperspektive« genannte Perspektive kann z.B. folgende strategische Ziele beinhalten:

- Internationalität der Mitarbeiter erhöhen,
- Ausbildungsniveau der Mitarbeiter verbessern,
- Altersstruktur der Mitarbeiter verjüngen,
- Personalentwicklungsmodelle für Projekte entwickeln,
- IT-Know-how der Mitarbeiter kontinuierlich verbessern,
- Umsatz (Anteil am Gesamtumsatz) aus E-Commerce Anwendungen erhöhen,

und Kennzahlen entwickeln für z.B.

- Mitarbeiterzufriedenheit,
- Mitarbeiterloyalität,
- Firmentreue der Mitarbeiter,
- Durchschnittliche Zielerreichung der Objekte / Mitarbeiter (aus dem Anreizsystem),
- Umsatz/Mitarbeiter,
- Umsatzanteil, generiert aus neuen Produkten und Services,

Zufriedene, gut ausgebildete Mitarbeiter sind das wichtigste Kapital für moderne Unternehmen: »Knowledge is the only meaningful economic ressource [4]. Inzwischen ist bekannt, dass Wissen ein entscheidender Innovations-, Produktions- und Wettbewerbsfaktor ist. Für die besonderen Fähigkeiten sind die Mitarbeiter eines Unternehmens bzw. einer Organisation der ausschlaggebende Faktor. Schon längst werden astronomische Summen für Mitarbeiter mit kritischem Know-how in High-

Tech-Unternehmen bezahlt, die zum Wechsel ihres Arbeitsplatzes bereit sind. Der Wettbewerb um die »Brainies« ist inzwischen global. Mit anderen Worten: Das Know-how der Mitarbeiter und Wissensmanagement sind extrem wichtig geworden.

- ⇨ »Woher kommen gute, neue Ideen? – Das ist einfach... sie entstehen durch unterschiedliche Sichtweisen. Kreativität entspringt aus ungewöhnlichen Zusammenstellungen. Extrem unterschiedliche Sichtweisen kommen dann zusammen, wenn viele Altersgruppen, Kulturen und Disziplinen miteinander gemischt werden« (Nicholas Negroponte, Gründer und Direktor des MIT Media Lab)
- ⇨ Vertrauen entsteht letztendlich dann, wenn Führungskräfte ihren Mitarbeitern Respekt erweisen« (Jim O'Toole, Autor von Leading Change)
- ⇨ »Mein Ziel ist es, die Kapazitäten vollständig auszuschöpfen, die Menschen haben. Mit weniger gebe ich mich nicht zufrieden. Ich mache mich zum unermüdlichen Architekten des menschlichen Potenzials« (Benjamin Zander, Dirigent, Boston Philharmonic)

Die »weichen« Faktoren sind jedoch in zahlreichen Unternehmen nicht hinreichend repräsentiert. Diese stellen jedoch das »Betriebssystem« für die darüber liegenden Perspektiven dar. Leider liegen gerade in dieser Perspektive in der Realität sehr große Defizite. Da in den vergangenen fünf Jahren (und ein Ende ist leider noch nicht absehbar) in nahezu allen Branchen Fusionsprozesse aus unterschiedlichsten Gründen erfolgt sind, haben viele Unternehmen erhebliche Schwierigkeiten (vgl. Kasten).

Wie laufen zahlreiche Fusionen ab (... aus eigenen Erfahrungen auf den Punkt gebracht)?

- ⇨ **Schritt 1:** Die Ankündigung – danach liegen alle strategischen Themen für mindestens 1 bis 1,5 Jahre brach....Die Organisation steht praktisch.
- ⇨ **Schritt 2:** Bildung von Post-Merger-Teams – die Schlachten um die Positionen im neuen Unternehmen beginnen ... und dauern. Der

Kulturschock lähmt viele Mitarbeiter. (Der sogenannte Culture-Check & Fit- d.h die Frage, ob die Unternehmenskulturen zusammenpassen, wurde vorher natürlich nicht hinreichend berücksichtigt).
- Es gibt viele Sieger und noch mehr Verlierer!
- Gibt es einen Merger of Equals wirklich? Nein!

⇨ **Schritt 3:** Die Einsparungswellen (»Synergien«) beginnen:
- Standorte werden geschlossen
- Mitarbeiter, und vor allem sehr gute Mitarbeiter, von beiden ehemals selbständigen Unternehmen verlassen das neue Unternehmen
- Die ersten »verrückten« Großprojekte mit überdimensionalen Investitionen werden getätigt – obwohl vorher auf beiden Seiten gespart wurde.... (das halten nicht mehr alle aus – vor allem die Talente....)
- Erste Spin-Offs entstehen und sind die Auffangbecken für neue wirkliche Kreativität ...

⇨ **Schritt 4:** Die neue Firma kommt irgendwie zum Laufen und erste Strategien für einen mittelfristigen Zeithorizont werden erarbeitet

⇨ **Schritt 5:** Irgendwann entstehen vielleicht die erhofften Synergien? »Ich verstehe den Begriff Synergie bis heute nicht.« Nobuyuki Idei, Sony

»Die Komplexität des Versuchs, diese unterschiedlichen Unternehmen des Konzerns zu managen, nahm solch überwältigenden Ausmaße an, dass die Vorteile der Integration dagegen in den Hintergrund traten.« – Robert E. Allen, ehem. Chairman und CEO, AT&T
»Ich bin sicher, dass es irgendwo da draußen Erfolgsstories gibt – im Augenblick will mir aber keine einzige einfallen.«
und: »Firmen, die fusionieren, zerstören den Shareholder-Value. Das ist eine simple Tatsache.« Mark L. Sirower, Autor, The Synergy Trap

Aus der Sicht dieser Perspektive: Wann hört Fusiopoly auf?
Mit anderen Worten: Historisch und auch durch die Fusionsprozesse bedingt existieren in sehr vielen Unternehmen nur sehr wenige Grundlagen zur Bildung dieser weichen Kennzahlen. Durch die verschiedenen Fusionswellen wurden zudem hohe immaterielle Werte in den Unternehmen vernichtet.
Fazit: Balanced Scorecard in einem Projekt, z.B. für einen Unternehmensbereich während einer Fusion einzuführen, ist besonders schwierig – sogar mitunter nicht machbar!

Wie können die Informationssysteme abgebildet werden?
Informationssysteme können daran gemessen werden, ob kritische Informationen über wichtige Kunden und interne Prozesse zeitgleich an alle Mitarbeiter weitergegeben werden können. Heute gilt nicht mehr »IT follows Business«. Die Informationstechnologie kann eine besondere Fähigkeiten für ein Unternehmen bzw. eine Geschäftseinheit darstellen.

Durch die Informationstechnologie wird heute das Geschäftsmodell bestimmt. Viele Unternehmen führen sogenannte Customer-Relationship-Management-Systeme (Kundenbindungsmanagement-Systeme) ein. Weitere wichtige IT-Themen zur Unterstützung der Perspektive »Lernen und Wachtum« sind insbesondere:
- E-Learning,
- Wissensmanagement,
- und die effektive und effiziente Nutzung eines Intranets.

»Wo ist denn die Weisheit, die wir vor lauter Wissen verloren haben?«
»Wo ist denn das Wissen, was wir vor lauter Information verloren haben?«
– Thomas Elliot, Nobelpreisträger für Literatur –

Wie werden die Kennzahlen detailliert dokumentiert?

Der Dokumentationsaufwand für ein Balanced Scorecard-System ist nicht unerheblich. Es muss frühzeitig begonnen werden, genau zu definieren und zu beschreiben, was im einzelnen die Kennzahlen bedeuten und wie sie gemessen werden sollen. Ein Marktanteil für eine Unternehmensgruppe ist anders definiert, als für eine SGE, eine Region oder einen Profit-Center Verantwortlichen. Die Kennzahlen sind entlang der Management-Strukturen herunterzubrechen (vgl. Abb. 11).

Das Beispiel verdeutlicht den Aufwand und auch die notwendige Disziplin. Wird bei einer Kennzahl in einer Perspektive in einer höheren

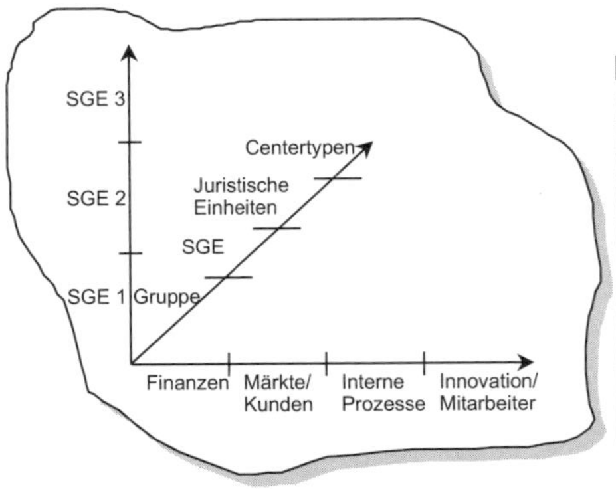

Die Kennzahlen müssen für die Perspektiven für die Management-Ebenen des Unternehmens definiert werden

Kennziffernebene	K 0	K 1	K 2	K 3.1	K 3.2	K 3.3
Betroffene Einheit	Konzern	SGE	Gesell-schaft	Profit Center	Service Center	Cost Center
Finanzen . . . . . Innovation/ Mitarbeiter						

..... und die Kennzahlen müssen detailliert beschrieben werden

Kennzahl	Kennziffern-ebene	Definition und Typ	Zielwert	Verknüpft mit	Erstellungs-frequenz	Owner sowie Ersteller	Empfänger	Daten-quelle	Daten-qualität	Zielvereinba-rungsfähigkeit	Bemer-kungen

Quelle: *E* C G

Abb. 11: *Die Struktur eines Balanced Scorecard-Kennzahlensystems ist mehrdimensional und aufwendig*

Tabelle 1: Beispiel	
Kennzahl:	Marktanteil für den Regionalbereich Berlin
Kennziffernebene:	K2«, Tochterfirma (in der Region Berlin, gehört zur SGE 4)
Definition/Typ:	Prozentualer Marktanteil (im Verhältnis zum Gesamtmarkt)innerhalb von 18 Berliner Bezirken, Typ: Ergebniskennzahl
Zielwert:	27 % insgesamt, d.h. 5 % Wachstum im Vergleich zur vorherigen Periode (überwiegend durch Cross-Selling und Abwerbung von Kunden der Konkurrenz, da Verdrängungswettbewerb herrscht)
Verknüpft mit:	– Umsatz (in der Finanzperspektive) – Neue Aufträge durch Cross-Selling in der Region Berlin (Kundenperspektive) – Neu akquirierte Kunden innerhalb der Region Berlin (Kundenperspektive)
Erstellungsfrequenz:	Jeweils zum Quartalsende
Owner/Verantwortung:	Vertriebsleiter der Region Berlin (geht auch beim SGE-Leiter ein)
Ersteller:	Vertriebscontroller in Berlin
Empfänger:	Vertriebsleiter, Vertriebsmitarbeiter, Geschäftsführung der Berliner Firma sowie SGE-Leiter
Datenquelle:	SAP-R/3, Modul SD sowie Branchenreport »XLS«, der monatlich per Download via Internet abrufbar ist
Datenqualität:	Z.Z. noch nicht in der richtigen Qualität verfügbar, deshalb noch kein Kandidat für ein Anreizsystem
Zielvereinbarungsfähig:	Wird in das Anreizsystem frühestens ab dem nächsten Quartal übernommen. Zielwerte sind dann neu vorzugeben für die Vertriebsleitung und die Vertriebsmitarbeiter. – Übernahme ins Planungssystem der Gruppe – SGE-Leiter vereinbart mit seinen Vertriebsleitern – Die Vertriebsleiter führen dann Zielvereinbarungsgespräche mit den Vertriebsmitarbeitern
Bemerkungen:	– Betriebsrat ist ab März zu integrieren – Zugriff zum SAP-Modul SD ist neu zu definieren – Verträge mit Mitarbeitern sind anzupassen

Unternehmensebene die Erstellungsfrequenz auf »quartalsweise« gesetzt, so hat dies Auswirkungen auf damit verknüpfte Kennzahlen innerhalb einer Ursache-Wirkungsbeziehungskette. Die Ursache-Wirkungsbeziehungen liegen »quer« zu den Scorecards der verschiedenen organisatorischen Einheiten, d.h. eine Ursache-Wirkungsbeziehung kann Verknüpfungen innerhalb einer Perspektive, zwischen verschiedenen Perspektiven und verschiedenen Scorecard-Ebenen vorweisen.

Gefahren im Umgang mit Kennzahlen

»What you can´t measure you can´t manage« klingt zwar einleuchtend, jedoch verbergen sich dahinter verschiedene Gefahren:

⇨ Eine zu einfache Darstellung in den oft beschriebenen Cockpits vereinfacht zu stark die Zusammenhänge und gibt die reale Komplexität der Ursache-Wirkungszusammenhänge nicht angemessen wieder. Fehlsteuerungen und daraus resultierende Fehlentwicklungen können hierbei die Folge sein.

⇨ Der Zwang zur Operationalisierung der strategischen Ziele hin zu Ergebniskennzahlen und Leistungstreibern mit jeweiligen Zielwerten kann zu einem eher unkritischen Umgang mit ihnen führen und anstatt z. B. angemessene Skalierungsniveaus zu definieren (nominal, ordinal und kardinal), wird unter Umständen ein möglichst hohes – kardinales – Skalierungsniveau ausgewählt, auch wenn dies nicht gerechtfertigt ist. Ein strategisches Ziel könnte sein, das Kundenbindungsmanagement zu verbessern.

⇨ Überfrachtung der BSC durch existierende Kennzahlensysteme im Umfeld: In der Vergangenheit wurden in vielen Unternehmen Kennzahlensysteme bereits eingeführt. Die Grundgedanken dafür resultieren aus zahlreichen Systemen, die im Zeitverlauf entwickelt wurden, z. B. DuPont, ZVEI, RL). Zudem haben die Unternehmen bereits Einführungswellen von MIS-Systemen hinter sich. Diese bereits existierenden Kennzahlensysteme, können nur dann in das BSC-Konzept integriert werden, sofern ein Bezug der Kennzahlen zur Strategie herstellbar ist.

Die existierenden Systeme sollten dann jedoch unbedingt bereinigt werden. Mitunter liegen zu viele Kennzahlen und –systeme in den verschiedenen Unternehmensbereichen vor, die wiederum von den eigentlichen strategischen Zielen und Problemstellungen ablenken. Jedes Kennzahlensystem soll seinen konkreten Zweck erfüllen!
Das BSC-Kennzahlensystem muss hier »entwirren« und auflösen und darf nicht ein weiterer Beitrag zum Kennzahlenlabyrinth darstellen. Das BSC-System muss als übergeordnetes strategisches Berichts- und Planungssystem aufgebaut werden.

Herunterbrechen der Balanced Scorecard im Unternehmen

Das »Herunterbrechen« bzw. das Festlegen eines Entwicklungspfades oder einer Balanced Scorecard-Karte bzw. Mappe über die zu entwikkelnden Scorecards für das Unternehmen oder die Organisation ist eine der herausfordernden Aufgaben. Neben den bereits innerhalb des Unternehmens verankerten Organisationsstrukturen werden durch die spätere Erarbeitung von Ursache-Wirkungs-Beziehungsketten neue Zuständigkeiten, Abhängigkeiten und auch Schwachstellen aufgezeigt. Daraus können mitunter aufbauorganisatorische Konsequenzen resultieren.

Für welche Organisationseinheiten und in welcher Tiefe innerhalb dieser Einheiten ist das Balanced Scorecard-System zu entwickeln (d.h. wieviele Scorecards und für wen?) Dies ist eine der ersten Aufgaben im Balanced Scorecard-Konzeptprojekt.

Durch Ursache-Wirkungsbeziehungen Strategien operationalisieren

Die Bildung der Ursache-Wirkungsbeziehungen löst mehrere Fragestellungen:

⇨ »Wie« können die Strategie und die strategischen Ziele operrationalisiert und heruntergebrochen werden?

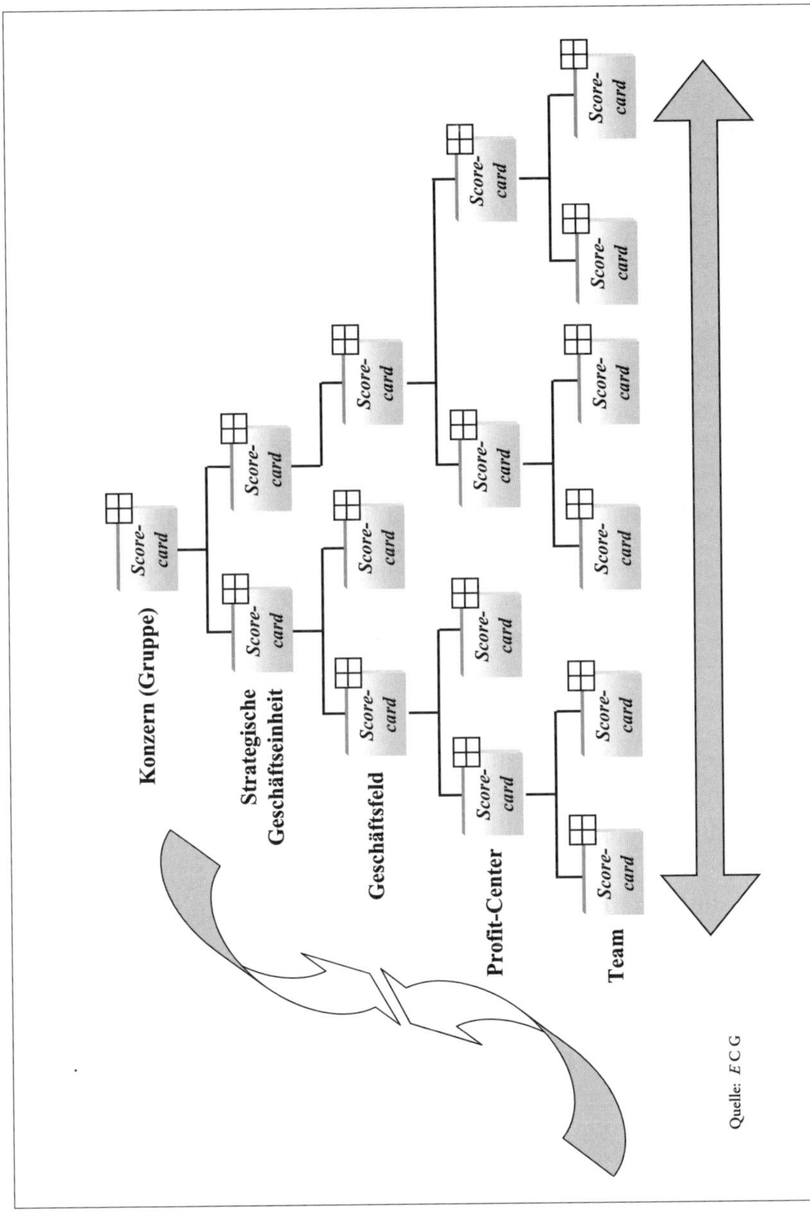

Abb. 12: *Innerhalb eines Unternehmens sind Scorecards zu entwickeln und abzustimmen*

⇨ »Wie« können Strategie und strategische Ziele messbar und beeinflussbar dargestellt werden?

Die Entwicklung der Ursache-Wirkungsbeziehungen ist neben der Bildung der Leistungstreiber der kreativste Teil in einem Balanced Scorecard-Projekt.

Die Ursache-Wirkungsbeziehungen stellen das Hypothesensystem zur Strategie dar. Die Ursache-Wirkungsbeziehungen lassen sich sprachlich am einfachsten durch »wenn-dann« Aussagen beschreiben. Dies sei

> »A Strategy is a set of hypothesis about cause and effect. ....
>
> A properly constructed scorecard should tell the story of the business unit´s strategy through such a sequence of cause-and-effect relationships«
>
> Every measure selected for a Balanced Scorecard should be an element of a chain of cause-and-effect relationships that communicates the meaning of the business unit´s strategy to the organization«
>
> (Kaplan/Norton, 1996, S. 149)

an den folgenden Beispiele zur Veranschaulichung von Ursache-Wirkungsbeziehungen und -ketten verdeutlicht:

⇨ Wenn die Mitarbeiterskills verbessert werden, dann werden die Kompetenzen und die Motivation der Mitarbeiter erhöht;

⇨ Wenn die Mitarbeiter mehr Zugriff auf Informationen und IT-Systeme erhalten, dann steigt die Mitarbeitermotivation und Zufriedenheit;

⇨ Wenn die Mitarbeiterkompetenzen, -motivation und -zufriedenheit erhöht werden, dann akquirieren die Vertriebsmitarbeiter neue Kunden und die Cross-Selling-Umsätze werden erhöht;

⇨ Durch den höheren Deckungsbeitrag pro Kunde wird das Gesamtergebnis des Unternehmens verbessert.

Allein dieses Beispiel verdeutlicht folgende Konsequenzen

- ⇨ Zwischen einer Ursache und dem Eintreten einer daraus erwünschten (vermuteten) Wirkung kann mitunter ein erheblicher Zeitraum (»Time Lag«) bestehen. Zudem kann eine Ergebniskennzahl wiederum eine Leistungstreiber- oder Ergebniskennzahl der nächsthöheren Perspektive beeinflussen.
- ⇨ Ursache-Wirkungsbeziehungen bilden eine Verkettung von Hypothesen, welche im Idealfall von den finanziellen Zielen bzw. den höchstrangigen Zielen der obersten Perspektive in der obersten Scorecard bis runter zu den Leistungstreibern in die unterste Scorecard mit den darin enthaltenen Leistungstreibern münden.
- ⇨ Die Identifikation der richtigen Ursache-Wirkungsbeziehungen ist ein kreativer Prozess. Er beschreibt letztendlich, wie ein strategisches Ziel zu erreichen ist und es innerhalb eines Unternehmens innerhalb der Organisation verankert ist. Es kann der Beitrag und die Verbindung einzelner Ursachen am strategischen Zielen dargestellt werden. Einzelne Mitarbeiter oder Teams können somit erkennen, was sie zu den strategischen Zielen beitragen.
- ⇨ Die Ursache-Wirkungshypothesen sollten pragmatisch durch Linien und Pfeile zwischen den betroffenen Kennzahlen dargestellt werden.

Die Ursache-Wirkungsbeziehungen können also sowohl innerhalb einer Perspektive z. B. der Kundenperspektive vorliegen, z.B.

- ⇨ »Die Erhöhung der Kundenzufriedenheit (Leistungstreiber) führt zu einer Erhöhung des Marktanteils (Ergebniskennzahl)«,

als auch zwischen zwei Perspektiven innerhalb einer Scorecard

- ⇨ »Die Erhöhung des Marktanteils (Ergebniskennzahl der Kundenperspektive) führt zur Erhöhung des Ergebnisses aus den gewöhnlichen Geschäftstätigkeiten«,

als auch zwischen zwei Scorecard-Ebenen vorliegen, z. B.

- »Die Erhöhung des Marktanteils in der Region Berlin führt zur Erhöhung des Marktanteils der SGE 2«.

In der Praxis ist das Herausarbeiten dieser Ursache-Wirkungsbeziehungen ein mühseliger Prozess. Diese Ursache-Wirkungsbeziehungen können weder untereinander, noch zwischen verschiedenen Perspektiven und auch nicht zwischen verschiedenen Scorecard-Ebenen einfach »hochkumuliert« werden (ist nur in Einzelfällen möglich).

Ursache-Wirkungsbeziehungen sollten pragmatisch entwickelt werden

Die Übernahme von Ursache-Wirkungsbeziehungen aus allgemeinen empirisch erarbeiteten betriebswirtschaftlichen Erkenntnissen empfiehlt sich nicht, weil eher in der Ausnahme ein sinnvoller Zusammenhang zur Übersetzung und Vermittlung der Strategie des konkreten Unternehmens dabei herauskommt. Der praktische Wert solcher theoretisch erarbeiteten Erkenntnisse dürfte bescheiden sein.

Ursache-Wirkungsbeziehungen, die sich nach einfachen mathematischen Mustern (wie z. B. beim DuPont-Kennzahlensystem) hochkumulieren, lassen sich in der praktischen Erarbeitung der Beziehungen kaum herleiten. Hier ist gesunder Pragmatismus gefordert und die Konzentration auf rein qualitative Zusammenhänge. Die Hinterlegung von Formeln oder das Herausarbeiten vernetzter Strukturen zwischen den Beziehungen (Matrix von Frederic Vesper) benötigt in der Praxis zuviel Zeit und empfiehlt sich daher nicht.

Die Ursache-Wirkungsbeziehungen verändern sich im Laufe der Zeit, die Hinterlegung von Formeln bringt eine überzogene Komplexität in den Scorecard-Entwicklungsprozess hinein.

Um eine unsachgemäße Komplizierung zu verhindern, ist den Vermarktungsbestrebungen verschiedener Berater als auch den Bestrebungen mancher firmeninterner »Philosophen« entgegenzuwirken! Es empfiehlt sich, im Scorecard Entwicklungsprozess die Ursache-Wirkungsbeziehungen lediglich qualitativ aufzuzeigen und auf Formeln zu verzichten. Eine Kausalität zwischen Ursache-Wirkungsbeziehungen sollte jedoch erarbeitet werden, andernfalls führt eine zu pragmatische

Vorgehensweise ohne kausale Begründung nicht zur Operationalisierung der Strategie.

Im Idealfall sollten die Ursache-Wirkungsketten von den Ergebniskennzahlen der Finanzperspektive, der höchsten Scorecard des Unternehmens, bis runter zu der Leistungstreiber Perspektive »Lernen und Wachstum« in der untersten Scorecard-Perspektive sein. Solche Ketten würden die Strategie bestens visualisieren und jeden Einzelnen in der Kette besonders motivieren. Nur die Zeit bis zur vollständigen Entwicklung aller Ursache-Wirkungsketten würde zu lange dauern. Die Strategie wäre längst nicht mehr gültig.

Der logische Prozess strategischer Zielsetzungen und Prioritäten, strategischer Ergebnisse und ihrer Leistungstreiber führt i. d. R. zu neuen Prozessanforderungen und Prozessen.

Integration in die Management-Prozesse

Nachdem die verschiedenen Scorecards für die unterschiedlichen Organisationseinheiten, Teams und Mitarbeiter entwickelt wurden, muss die Scorecard, d.h. die strategischen Ziele, Ergebniskennzahlen und Leistungstreiber mit ihren Zielwerten und den dazugehörigen Maßnahmen in die verschiedenen Management-Prozesse integriert werden. Gelingt dies nicht, besteht die Gefahr, dass die entwickelten Scorecards mit den darin enthaltenen Kennzahlen zu einem bloßen, dem Selbstzweck dienenden Kennzahlensystem degenerieren.

Der Operationalisierungsprozess hat gleichzeitig eine Überprüfung der Strategie und Rückwirkungen zur Folge. Der gesamte übergeordnete Managementprozess gliedert sich in vier Hauptphasen, für die die Balanced Scorecard das übergeordnete Rahmenwerk darstellt (vgl. Abb. 13):

- ⇨ Klärung und Vermittlung (einschließlich Konsensfindung) von Vision und Strategie (sowie strategischen Zielen);
- ⇨ Kommunikation und Verknüpfung von persönlichen Zielen und Bereichszielen mit der Gesamtstrategie;

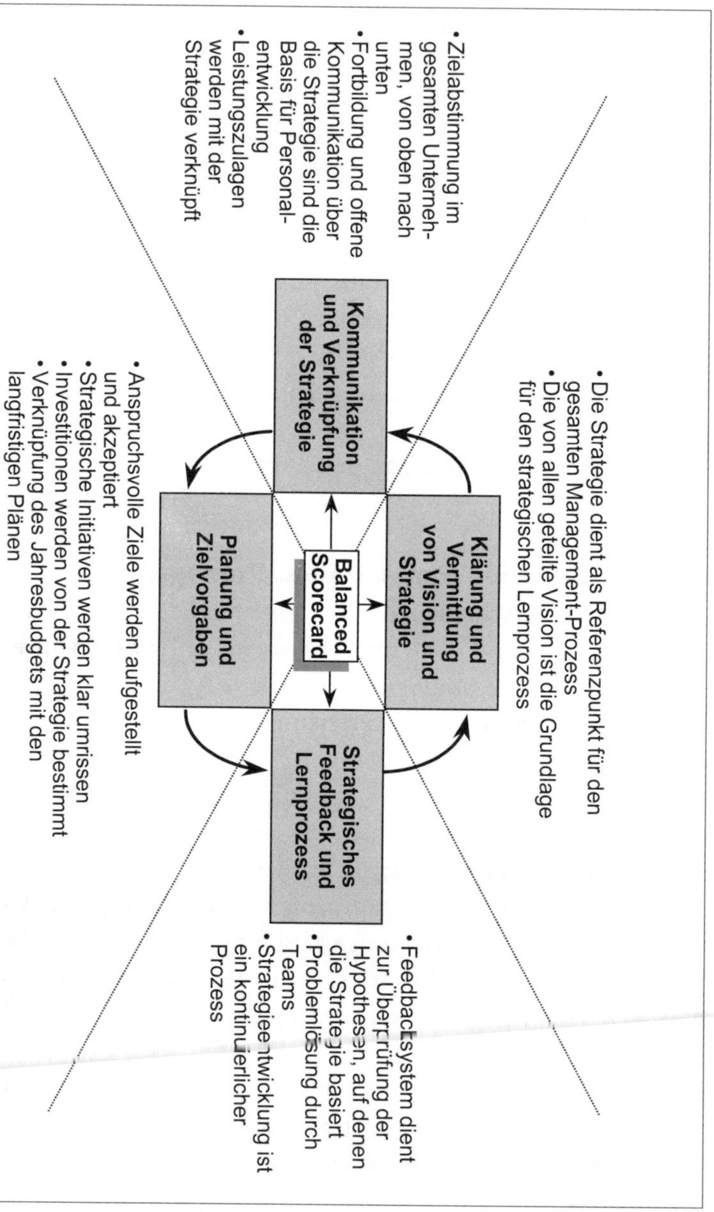

Quelle: *Kaplan & Norton, S. 197*

Abb. 13: *Balanced Scorecard als Managementsystem für die Strategieumsetzung*

⇨ Planung und Festlegung der Zielvorgaben, einschließlich Abstimmung;
⇨ Feedback und Lernprozess.

Diese Phasen bilden einen durch Feedback geschlossenen Kreis, so dass ein Prozess des organisatorischen Lernens aus den gesammelten Erfahrungen eingeführt wird.

Die verschiedenen Scorecards sind also in die verschiedenen Management-Prozesse zu integrieren. Es lassen sich folgende Typen von Management-Prozessen unterscheiden:

⇨ Strategische Management-Prozesse:
- Strategieentwicklung
- Kommunikation der Strategie
- Integration der Scorecard-Ziele und Kennzahlen in Anreizsysteme
- Unternehmensplanung
- Strategische Initiativen und Projekte (korrigieren etc.)
- Einholung von Feedback über die Strategie

⇨ Kernleistungsprozesse zur Erfüllung der eigentlichen Unternehmensaufgaben, z.B.
- Marketing & Vertriebsprozesse
- Auftragsabwicklung
- Produktion
- Logistikprozesse
- Innovationsmanagement-Prozesse

⇨ Den übergeordneten Prozess zur Integration des Balanced Scorecard-Programms in das strategische Management-System und in die Kernleistungsprozesse. Hierfür ist ein Owner/Verantwortlicher notwendig.

Die Kommunikation der Strategie und die Integration der Scorecard-Ziele und Kennzahlen in Anreizsysteme dienen zur einheitlichen Zielausrichtung der Handlungsträger im Unternehmen.

Einheitliche Zielausrichtung der Handlungsträger

Die Balanced Scorecard soll zur einheitlichen Zielausrichtung der Handlungsträger im gesamten Unternehmen bzw. der gesamten Organisation durch drei Wirkungsmechanismen beitragen:
- Kommunikations- und Weiterbildungsprogramme
- Aus der Balanced Scorecard abgeleitet: Ziele für Teams und einzelne Handlungsträger sowie
- Integration von Zielen und Kennzahlen in Anreizsysteme.

Kommunikations- und Weiterbildungsprogramme
Alle Mitarbeiter und Manager müssen die Strategie und das notwendige Verhalten begreifen. Durch die Scorecards wird die Strategie fassbar gemacht. Es sind Kommunikations- und Informationsprogramme zu entwickeln und Feedback-Mechanismen aufzubauen.

Hierin besteht jedoch ein Gefahrenpotenzial: Bei Strategien, die nach üblichen Mustern beschrieben sind, ist es nahezu ungefährlich, wenn Informationen über die Strategie nach außen gelangen. Wenn eine gut entwickelte Scorecard nach außen zu Wettbewerbern gelangt, kann sich der Wettbewerb auf die Strategie einstellen. Die Mitarbeiter werden bestmöglich informiert, lernen die Vision und Strategie kennen und teilen. Sie lernen ferner in Feedbackprogrammen, diese durch Feedback weiterzuentwickeln (»Einladung an die Mitarbeiter zur Strategiediskussion und kontinuierlichen -entwicklung«). Dieser Zielkonflikt, interne offene Kommunikation vs. Geheimhaltung gegenüber dem Wettbewerb, bleibt jedoch bestehen.

Bereits während der Kommunikationsoffensive in den verschiedenen Sitzungen sollte Feedback eingeholt werden. Der Verantwortliche für die kontinuierliche Nutzung und Weiterentwicklung der Balanced Scorecard im Tagesbetrieb sollte möglichst an allen Sitzungen über Kommunikation und Feedback teilnehmen. Dadurch soll sichergestellt werden, dass im Unternehmen bzw. der Organisationseinheit ein einheitliches Verständnis über das Balanced Scorecard-Programm entwikkelt wird. Ziel ist es, dass sich die Mitarbeiter in ihrem Bewusstsein strategieorientiert verhalten und vor allem die Vision verstehen. Sie sollten eine Eigendynamik entwickeln, am Strategieentwicklungsprozess mitzuwirken. Dieser Prozess sollte umfassend und kontinuierlich erfolgen – durch Marketingveranstaltungen über die Strategie.

Verknüpfung der Balanced Scorecard mit Zielen

Wie kann man es am besten schaffen, dass sich ein ganzes Unternehmen auf die Balanced Scorecard ausrichtet? Eine alte Weisheit anwenden: »Was bewertet wird, wird auch erledigt«. Eine noch härtere Weisheit besagt: »Was bezahlt wird, wird noch besser erledigt«. Die Konsequenz für die Umsetzung der Balanced Scorecard im gesamten Unternehmen ist die Integration durch:

- ⇨ Übertragung der Strategie in Zielsetzungen für Teams und den einzelnen Mitarbeiter.
- ⇨ Management-by-Objectives-Programme. Sie sollten mit den Zielvorgaben und Kennzahlen einer BSC verknüpft werden.

Die Zielsetzungen und Zielwerte von ausgewählten Kennzahlen der Scorecards sind in Anreiz- und Vergütungssysteme der einzelnen Mitarbeiter zu übertragen.

Aber vorsichtig! Es handelt sich um Ursache-Wirkungshypothesen. Werden die falschen Hypothesen in Anreizsysteme integriert, erfolgt eine Fehlentwicklung. Werden Zielwerte für Kennzahlen zu früh, d.h. ohne hinreichende Erfahrungsbasis über die Kennzahlen, in Anreizsysteme integriert, führt dies ebenfalls zu einem Rückschlag in der Einführung führen.

Kritische Ressource: Der Process-Owner

Kritischer Prozess bei der Integration der Balanced Scorecards in die Management-Prozesse ist der übergeordnete Prozess zur Integration des Balanced Scorecard Programms in die strategischen Management-Systeme und die Kernleistungsprozesse. Allein das strategische Managementsystem (alle strategischen Management-Prozesse) hat in der Praxis verschiedene Zulieferer innerhalb eines Unternehmens. Dazu gehören u.a. der

- Leiter für strategische Planung,
- Leiter Personalwesen,
- Leiter Finanzen,
- Leiter Controlling,
- Leiter M&A (Mergers and Aquisition),
- Leiter IT

Keine dieser Leitungsfunktionen ist mit einem hundertprozentig geeignetem Profil für den »Betrieb Gesamtsystem der Balanced Scorecard« ausgestattet. Beispiele: Der Leiter strategische Planung ist vom operativen Geschäft zu abgehoben, der Leiter der IT ist oftmals zu wenig in strategische Themen involviert, etc.

Aber es muss einen Prozessowner und Prozessabwickler geben. Für diese gilt:

⇨ *Prozess-Owner:* Der strategische Management-Prozess muss in der persönlichen Leitung der CEO und der Unternehmensführung liegen

⇨ *Prozessabwickler:* Eine andere Person, die an den CEO oder die Unternehmensführung direkt berichtet

Die Integration des Balanced Scorecard-Kennzahlensystems in die Management-Prozesse (strategisches Management-System und Kernleistungsprozesse) ist eine Top-Management-Aufgabe.

Wichtig ist, dass der Prozessabwickler, auch Change-Agent genannt, für ein Balanced Scorecard-Projekt bereits vor dem eigentlichen Beginn eines Balanced Scorecard Projektes sorgfältig ausgewählt und festgelegt werden muss. Erst danach sollte mit dem Design des Projektes begonnen werden. Der Prozessabwickler ist für die Integration der Balanced Scorecard in das strategische Management-System und die Kernleistungsprozesse verantwortlich. D.h. er muss Fähigkeiten aus all diesen

Bereichen mitbringen und eine allgemein hohe Anerkennung im Unternehmen bzw. der Organisation genießen (z.B. die intellektuelle Vaterfigur). Daraus resultiert auch die Schwierigkeit für das Auffinden dieser Person. Oftmals ist es ein Talent mit außergewöhnlichen Perspektiven im Unternehmen, z.B. mit späterer Option, bei guter Entwicklung im Vorstand oder in der Geschäftsführung oder -leitung später mitzuwirken. Es muss eine innerhalb des Unternehmens voll akzeptierte Person sein! Ist diese Person nicht verfügbar, besteht die Gefahr, dass die entwickelte Balanced Scorecard zu einem bloßen Kennzahlensystem degeneriert. Es wird sich ein Führungsvakuum zwischen dem Kennzahlensystem einerseits und den dazugehörigen Management-Prozessen anderseits einstellen.

Erst durch die ständige Überwachung der Scorecard-Kennzahlen, die ständige Kommunikation und Diskussion in allen Management-Prozessen, kann erreicht werden, dass sich Balanced Scorecard als ein lebendiger Organismus im Unternehmen entwickelt und andere Unternehmensbereiche dies als nachhaltig positives Management-System erkennen und bei sich auch einführen wollen. Der Prozessabwickler ist also extrem wichtig.

Balanced Scorecard muss sich hin zu einem lebendigen Organismus entwickeln und wie ein Virus weiterverbreiten

Entscheidungen nach der Erreichung von Scorecard-Zielen treffen

Die Frage lautet: Wie können die erarbeiteten Balanced Scorecards für die unterschiedlichen organisatorischen Bereiche sofort, d.h. unmittelbar nach deren Festlegung und Kommunikation in das Unternehmen bzw. die Organisation, genutzt werden?

Um ein Projekt - in welchem Bereich auch immer – ad hoc aufzusetzen oder eine Investitionsentscheidung für ein wichtiges Objekt sofort oder kurzfristig zu treffen werden nicht mehr die »alten« Entscheidungskriterien,

⇨ die oftmals durch finanzielle Kriterien und operative Nutzenkriterien dominiert werden, oder
⇨ gar Machtverhältnisse im Unternehmen bzw. einer Organisation widerspiegeln,

herangezogen, sondern das Vorhaben bzw. Projekt wird danach einzig und allein danach bewertet, was es zu den Zielen einer Scorecard (in der jeweiligen organisatorischen Einheit) beiträgt!

⇨ Beispiel einer Firma, die im Sicherheits- und Messtechnikbereich Produkte herstellt: Die strategische Geschäftseinheit »Schutzprodukte« muss ein Projekt durchführen mit einem geplanten Budget von 500.000,- DM. In diesem Projekt sind Beiträge zu den Zielen der SGE-Scorecard zu leisten. Die Nutzenpotenziale sind nach drei Kategorien zu bewerten:
– Beitrag zu den strategischen Zielen, d.h. was trägt das Projekt zur Zielerreichung der Scorecard-Perspektiven bei
– wirtschaftlicher Beitrag
– zeitliche Dimension und die benötigten Ressourcen.

In ein Projektmanagement-System sind neben wirtschaftlichen Kriterien auch strategische Kriterien im Sinne der Erreichung der Scorecard-Ziele als Bewertungsdimension mit zu integrieren. Diese Bewertungskriterien können sowohl bei der Entscheidung für ein Projekt als auch im späteren Life-Cycle beobachtet werden. Einzelne Scorecards können also sofort im Tagesgeschäft als Entscheidungsbasis mit herangezogen werden.

Hilfe bei der Konkretisierung der Unternehmensplanung

Die Führungskräfte, strategischen Planer und auch die Betroffenen der Umsetzung werden zu den Umsetzungsproblemen hingeführt und sensibilisiert. Erfolge und auch Mißerfolge lassen sich strategischen Verantwortungsbereichen klar zuordnen. Mit dem Balanced Scorecard-Entwicklungsprozess, der Strategieübersetzung in strategische Ziele, Kennzahlen die durch Ursache-Wirkungsbeziehungen verknüpft sind sowie den daraus abgeleiteten Projekten und Maßnahmen entsteht Druck in die Ebenen der Unternehmensplanung hinein. Die strategische Planung muss konsistent heruntergebrochen werden bis in die operative Planung!

Eine Balanced Scorecard übt also auch auf die strategischen Unternehmensplaner einen Handlungs- und Leidensdruck aus: Zu allgemein formulierte Strategien halten den Anforderungen der Balanced Scorecard nicht stand – durch den Zwang zur Konkretisierung der strategischen Aussagen und Ziele erfolgt eine Kontrolle und Hinterfragung der Strategie. Die Strategie muss eindeutig sein, die Prämissen werden hinterfragt, und die Inkonsistenzen werden aufgedeckt. Die strategische Planung kann damit operationalisiert und überführt werden in die operative Planung. Es besteht in der Diskussion innerhalb der strategischen Planung der Zwang, die Ziele, Kennzahlen und Maßnahmen zu überprüfen. Die Verknüpfungen der strategischen Ziele innerhalb und zwischen den Perspektiven und auch Scorecards, die entwickelten Ursache-Wirkungsbeziehungen sowie die daraus abgeleiteten Projekte und Maßnahmen werden im Scorecard-Entwicklungsprozess explizit herausgefordert in den regelmäßigen Diskussionsprozessen.

Es muss gelingen, das strategische Programm in ein operatives Programm mit konkreten Maßnahmen und Verantwortlichkeiten zu übersetzen. Nur dann ist eine effiziente Verfolgung von Maßnahmen *und Messgrößen* möglich. Dies ist eine zusätzliche Qualität zur reinen Maßnahmenverfolgung.

Feedback – Strategie und Lernen

Mit diesem Prozess sollte nicht nur der Erfüllungsgrad der gesteckten Ziele überprüft werden, sondern auch die gesteckten Ziele selbst kritisch hinterfragt werden.

Beim Herunterbrechen der Scorecard und der Entwicklung der Leistungstreiber und Ursache-Wirkungsbeziehungen bedeut dies eine Überprüfung der Annahmen und Hypothesen, die zur Festlegung der

Die Balanced Scorecard in die Unternehmensplanung integrieren

Scorecards können die existierenden Planungsparameter im Unternehmensplanungssystem für das Folgejahr und auch für andere Zeithorizonte ergänzen. Je nachdem »was« für die Folgeperioden im Zuge der Unternehmensplanung vorgesehen ist, kann eine Erweiterung durch ausgewählte Kennzahlen als Planungsparameter erfolgen. Im Beispiel der ALBA-Gruppe (vgl.»Das neue Planungssystem der Alba-Gruppe – Dezentrale Strukturen erfordern mehr Transparenz) wurde das Planungssystem erweitert um aussagefähige Kennzahlen aus den verschiedenen Balanced Scorecard-Perspektiven. In das Planungssystem können so sukzessive aussagefähige Kennzahlen als Planungsparameter integriert werden.
Aus Unternehmenssicht ist Balanced Scorecard das übergeordnete System, das »Leitsystem«, zur Steuerung aller Management-Prozesse. Die Kunst ist es, den idealen Zeitpunkt für die Integration der Balanced Scorecard-Kennzahlen in die Management-Prozesse und damit auch in die Unternehmensplanung zu finden. Dies führt zur folgenden Frage: Wann ist ein idealer Startzeitpunkt, um mit einem Balanced Scorecard-Projekt zu beginnen? Das Balanced Scorecard-Projekt kann zeitlich sequentiell oder unabhängig zu/von den Unternehmensplanungsprozessen durchgeführt werden.

Sequentiell zu den Unternehmensplanungsprozessen:
Das Balanced Scorecard-Projekt liegt zeitlich sequentiell zur Unternehmensplanung, dies bedeutet, erst das Balanced Scorecard-Projekt durchführen und danach die Kennzahlen in die Unternehmensplanung inhaltlich (Planungsparameter, Portfoliomethode) integrieren um in der zeitlich nachfolgenden Unternehmensplanung darauf aufzusetzen.
Das Balanced Scorecard-Projekt benötigt in diesem Fall genügend zeitlichen Vorlauf.

Unabhängig von den Unternehmensplanungsprozessen:
Das Balanced Scorecard-Projekt ist zeitlich entkoppelt von den Prozessen zur Unternehmensplanung, d.h. das Balanced Scorecard-Projekt wird zeitlich so durchgeführt, dass es unabhängig davon ist, wann zeitlich die Prozesse zur Unternehmensplanung durchgeführt werden. Das Projekt beginnt einfach ohne Berücksichtigung von zeitlichen Restriktionen und Meilensteinen des Planungskalenders für die Unternehmensplanung. Es kann also sein, dass zufällig zeitlich parallel zum Balanced Scorecard-Projekt die Unternehmensplanung für die Folgeperioden durchgeführt wird. In diesem Fall kann während des

Balanced Scorecard-Projektes entschieden werden, ob ein inhaltlicher Abgleich während des Projektes mit der Unternehmensplanung erfolgen sollte. D.h. es wird ein »Übergabe-« bzw. »Integrationsteam« (Vgl. das Beispiel in diesem Buch »Die Alba-Gruppe) gebildet mit dem Ziel, ausgewählte Kennzahlen aus dem Balanced Scorecard-Projekt, die in hinreichender Qualität bereits verfügbar sind, als Planungsparameter für die Unternehmensplanung für die Folgeperiode zu verwenden.
D.h. der Startzeitpunkt für ein Balanced Scorecard-Projekt hängt mitunter von den Prioritäten und Ressourcen des Unternehmens ab. Des Weiteren können Scorecard-Inhalte, d.h. die strategischen Ziele in den Scorecard-Perspektiven, in die Portfolio-Verfahren der Unternehmensplanung integriert werden. Findet die Planungsrunde statt und die Beteiligten der Planung haben für alle Projekte und Vorhaben ihre Planungen für die Folgeperiode durchgeführt, dann werden mitunter die Projekte und Vorhaben noch in Portfolios überführt und es werden ggf. Projekte gestrichen. Die Portfolios können folgende Bewertungsdimensionen haben:

- Den Beitrag zu den strategischen Zielen,
- den wirtschaftlichen Beitrag sowie
- die zeitliche Dimension und die benötigten Ressourcen.

Der strategische Beitrag eines Projektes kann auch hier in seinen Bewertungsdimensionen untergliedert werden nach den vier Perspektiven und den darin enthaltenen strategischen Scorecard-Zielen. Für die Zielerreichung der strategischen Ziele in den Scorecard-Perspektiven sollte dann eine Metrik (z.B. von 1 bis 6) festgelegt werden. Jedes Projekt ist dann nach der strategischen Zielerreichung in den einzelnen Scorecard-Perspektiven zu bewerten und in das Portfolio-Verfahren zu übernehmen.

Strategie und strategischen Ziele getroffen wurden. Auch ist zu überprüfen, ob die aufgestellten Abhängigkeiten in der angenommenen Intensität und zeitlichen Verzögerung eingetreten sind oder vielleicht überhaupt nicht bestehen. Ändern sich die Rahmenbedingungen oder müssen die Abhängigkeiten überarbeitet werden, so muss auch die Scorecard daraufhin angepasst werden. Auch eine Änderung der Strategie kann erforderlich sein.

Durch dieses iterative Vorgehen können die Strategie und die Balanced Scorecard kontinuierlich an die tatsächlichen Bedürfnisse angepasst werden. Damit kann auch auf Marktveränderungen und auch auf Änderungen in anderen Rahmenbedingungen reagiert werden.

Ein guter Indikator dafür ist insbesondere, wenn sich die Anzahl der Strategiemeetings im Senior Management nach einer Balanced Scorecard-Einführung deutlich erhöht und sich die Themen in diesen Meetings tatsächlich um die strategischen Issues des Unternehmens handeln.

Die Rolle des Controllers – Die Balanced Scorecard liefert die Werkzeuge!

Controlling hat in den vergangenen Jahren einen grundlegenden Wandel erlebt: Von der »Kontrolle« im Sinne des misstrauischen Aufpassens und Nachprüfens zum »Coaching« der agierenden Führungskräfte. In den nächsten Jahren muss der Wandel noch weitergehen, denn die verschiedenartigen Controlling-Aufgaben, z.B. Marketing-Controlling, F&E-Controlling, Produktions-Controlling, Logistik-Controlling, Vertriebs-, Personal-, IT-, Qualitäts- und Finanz-Controlling – müssen zusammenkommen. Die Controlling-Sichtweise und Arbeitsweise muss eine funktionsübergreifende, prozessorientierte Sicht werden.

Das Prozess-Controlling ist ein erster wichtiger Schritt in diese Richtung, denn hierdurch wird das Führungsbewusstsein von der funktionalen hin zu einer funktionsübergreifenden Gesamtleistung gelenkt, zum Zusammenwirken von Marketing, F&E, Produktion, Logistik, Vertrieb, Personalentwicklung und Finanzen bei der Erhöhung des Kundennutzens und der Produktivität. Die Rolle des Controllers muss dazu über die eines »Coaches« hinausgehen.

Der strategische Controller ist als interner Berater und Moderator zu verstehen. Seine Aufgabe wird zunehmend sein, den Verantwortlichen einzelner Zuständigkeitsbereiche immer wieder bewusst zu machen, wie ihr Verhalten andere Zuständigkeitsbereiche betrifft und wie sie im Gesamtmodell ihres Unternehmens oder ihres Geschäftsbereichs zu Leistungsfähigkeit und Zukunftssicherung beitragen.

Er muss vor allem raus aus dem Blickwinkel eines »Zahlenschiebers« oder »Budgetverwalters«. Das Aufzeigen, was die einzelnen Unternehmensbereiche leisten, wird durch die Anwendung des Scorecard-Ansatzes sichergestellt. Der Controller muss die Scorecard mit ihren Instrumenten nutzen, denn mit dem Balanced Scorecard-Projekt und dessen Integration in die Management-Prozesse (Unternehmensplanung, Portfolio-Verfahren, Entscheidungen i.S. der Scorecord-Zielerreichungen treffen, etc.) werden dem Controller die Werkzeuge für seine zukünftigen Aufgaben gegeben.

Wie Ray Stata, einer der führenden Denker des organisationalen Lernens, sagt:
»Control is an illusion – compelling in the short term, but unachievable in the long term. If we keep organizational learning in mind as a goal of information systems design, then we are more likely to generate the information and knowledge that managers need to take effective action« [25]

Literatur

[1] BRUHN, M. UND DAHLHOFF (HRSG.): *Effizientes Kommunikationsmanagement. Stuttgart 1993*

[2] BUNGARTEN, T. (HRSG): *Unternehmensidentität. Corporate Identitity. Betriebswirtschaftliche und kommunikationswissenschaftliche Theorie und Praxis. Tostedt 1993*

[3] DIERKES, M./VON ROSENSTIEL, L./STEGER, U.: *Unternehmenskultur in Theorie und Praxis. Konzepte aus Ökonomie, Psychologie und Ethnologie. Frankfurt/Main/New York 1993*

[4] DRUCKER, P.: *Managing in a Time of Great Change, Seite 54, New York 1995*

[5] DRUCKER, P.: *Umbruch im Management, Düsseldorf 1996.*

[6] FINK, C. A./GRUNDLER, C.: *Strategieimplementierung im turbulenten Umfeld, in: Controlling, 10. Jg. (1998), Heft 4, S. 226-235.*

[7] FRIEDAG, H. R., SCHMIDT, W., *Balanced Scorecard – Mehr als ein Kennzahlensystem, Haufe Verlag,*

[8] FENKART, P. UND WIDMER, H.: *Corporate Identity, Leitbild, Erscheinungsbild, Kommunikation. Zürich und Wiesbaden, 1987*

[9] Herbst, D.: *Corporate Identity. Berlin 1998*

[10] Horvath & Partner – *Balanced Scorecard umsetzen, Schäffer Verlag Stuttgart 2000*

[11] Horváth, P., Kaufmann, L., *Balanced Scorecard - ein Werkzeug zur Umsetzung von Strategien, in: HARVARD BUSINESS manager 5/1998: S. 39 - 48*

[12] Horvath, P.; Mayer, R., *Prozesskostenrechnung - Der neue Weg zu mehr Kostentransparenz und wirkungsvolleren Unternehmensstrategien, in: Controlling, 1. Jg. (1989), Heft 4, S. 214 - 219.*

[13] Kaplan, R. and Norton, D., *The Balanced Scorecard: Translating Strategy Into Action, Harvard Business School Press, Boston, 1996*

[14] Kaplan, R. and Norton, D., *»The balanced scorecard - measures that drive performance«, Harvard Business Review, January-February 1992, pp. 71-79*

[15] Kaplan, R. and Norton, D., *»Putting the balanced scorecard to work«, Harvard Business Review, September-October 1993, pp. 134-142*

[16] Kaplan, R. and Norton, D., *»Using the balanced scorecard as a strategic management system«, Harvard Business Review, January-February 1996a, pp. 75-85*

[17] Kotler, P.; *Marketing, München 1999, S. 17, Econ Verlag*

[18] Mintzberg, H.: *Strategy Safari – Eine Reise durch die Wildnis des strategischen Managements - Zehn Denkschulen der Wettbewerbsstrategie vergleichend dargestellt, durchdacht und tiefgründig kritisch kommentiert. Ausgezeichnete Übersicht anhand »Denkschulen«, Ueberreuter, 1999*

[19] Mountfield, A., *Balanced Scorecard als Mittel zur Strategieumsetzung – Mit fünf Fragen zum Erfolg, in: is-report 4/99: S. 18 – 25*

[20] Pawlowski, P./Reinhardt, R.: *Ein integrierter Ansatz zur Gestaltung organisationaler Lernprozesse, in: Dr. Wieselhuber & Partner (Hrsg.): Handbuch Lernende Organisation, Wiesbaden 1997.*

[21] Peters, T.: *Der Innovationskreis – Ohne Wandel kein Wachstum – Wer abbaut, verliert, ECON Verlag, 1997*

[22] Sommerlatte, T. / Wedekind, T., *»Leistungsprozesse und Organisationsstruktur', in: Arthur D. Little (Hrsg.), «Management der Hochleistungsorganisation», Wiesbaden, 1990*

[23] Simons, R.: *Levers of Control: How Managers use Innovative Control Systems to Derive Strategic Renewal, Boston 1995.*

[24] STATA, R., *»Organizational Learning - The Key to Management Information«; in: Sloan Management Review, Spring 1989, S. 63-74*

[25] WEBER, J. u. SCHÄFFER, U.: *Balanced Scorecard & Controlling – Implementierung – Nutzen für Manager und Controller – Erfahrungen in deutschen Unternehmen, 2. Auflage, Gabler Verlag, 2000*

[26] WEBER, J., SCHÄFFER, U., *Balanced Scorecard - Gedanken zur Einordnung des Konzepts in das bisherige Controlling-Instrumentarium, in: Zeitschrift für Planung (1998) 9 : S. 341 - 365*

Internet-Adressen zum Thema Balanced Scorecard

⇨ www.bscol.com/
The Balanced Scorecard Collaborative –
Das zentrale BSC-Organ von Kaplan und Norton

⇨ www.balancedscorecard.org/
The Balanced Scorecard Institute – US-amerikanische Seite zur BSC (v.a. für non-profit organizations)

⇨ www.balancedscorecard.com/index.asp
The Balanced Scorecard Technology Council – Community rund um die Balanced Scorecard und ihre Umsetzung (Initiiert von Gentia)

⇨ www.scorecardsuite.com/main.htm –
The Official Balanced Scorecard Technology Council web site

⇨ www.balanced-scorecard.de/
(und mitglied.tripod.de/balancedscorecard/) Balanced Scorecard Portal - Deutsches Portal zur BSC

⇨ www.balancedscorecard.de
Unternehmensberatung »Friedag Consult«

Der Einführungsprozess – Die Kunst liegt in der gelungenen Implementierung

So wie bei vielen Management-Themen liegt auch die Kunst bei einem Balanced Scorecard-Programm in einer gelungenen Implementierung. Das ursprüngliche Problem einer effizienten Strategieumsetzung verlagert sich auf die wirkungsvolle Einführung der Balanced Scorecard. Die Umsetzung ist eine klassische Projektaufgabe, die je nach Ressourcen des Unternehmens von einer eigenen Projektgruppe oder mit externer Unterstützung wahrgenommen werden kann.

MARTIN G. BERNHARD

Voraussetzungen und Erfolgsfaktoren

Vor und während der Balanced Scorecard-Implementierung sind zentrale Fragen zu beantworten:

- ⇨ Tritt das Top-Management gemeinsam und voll für die Umsetzung der Strategie und strategischen Ziele ein?
- ⇨ Sind die kulturellen und organisatorischen Voraussetzungen gegeben?
- ⇨ Welche Perspektiven müssen unternehmens- bzw. organisationsspezifisch gebildet und entwickelt werden?
- ⇨ Wie sieht die Struktur der zu entwickelnden Scorecards entlang der organisatorischen Ebenen aus (Gesamtarchitektur der zu entwickelnden Scorecards)?
- ⇨ Werden max. 14 bis 20 strategische Ziele und eine überschaubare Anzahl von Kennzahlen für jede Scorecard (Gesamtunternehmen, Teilkonzern, Division, Abteilung) verwendet?
- ⇨ Besitzen alle Kennzahlen strategische Relevanz?
- ⇨ Sind die Kennzahlen richtig beschrieben?

⇨ Sind alle Ursache-Wirkungsbeziehungen eindeutig, klar und durchgängig?
⇨ Erfolgt eine wirkungsvolle Integration in die Management-Prozesse (z.B. Unternehmensplanung, Anreizsysteme, strategisches Feedback einholen)?

Viele Unternehmen führen Scorecard-Programme ein, ohne die notwendigen Voraussetzungen dafür zu erfüllen. Dies führt in der Regel zu Scorecard-Lösungen, die lediglich weitere, mehr oder weniger gut aufgebaute Kennzahlensysteme hervorbringen. In schlimmeren Fällen entsteht nur ein Konzeptpapier. Die nachfolgenden Voraussetzungen, deren Erfüllung geprüft werden müssen, lassen sich in vier Kategorien untergliedern (vgl. Abb. 1):

1) Unternehmenskultur
- offene Unternehmenskultur
- Motivationskultur und organisatorische Reife

2) Vision und Strategie müssen vorhanden sein
- Top-Management Committment über die strategischen Zielsetzungen des Unternehmens

3) Das Top-Management muss den Sinn eines Balanced Scorecard-Programms verstehen
- kein zusätzliches Kennzahlensystem
- BSC = Operationalisierung der Vision und Strategie und Einführung neues Management-System
- die BSC endet nicht mit dem Konzeptprojekt =>> BSC = dauerhaftes System!

4) Professionelles Projektmanagement
- Owner, Vorstand, Geschäftsführer oder Leiter der SGE als Auftraggeber
- interner Change Agent (für das Konzept- und Umsetzungsprojekt)
- ansonsten entsteht ein Führungsvakuum zwischen Kennzahlensystem u. Management-Prozessen
- Gefahr der Degeneration zu einem Kennzahlensystem
- Methoden-Know-how durch einen Moderator sicherstellen
- Projektteam aus Führungskräften (mit zeitlicher Verfügbarkeit)
- Projektmarketing & Kommunikation

Quelle: *E* C G

Abb. 1: *Voraussetzungen für die Durchführung eines Balanced Scorecard-Programms*

I. Unternehmenskultur
II. Inhaltliche Voraussetzungen
III. Gemeinsames Verständnis im Top-Management über den Sinn des Balanced Scorecard-Programms
IV. Professionelles Projektmanagement

I. Unternehmenskultur

Eine Balanced Scorecard kann nur eingeführt werden, wenn im Unternehmen bzw. in der Organisationseinheit die entsprechende »organisatorische Reife« und eine offene Unternehmenskultur vorhanden sind.

Um ein Balanced Scorecard-Programm einzuführen,

– muss eine Vertrauenskultur gelebt werden und
– eine gegenüber dem Projekt positiv eingestellte und
– eine auf Motivation ausgerichtete Unternehmensführung vorhanden sein.

Mit einer solchen Unternehmenskultur ist es möglich, in der gesamten Organisation über das Paket »Strategie« zu diskutieren und dieses Paket auch auf Dauer weiterzuentwickeln.

Nicht geeignet für die Einführung einer Balanced Scorecard sind

⇨ sehr hierarchisch gewachsene und strukturierte Unternehmen, die sehr stark durch Kontrollen geführt werden, deren Mitarbeiter Angst vor Fehlern haben und daher misstrauisch gegenüber ihrem Umfeld und insbesondere gegenüber ihren Vorgesetzten reagieren.
⇨ sehr autoritär geführte Eigentümerbetriebe, in denen das Wissen über die Strategie beim Eigentümer und bei wenigen Mitarbeitern konzentriert und »gebunkert« wird. In diesem Fall ist es zwecklos, eine Balanced Scorecard in der Unternehmensführung zu entwickeln und in diesem kleinen Führungskreis »geheim« zu halten. Die Vision und Strategie der Organisation würde nicht umgesetzt werden. Das Management muss das Paket Vision, Mission und Strategie für die Organisation und Mitarbeiter »freigeben« und bereit sein, über

Strategien mit Mitarbeitern und Teams offen zu diskutieren, um auch wertvolles Feedback über die Strategie zu erhalten.

II. Inhaltliche Voraussetzungen

Der Ausgangspunkt einer Balanced Scorecard sind die strategisch wettbewerbsrelevanten Perspektiven und die darin zu bildenden strategischen Zielsetzungen. Dies bedeutet im Einzelnen:

⇨ Es ist eine klare Definition des Bezugsbereichs des Balanced Scorecard-Projektes (z.B. eine Geschäftseinheit, eine Region, ein interner Unternehmensbereich oder ein strategisch wichtiges und komplexes Projekt) notwendig.

⇨ In einem Balanced Scorecard-Projekt wird nicht eine Strategie entwickelt, vielmehr setzt Balanced Scorecard auf der Vision und der Strategie auf. Um mit einem Balanced Scorecard-Projekt beginnen zu können, muss ein einheitliches Verständnis und Committment des Top-Managements bzw. der für die Strategie Verantwortlichen vorliegen. Ausgangspunkt für die Formulierung der strategischen Ziele können mitunter auch die im Unternehmenssprachgebrauch so genannten »Business Drivers« eines Unternehmens sein. Dabei handelt es sich um eine Liste von strategischen Erfolgsfaktoren und Zielen für das Geschäft.

⇨ Um die Strategie wirkungsvoll umzusetzen, sollte bereits vor einem Scorecard-Projekt eine Kundensegmentierung vorliegen. Für die einzelnen Kundensegmente sollten die zu vermittelnden Wertangebote für die Kunden vorliegen. Sonst werden die Scorecard-Kennzahlen für diese Perspektive zu allgemein.

⇨ Kreative Entwicklung und Auswahl von Kennzahlen, welche
- die Vision und Strategie vermitteln
- die entsprechende Wahl der Leistungstreiber und Identifikation der Ursache-Wirkungsbeziehungen ermöglichen
- die Kennzahlen müssen messbar und beeinflussbar sein

⇨ Die Ausgewogenheit der Kennzahlen muss sichergestellt sein, d.h. die Kennzahlen müssen untereinander ausbalanciert sein:
- Finanzielle und nicht-finanzielle Kennzahlen
- Ex-post und Ex-ante Kennzahlen
- Kurz-, mittel- und langfristige Kennzahlen
- Ergebniskennzahlen und Leistungstreiber

⇨ Bei der Entwicklung der Scorecards für die verschiedenen Organisationseinheiten, Teams und Mitarbeiter sollten vorhandene Management-Ansätze und bereits entwickelte Kennzahlen(-systeme) mit berücksichtigt und – soweit strategisch relevant – in die Scorecards integriert werden. Das Balanced Scorecard-Programm steht nicht in Konkurrenz zu bestehenden Führungsmethoden wie TQM, Benchmarking oder einer regelmäßigen Selbstbewertung. Balanced Scorecard ist im Vergleich zu den anderen Ansätzen der übergeordnete Rahmen, deshalb sollten diese anderen Ansätze den Scorecard-Perspektiven zugeordnet werden.

⇨ Die Kennzahlen müssen Ownern (Verantwortlichen) zugeordnet werden. Die Owner müssen die Ziele und Kennzahlen beeinflussen können, um damit die Akzeptanz für die Einführung sicherzustellen. Nach einer gewissen Erprobungszeit von mitunter bis zu zwölf Monaten können dann die Kennzahlen nach sorgfältiger Auswahl in Zielvereinbarungs- und Vergütungssysteme integriert werden.

III. Gemeinsames Verständnis im Top-Management über den Sinn des Balanced Scorecard-Programms

Das Top-Management muss die Notwendigkeit für die Einführung einer Balanced Scorecard erkennen. Es muss verstehen, dass ein Balanced Scorecard-Programm zu einem neuen Management-System führt und zu einer neuen Unternehmenskultur.

Um das Verständnis beim Top-Management zu vertiefen, ist es mitunter angebracht, vor dem Balanced Scorecard-Projekt einen Vertiefungstag über die inhaltliche Einführung und den dahinterliegenden Aufwand durchzuführen. Damit wird sichergestellt, dass die Top-Manager einerseits über ein gemeinsames Verständnis verfügen und sich anderseits auch über den Aufwand bewußt sind.

Das Top-Management muss mit dem Balanced Scorecard-Programm ein Signal und eine Einladung für die Mitarbeiter verknüpfen. Die Mitarbeiter müssen sich dazu angeregt fühlen, bei der Strategieentwicklung mitzuwirken, um ihre Ideen einzubringen, die Strategieentwicklung mitgestalten zu können und diese auch weiter kommunizieren zu dürfen.

Beim Top-Management muss ein inhaltliches Grundverständnis über folgende Punkte vorliegen:

- ⇨ Die Balanced Scorecard ist mehr als bloß ein zusätzliches Kennzahlensystem.
- ⇨ Das Balanced Scorecard-Programm dient zur Operationalisierung der Vision und Strategie
- ⇨ Ein Balanced Scorecard-Programm endet nicht mit dem Konzeptprojekt. Mit dem Balanced Scorecard-Programm wird dauerhaft ein neues Management-System eingeführt
- ⇨ Nötig ist die Einführung von Feedback-Prozessen und Systemen über die Strategie – der innovativste Aspekt am Balanced Scorecard-Programm – um das Know-how der Mitarbeiter über die Vision und Strategie und das Balanced Scorecard-Projekt zu erfahren und zu nutzen. Das Feedback ist zugleich wichtig für die Weiterentwicklung der Strategie. Nur so kann die Organisation und jeder einzelne Mitarbeiter innerhalb derselben erfahren, ob das Balanced Scorecard-System auch tatsächlich »gelebt« wird.

IV. Professionelles Projektmanagement

Ein Mitarbeiter aus dem Top-Management (Vorstand, Geschäftsführung, Leiter der Organisationseinheit etc.) muss sich als Sponsor, als Owner des Balanced Scorecard-Programms, für das Projekt einsetzen und es in allen Phasen – bis hinein in die höchsten organisatorischen Ebenen – fördern. Im Unternehmen sollte deshalb ein »starker« Vorstand, Geschäftsführer bzw. Leiter einer Organisationseinheit das Programm fördern. Daneben muss ein sogenannter »Change Agent« als operativer Verantwortlicher das Balanced Scorecard-Programm durchführen – gemeinsam mit einem professionellen Projektteam.

Die Rolle des Change Agents sollte idealerweise ein Talent mit Managementfähigkeiten aus der Organisation übernehmen, der hohes Ansehen genießt. Der Change Agent sollte eine »Vater- und Leitfigur« im Unternehmen bzw. der Organisationseinheit darstellen. Er sollte verantwortlich sein für das gesamte Balanced Scorecard-Programm, von der Entwicklung und Verknüpfung der Scorecards untereinander bis hin zur Integration in die Management-Prozesse. Ein Balanced Scorecard-Programm ist damit mitunter sehr stark an Führungs- und Leitfiguren einer Organisation gebunden.

Folgende projektorganisatorische Voraussetzungen müssen vorliegen:

- ⇨ Die Projektteamstruktur muss ein Kernteam und mehrere Subteams umfassen. Das Kernteam leitet das Projekt und muss für die Zeit der Einführung des Balanced Scorecard-Programms von der täglichen Arbeit freigestellt sein. Es entwirft gemeinsam mit dem Top-Management den Projektplan, bereitet die Workshops vor und steht mit ihm über die Projektlaufzeit in engem Kontakt, um über die Ergebnisse und den weiteren Verlauf des Projektes zu berichten.
- ⇨ Balanced Scorecard betrifft das gesamte Unternehmen bzw. die Organisationseinheit. Es muss also die Akzeptanz und das Verständnis hierfür überall gefördert werden! Die Eigenverantwortlichkeit der Mitarbeiter muss durch Einbeziehung in die Entwicklung der Scorecards gefördert werden. Die Strategieinhalte, Scorecards und Maßnahmen müssen unternehmensweit kommuniziert werden. Dies bedeutet auch, dass die Verantwortung für die Entwicklung der Scorecards von Untereinheiten an die jeweilige Leitung der Einheiten und an die jeweilig zuständigen Management-Ebenen übertragen

wird. Der Change Agent und sein Projektteam müssen diese Prozesse begleiten und steuern.

⇨ Projektmarketing muss bereits frühzeitig im Konzeptprojekt beginnen und später aufrecht erhalten werden, z.B. durch Hinterlegung der Balanced Scorecard-Kennzahlen als Reports im Intranet. Zudem sollte eine regelmäßige Kommunikation (in Newslettern und anderen Medien) und Diskussion des Projektstandes in Meetings in allen Management-Ebenen erfolgen. Themeninhalte sind die jeweiligen

- strategischen Ziele
- Kennzahlen und Zielwerte (mit Ampelsignalen zu verfolgen d.h. je nach Zielerreichungsstatus werden Farben verteilt: Z.B. Rot bedeutet Ziel ist nicht erreicht, Grün bedeutet Zielwert ist erreicht etc.)
- Umsetzungsstände der einzelnen Maßnahmen

⇨ Nicht nur Vision, Mission und Strategie müssen den Mitarbeitern verständlich nahe gebracht werden. Sie müssen den Mitarbeitern im Unternehmen auch anschaulich gemacht und an sie verkauft werden. Hervorzuheben bei der Kommunikation der Scorecards verschiedener Organisationsebenen sind die Ursache-Wirkungsbeziehungsketten. Damit wird die persönliche Bindung einzelner Mitarbeiter, Teams und Organisationseinheiten zur Strategie aufgezeigt und die Strategie visualisiert.

⇨ Die Management-Runden sollten auch als regelmäßige Feedback-Runden genutzt werden. Die entwickelten Scorecards sind nicht statisch, sondern sie ändern sich im Zeitverlauf genauso wie sich Strategien und die Bedingungen zur Lösung der Strategien ändern.

⇨ Die Scorecards müssen auf dem neuesten Stand überführt werden, um die aktuellen Strategien und Randbedingungen abzubilden. Hierin liegt eine weitere große Herausforderung in der Umsetzung und der Aufrechterhaltung des Systems. Dieser Prozess ist wichtiger als ein technokratischer Kennzahlenentwicklungsprozess. Die Strategieentwicklung und –kommunikation müssen einen höheren Stellenwert haben als die Pflege von nicht mehr strategiekonformen Kennzahlen in aufwendigen IT-Anwendungen. Deshalb ist eine einfache IT-Lösung (Spreadsheet-Lösung oder ein IT-Tool mit guten Visualisierungsfunktionen) besser als so manches teure Angebot großer Softwareanbieter!

Wann sollte ein Balanced Scorecard-Programm nicht eingeführt werden?

Ein Balanced Scorecard-Programm bedeutet einen nicht unerheblichen Einführungs- und Pflegeaufwand. Selbst wenn also die eben erwähnten Voraussetzungen erfüllt sind, rechtfertigen einige Situationen die Einführung eines Balanced Scorecard-Programms nicht:

- ⇨ Das Balanced Scorecard-Programm dient nur als ein weiteres Kennzahlensystem – hierfür wäre der Aufwand für die Einführung und den Betrieb viel zu hoch. Mitunter degeneriert ein Balanced Scorecard-System nach der Einführung zu einem Kennzahlensystem oder die Betonung lag beim Implementierungsprozess zu stark bei der Entwicklung der Kennzahlen. Der Erfolg eines Balanced Scorecard-Programms ist stark an Personen geknüpft. Fehlt beispielsweise der Change Agent oder wird er später ersetzt, kann auch dies zu einer Degeneration hin zu (nur) einem Kennzahlensystem führen.
- ⇨ Die Balanced Scorecard soll nur als ein weiteres Leistungsmessungssystem verwendet werden.
- ⇨ Das Unternehmen möchte zwar in einem Unternehmensbereich ein Balanced Scorecard-Programm durchführen, befindet sich aber noch in einem »instabilen« Zustand. Wenn z.B. nach einer Fusion zweier Unternehmen in einem Unternehmensbereich ein Scorecard-Programm eingeführt werden soll, aber ...
  - wichtige Schlüsselpositionen noch neu besetzt werden müssen
  - es von Zeit zu Zeit noch wichtige strategische Änderungen gibt
  - die Schlüsselpersonen für das Projekt zu stark in anderen Themen involviert sind
  - die Organisationsstrukturen noch modifiziert werden.
- ⇨ Das Top-Management hat das Balanced Scorecard-Programm quasi angeordnet. Das Balanced Scorecard-Programm dient im obersten

Führungskreis mehr oder weniger nur zur Selbstrechtfertigung. Die unterste organisatorische Einführungsebene für Scorecards sind immer noch obere Führungsmitarbeiter im Unternehmen, z. B. Hauptabteilungsleiter, Bereichsleiter oder auch Direktoren. Die Mitarbeiter bis hin zu den Führungsmitarbeitern – z.B. Niederlassungsleitern – haben selbst vom Balanced Scorecard-Programm überhaupt nichts gehört.

Fünf Phasen für eine erfolgreiche Einführung

Die Einführung eines Balanced Scorecard-Programms ist insbesondere für größere Unternehmen und Organisationseinheiten ein aufwendiges Verfahren mit einem Katalog von Projektvoraussetzungen. Im Folgenden werden zwei Implementierungsverfahren dargestellt. Das inzwischen schon traditionelle Implementierungsmodell, bestehend aus fünf Phasen, in Anlehnung an Horváth & Partner, sowie eine vereinfachte Version für die Einführung einer Balanced Scorecard in kleinen und mittelständischen Unternehmen sowie in kleineren Service-Einheiten. Der Name für dieses Einführungsprogramm ist »Balanced Scorecard Light« (»A solution for a small unit«).

Die Einführung eines Balanced Scorecard-Programms kann in Anlehnung an Horváth & Partner [1] in folgenden fünf Projektphasen, nach Klärung der Voraussetzungen für die Durchführung eines Balanced Scorecard-Programms, durchgeführt werden (vgl. Abb. 2):

– Phase 1: Strategische Grundlagen klären

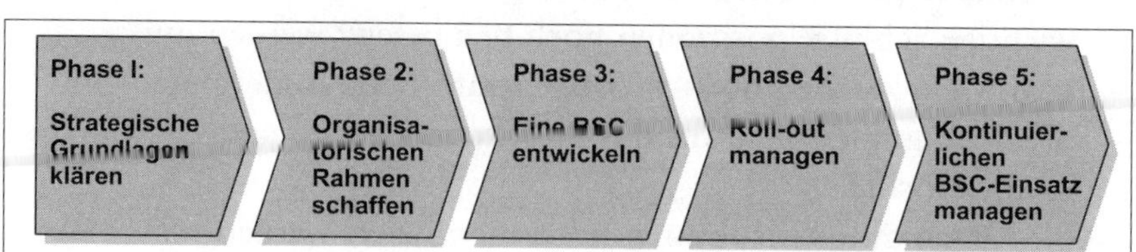

Abb. 2: *Die fünf Phasen des Horváth & Partner-Modells zur Implementierung von Balanced Scorecards*

- Phase 2: Organisatorischen Rahmen schaffen
- Phase 3: Eine Balanced Scorecard entwickeln
- Phase 4: Roll-out managen
- Phase 5: Kontinuierlichen Balanced Scorecard-Einsatz sicherstellen

Phase eins: Strategische Grundlagen klären

In Phase eins geht es darum, das vorhandene Strategieverständnis auszuloten und zu analysieren sowie das Committment zur Vision und Strategie im Management zu hinterfragen. In dieser Phase ist dazu das vorhandene Datenmaterial zur Vision, Mission und Strategie zu analysieren und beim Top-Management in Interviews zu hinterfragen. Zentrale Frage ist hier, ob ein gemeinsames Committment zu den strategischen Stoßrichtungen (z.B. Expansion nach Japan, Akquisition von Firmen im Wert von 1,5 Mrd. DM in Südasien zur Vertriebs- und Produktionserweiterung etc.) vorliegt. Aus der Strategie und den darin enthaltenen strategischen Stoßrichtungen müssen sich die strategischen Ziele ableiten lassen. Es geht primär um das Committment zu den strategischen Stoßrichtungen, auf deren Basis die strategischen Ziele zu entwickeln sind.

Die Einzelinterviews mit dem Senior-Management und mit den ausgewählten Playern (Schlüsselpersonen) im Unternehmen werden vom Kernteam zunächst ausgewertet und in Form eines Katalogs aus strategischen Zielen aufbereitet. Dieser Zielkatalog sollte die wichtigsten strategischen Ziele und Kennzahlen in einer Rangfolge enthalten. Oftmals besteht bereits hier schon ein weiterer wichtiger Abstimmungsbedarf über die Prioritäten bei den strategischen Zielen. Zusätzlich sollten in dem Protokollbogen Zitate der befragten Personen aufgenommen werden, um die Ziele und Kennzahl noch besser zu erläutern und für die gemeinsamen Workshops zu visualisieren. Die Hinterfragung und Aufbereitung der Vision und Strategie, den strategischen Zielsetzungen und Prioritäten sowie den ersten Kennzahlen kann in einem ersten Workshop mit dem Senior-Management erfolgen.

Bereits in der Phase eins stellt sich oftmals die Frage, ob von Beginn des Projektes an eine IT-Lösung eingesetzt und mitentwickelt werden sollte. Die Antwort lautet: Nein! In solch hochkarätigen Projekten geht es um die Strategieentwicklung und -umsetzung, die Führungsmitarbeiter des Unternehmens bzw. der Organisation sollten hier nicht mit IT-Themen konfrontiert werden.

Ergebnis dieser Phase sind:

- Bestimmung der strategischen Ziele
- Ermittlung der Prioritäten der strategischen Ziele

Phase zwei: Organisatorischen Rahmen schaffen

Die Entwicklung des organisatorischen Rahmens beinhaltet folgende zwei Kernfragestellungen:

Festlegung der konzeptionellen Spielregeln, nach denen Balanced Scorecard innerhalb des Unternehmens bzw. der Organisation in den einzelnen Einheiten eingeführt werden soll:

- Was ist genau der Projektbezugsbereich für das Balanced Scorecard-Programm innerhalb des Unternehmens, der SGE oder der Service-Einheit?
- Wird BSC nur innerhalb einer bestimmten Region eingeführt?
- Wird BSC innerhalb einer SGE nur bei den »Mehrheitstochterfirmen« eingeführt?
- Gehören die Service-Einheiten innerhalb der SGE (Informationstechnologie, Personalwesen, Rechnungswesen etc.), zum Projektbezugsbereich dazu?
- Welche Perspektiven sind zu wählen, d.h. welche Perspektiven sind die wirklich strategisch wettbewerbsrelevanten Scorecard Perspektiven?
- Wie soll jede einzelne Scorecard dokumentiert werden?
- In welcher Form und Tiefe werden die Ursache-Wirkungsketten beschrieben?

- Spielregeln zum Projektmanagement über Projektorganisation, Projektablauf und Projektmarketing sind festzulegen.

⇨ Kritische Erfolgsfaktoren und zu beachtende ungeschriebene Regeln für das Projekt sind zu beachten:

- Wer sind die Schlüsselpersonen für die Workshops?
- Wer sind die kritischen Know-how-Träger?
- Wie sollte kommuniziert werden?

⇨ Scorecard-Grundarchitektur bzw. Entwicklungsmappe: Für welche Organisationseinheiten und bis zu welcher Entwicklungstiefe innerhalb der Einheit (bis zu den Teams oder Mitarbeitern) sind Scorecards zu entwickeln?

- Werden Scorecards parallel, top-down zur bestehenden Organisationsstruktur entwickelt oder
- werden die Scorecards für die einzelnen Leistungs- und Supportprozesse entwickelt?
- Werden Scorecards bis zur Team- oder bis zur Mitarbeiterebene entwickelt?
- Welche Organisationseinheit könnte als Piloteinheit für die Implementierung herangezogen werden?

Ergebnisse dieser Phase sind:

- Ein Überblick über den Projektbezugsbereich des Balanced Scorecard-Programms innerhalb des Unternehmens, der SGE oder der Service-Einheit
- Die Scorecard-Perspektiven
- Dokumentationsregeln
- Projektmanagement und kritische Erfolgsfaktoren für das Projekt
- Die Scorecard-Entwicklungsmappe
- Ggf. ein Pilotbereich für die Implementierung

Phase drei: Eine Balanced Scorecard entwickeln

Auf Basis der Ergebnisse aus den Phasen zwei und drei ist die Balanced Scorecard zu entwickeln. Für jede Scorecard der Grundarchitektur bzw. Scorecard-Mappe sind im einzelnen folgende Schritte durchzuführen:
- Konkretisierung der strategischen Ziele
- Verknüpfung der strategischen Ziele durch Ursache-/Wirkungsbeziehungen
- Auswahl der Kennzahlen (Ergebniskennzahlen und Leistungstreiber)
- Festlegung der Zielwerte für die Kennzahlen
- Festlegung der Maßnahmen

Innerhalb dieser fünf Schritte ist die Entwicklung der strategischen Ziele der wichtigste Punkt. Aus den strategischen Zielen sind die Kennzahlen zu entwickeln, welche letztendlich die strategischen Ziele in die gewünschte Richtung lenken sollen. Die strategischen Ziele und Kennzahlen sollen zu nachhaltigen, lang andauernden Wettbewerbsvorteilen führen. Die strategischen Ziele sollten mittel- bis langfristigen Charakter haben. Z.B. Reduzierung der Durchlaufzeiten um 25% innerhalb von drei Jahren. Quellen für eine erste Festlegung von Zielwerten für die einzelnen Kennzahlen sind:
- Interne Erfahrungen
- Benchmarks
- Branchenstudien
- Kunden- und Mitarbeiterbefragungen

In jedem Scorecard-Tableau sollten ca. 14 bis 20 Ziele, verteilt auf alle Perspektiven, enthalten sein. Dies ist für alle Scorecards der Grundarchitektur bzw. Scorecard-Mappe durchzuführen.

Bis zum Ende der Phase drei sind ca. vier bis fünf Projektmonate für das Kernteam und temporär für die Untergruppen erforderlich.

Fehler in der Struktur und Auswahl der Kennzahlen:

⇨ Bei der Struktur und Auswahl der Kennzahlen gilt es typische Fehler zu vermeiden. Folgendes sollte beachtet werden: Nicht-finanzielle Standard-Kennzahlen zu ergänzen genügt nicht, z.B. wenn einfach zu viele »Spätindikatoren« gebildet werden

⇨ Spätindikatoren vermitteln an die Mitarbeiter nicht, was konkret zu tun ist. Dies kann z.B. durch die Wahl der richtigen »Sprache« für die jeweiligen Adressaten sichergestellt werden. Würde man Kundenorientierung z.B. in Geldeinheiten messen, entspricht dies nicht der »Sprache und dem Verständnis zur Umsetzung« der dahinterliegenden Logistik. Die Anzahl fehlerfreier Lieferungen, Lieferzeiten, der Anteil verspäteter Lieferungen, Reklamationen etc. fördern dagegen die Operationalisierung der Strategie besser und damit auch die Akzeptanz innerhalb der Organisation.

⇨ Spätindikatoren sind nicht spezifisch genug. Alle Unternehmen wollen in den Kernkennzahlen wie z.B. Marktanteil, Verbesserungen erzielen

⇨ Der Kennzahlenkatalog muss ausgewogen sein. Dazu gehören:
- finanzielle und nicht-finanzielle Kennzahlen
- Ergebniskennzahlen und Leistungstreiber
- Spät- und Frühindikatoren
- Verknüpfung aller Kennzahlen untereinander

⇨ Verspätete Einführung aufgrund fehlender Kennzahlen

Darüber hinaus muss eine BSC so gestaltet sein, dass Mitarbeiter die Zusammenhänge zwischen den Kennzahlen nachvollziehen können. Die Aussage »Wir wollen unseren Kunden außergewöhnlich guten Service anbieten« ist für einen nach Umsatz bezahlten Verkäufer möglicherweise nicht wichtig genug. Schafft es die Balanced Scorecard den Zusammenhang zwischen Kundenservice, Kundenzufriedenheit und gesteigertem Umsatz aufzuzeigen und nachzuweisen, wird die ausgegebene Strategie auch für den stark am Umsatz orientierten Mitarbeiter nachvollzieh- und durchführbar.

Ursache-Wirkungsbeziehungsketten
Die Ursache-Wirkungs-Beziehungen innerhalb und zwischen den Scorecards stellen das Hypothesensystem über die Strategie, die Abhängigkeiten zwischen den Zielen und Kennzahlen dar. Ideal wären durchgängige Ursache-Wirkungsbeziehungsketten von der obersten Scorecard der Organisation bis zur untersten Scorecard.

Die Zuordnung der Maßnahmen für die Erfüllung der strategischen Ziele und Kennzahlen führt meistens zu einer Bereinigung oder Neuausrichtung laufender strategischer Projekte. Die Balanced Scorecard-Ziele sollten von Beginn an als Bewertungsrahmen für laufende und zukünftige Projekte herangezogen werden. Anderseits bedeutet es auch, nicht alle Maßnahmen mit zu hohem Ergeiz mit der Priorität »1« zu versehen. Jedes Unternehmen bzw. jede Organisation kann nur neben dem eigentlichen Geschäft eine bestimmte Kapazität von Projekten bewältigen. Besser eine harmonische Verteilung der Prioritäten als sich zu verzetteln.

Die Phase drei ist der inhaltliche Kern der fünf Phasen und visualisiert die Inhalte der Strategie sowie die Grundlagen für die spätere Verfolgung der Strategie.

Ergebnisse der Phase drei sind:

- Scorecard-Tableaus (jeweils mit ca. 14 bis 20 strategischen Zielen, Kennzahlen und Maßnahmen),
- Ursache-Wirkungsbeziehungsketten innerhalb der Scorecard-Tableaus und zwischen den Scorecard-Tableaus und
- ein Maßnahmenplan

Phase vier: Den Roll-out managen

In Phase vier soll die in Phase drei erarbeitete Balanced Scorecard zielgerichtet vertikal und horizontal im Unternehmen heruntergebrochen und weiterentwickelt werden.

Vertikales herunterbrechen der Ziele

Die in Phase drei erarbeiteten strategischen Ziele und Maßnahmen sind herunterzubrechen auf nachgelagerte, untergeordnete, organisatorische Einheiten. So wurde z.B. mit einer Balanced Scorecard-Entwicklung begonnen für die komplette SGE innerhalb einer Region. In den Folgeschritten sind die Ziele und Maßnahmen herunterzubrechen in die Vertriebsniederlassungen der anderen Regionen.

Horizontale Integration der Ziele

Die in Phase drei erarbeiteten strategischen Ziele und Maßnahmen werden auf benachbarte Einheiten übertragen. So wurden beispielsweise in einem Systemhaus für zwei SGE'n Balanced Scorecards entwickelt, z.B.

- SGE 1: SAP R/3 Consulting
- SGE 2: Outsourcing von SAP R/3 Basis, Server- und Netzbetrieb.

Horizontale Integration bedeutet die Entwicklung der Scorecards für das Infrastruktur-Management, welches als Service-Center für die SGE 1 und SGE 2 operiert. Die strategischen Ziele und Kennzahlen des Service-Centers Infrastruktur-Managements sind auf die strategischen Ziele und Kennzahlen der SGE 1 und SGE 2 abzustimmen.

Es werden also Balanced Scorecards entwickelt für nachgelagerte, untergeordnete, organisatorische Einheiten – z.B. andere Geschäftsbereiche, Produktionsstandorte, bestimmte Leistungsprozesse, wichtige Projekte, Kompetenzzentren etc.

Mit dieser Projektphase werden folgende Zielsetzungen verfolgt [1]

Erarbeitung ausgewogener Teilziele für nachgelagerte Einheiten

- Abbildung des Strategiebeitrages der einzelnen Einheiten
- Delegation der Aufgaben und Verantwortlichkeiten
- Identifikation der Mitarbeiter mit den Unternehmens- und Abteilungsszielen

- Förderung von strategiebezogenen eigenverantwortlichem Handeln der Mitarbeiter
- Fokussierung interner Prozesse auf strategisch relevante Zielsetzungen
- Aktionsorientierung durch strategische Steuerung der Ressourcen

Damit werden nachgelagerte Einheiten nicht mehr allein nach finanziellen oder budgetorientierten Gesichtspunkten gesteuert.

Phase fünf: Kontinuierlichen Balanced Scorecard-Einsatz sicherstellen

Damit die Realisierung der Strategie dauerhaft gewährleistet wird und Prozesse wie strategisches Feedback angestoßen werden, muss die Balanced Scorecard in die Management- und Steuerungssysteme eingebunden werden. Balanced Scorecard ist kein Kennzahlensystem oder Measurement-System, sondern ein Management-System. Die Einführung ist erst abgeschlossen, wenn die Balanced Scorecard in die Management-Prozesse integriert ist.

Folgende Maßnahmen müssen durchgeführt werden:

Controlling-System einrichten

Ein Controlling-System muss die Umsetzung der strategischen Maßnahmen verfolgen.

Wenn es im Balanced Scorecard-Entwicklungsprozess gelingt, sowohl auf der Ebene der festgelegten Kennzahlen und Messgrößen als auch auf der Ebene der Projekte und Maßnahmen ein durchgängiges Strategieumsetzungsprogramm darzustellen, dann ist es auch möglich, die Umsetzungserfolgskontrolle für beide Ebenen wirkungsvoll durchzuführen. Im Vergleich zu den meisten Strategieumsetzungsprogrammen kann damit neben der eigentlichen Projekt- und Maßnahmenverfolgung die Strategieeinhaltung gemessen werden (vgl. dazu den Beitrag von P. Horváth in diesem Buch: »Wissensmanagement steuern: Die

Balanced Scorecard als innovatives Controllinginstrument«). Die Strategie soll mittels Balanced Scorecard verfolgt werden – Es soll nicht bloß ein weiteres Kennzahlensystem geschaffen werden. Unternehmen wollen Strategien auch verfolgen!

Aufbau eines Berichtssystems
Es muss ein Berichtswesen aufgebaut werden, welches die Umsetzung und Zielerreichung verfolgt, z.B. ein Reporting- und Projektverfolgungssystem (mit Ampelfunktionen) im Intranet.

Integration in die Unternehmensplanung
Zudem muss die Balanced Scorecard in die strategische und operative Unternehmensplanung integriert werden (vgl. dazu auch den Beitrag in diesem Buch von M.G. Bernhard: »Strategieumsetzung durch Balanced Scorecard: Entwicklung eines Kennzahlensystems und Steuerung der Management-Prozesse.)

Integration in Anreiz- und Vergütungssysteme
Balanced Scorecard ist in die Anreiz- und Vergütungssysteme zu integrieren. Es sollte jedoch nicht zu früh mit der Integration der Kennzahlen und Zielwerte in ein Zielvereinbarungssystem begonnen werden. Der richtige Zeitpunkt hängt jedoch maßgeblich von den verfügbaren Kennzahlen ab. Doch die zu frühe Verwendung von Balanced Scorecard-Kennzahlen für strategische Führungszwecke in einem Anreizsystem birgt Gefahren:

- ⇨ Werden nicht strategierelevante oder ungeeignete Kennzahlen im Anreizsystem integriert, erfolgt eine Steuerung in eine falsche Richtung. Die »falsche« Richtung und die Korrektur im Anreizsystem kostet viel Zeit und Geld!
- ⇨ Werden neue Kennzahlen, für die noch keine Erfahrungen hinsichtlich der Zielwerte bestehen, zu früh in ein Anreizsystem integriert, dann besteht die Gefahr, dass unrealistische Werte leicht zu Konflikten führen. Der Prozess würde dann scheitern.

Der Informationsbedarf für die Kennzahlen müssen darüber hinaus kontinuierlich überprüft und weiterentwickelt werden. Datenquellen und -qualität müssen verwendbar und aussagekräftig gestaltet werden.

Strategie-Reviews einführen oder erhöhen

Es sollten zwei bis vier Strategie-Reviews pro Jahr durchgeführt werden. Neben der Diskussion aktueller strategischer Themen kann die Strategie mit dem Ursache-Wirkungsbeziehungsketten der Balanced Scorecards dann regelmäßig angepasst werden.

Aufbau einer IT-Lösung

Eine Software-Lösung für die Balanced Scorecard muss eingeführt werden. Hierfür bestehen verschiedene Optionen (vgl. die Beiträge in diesem Buch von M.G. Bernhard: »Software-Lösungen realisieren – Die Umsetzungsphase beginnt« und von Peter Sinn »Corporate Planning Software – Ein Hilfswerkzeug für die richtige Lösung«.

- Existierende Auswertungstools
- MIS/OLAP-Tools
- Data Warehouse-Solution
- Spreadsheet-Lösung
- Balanced Scorecard-Software

Zu Beginn sollte aufgrund einer dynamischen Entwicklung mit einer einfachen Softwarelösung zur Darstellung und Visualisierung der Daten begonnen werden.

Balanced Scorecard »Light« – A Solution for a small Unit

Nachdem verdeutlicht wurde, welche kulturellen, organisatorischen und inhaltlichen Voraussetzungen für eine Balanced Scorecard-Einführung notwendig sind und vor allem, welche personellen Kapazitäten und Ressourcen erforderlich sind, stellt sich die Frage, inwieweit Balanced Scorecard auch ein Thema für kleine und mittelständische Unternehmen und kleinere Serviceeinheiten ist, d. h. für Unternehmen oder

1) Ableitung der Scorecard-Perspektiven und strategischen Ziele aus der Vision und Strategie
2) Entwicklung der »Top-Scorecard« (für die gesamte Einheit) und der Scorecards für die zweite Management-Ebene (strategische Ziele, Ergebniskennzahlen und Leistungstreiber mit Zielwerten sowie den Maßnahmen)
3) Pragmatische Verknüpfung der Scorecards untereinander
4) Erstellung eines Umsetzungsplans
5) Umsetzung der Scorecards und Integration in die Management-Prozesse
5.1) Kommunikation der Scorecards
   - Aufbereitung von DIN A2 oder DIN A1 Postern mit den Scorecards, Aufhängen der Poster in allen Räume der Organisationseinheit
   - Verteilung der Projektergebnisse durch Informations-Newsletter
   - Integration der Scorecards und des Umsetzungsplans ins Intranet
   - Mehrere Informationsveranstaltungen durchführen
   - Monatliche Newsletter (e-Mail, Hauszeitschrift) über den Fortschritt
5.2) Strategiemeetings erhöhen
   - Zwei- bis viermal p. a. ein Strategiereviewmeeting durchführen (Stand der Strategieumsetzung, Stand der Scorecard)
5.3) Integration in Anreizsysteme; M. a. W. ausgewählte Scorecard-Kennzahlen sollten nach einer gewissen Erfahrungszeit mit den Kennzahlen in die Vergütungssysteme von Führungsmitarbeitern integriert werden
5.4) Integration in eine einfache IT-Lösung (Excel-Spreadsheets)
5.5) In der, z. B. jährlich durchzuführende, Mitarbeiterzufriedenheitsbefragung werden die Mitarbeiter zusätzlich über ihr Strategiewissen befragt

»A Solution for a small Unit«

Abb. 3: *Die Einführungsschritte für das Balanced Scorecard-Light-Programm*

Organisationseinheiten (z. B. Forschung, Entwicklung, IT) mit maximal 50 Mitarbeitern.

Eine Balanced Scorecard-Implementierung muss in solchen Einheiten so pragmatisch wie möglich durch ein kleines Führungsteam in wenigen Workshops erfolgen (vgl. Abb. 3).

Die Erarbeitung der Balanced Scorecard sollte in zwei bis drei Workshops erfolgen. Für die Integration in die Management-Prozesse (vgl. Punkt 5, Abb. 3) ist eine Person, z.B. der Assistent des Geschäftsführers, erforderlich.

Was sind positive Indikatoren für die erfolgreiche Einführung?

Was soll im Idealfall die Einführung einer Balanced Scorecard in einer SGE oder einem Unternehmensbereich bewirken? Die Balanced Scorecard dient zur Umsetzung der Strategie. Nachdem ein Balanced Scorecard-Programm eingeführt wurde, sollten die Mitarbeiter zumindest ein hervorragendes Wissen über die Vision und Strategie haben. Dieses Wissen sollte durch Mitarbeiterbefragungen ermittelt werden. Der Balanced Scorecard-Entwicklungsprozess, d. h. die Entwicklung und Kommunikation der Top-Scorecard und der Scorecards darunterliegender Ebenen, sollte von den Mitarbeitern als Einladung wahrgenommen werden, am Prozess der kontinuierlichen Strategieentwicklung mitzuwirken. Die Mitarbeiter müssen sich durch den Strategieentwicklungsprozess »angezogen« fühlen. Eine spätere Integration von Scorecard-Zielen und Kennzahlen in Anreizsysteme darf von den Mitarbeitern nicht als negativ empfunden werden. Wenn die Motivation der Mitarbeiter gewonnen werden kann, werden auch andere SGEs und Unternehmensbereiche eine Balanced Scorecard erfolgreich einführen können.

Die Integration in ein Führungs- und strategisches Managementsystem muss gelingen.

Die Einführung der Balanced Scorecard sollte zudem dazu führen, dass sie das alleinige Bezugssystem für die Anreizsysteme ist. Entscheidungen für strategische Initiativen und das Aufsetzen von Projekten sollten nur nach deren Abgleich mit den Balanced Scorecard-Zielen gefällt werden.

Zudem sollte das Feedback der Mitarbeiter zur Strategie dazu führen, dass häufiger in den Führungsebenen Strategie-Review-Meetings durchgeführt werden.

Literatur

[1] Horvath & Partner – *Balanced Scorecard umsetzen, Schäffer Verlag Stuttgart 2000*

[2] Kaplan, R. and Norton, D., *The Balanced Scorecard: Translating Strategy Into Action, Harvard Business School Press, Boston, 1996*

[3] Weber, J. u. Schäffer, U.: *Balanced Scorecard & Controlling – Implementierung – Nutzen für Manager und Controller – Erfahrungen in deutschen Unternehmen, 2. Auflage, Gabler Verlag, 2000*

Software-Lösungen realisieren – Die Umsetzungsphase beginnt

Ein wichtiger Teil in der Umsetzungsphase ist die Einführung einer Balanced Scorecard-Softwarelösung. Mit der Pflichtenhefterstellung und Softwareauswahl und der nachfolgenden Software-Einführung sollte erst in der Umsetzungsphase begonnen werden. Aufgrund der Vielzahl von strategischen Fragestellungen und Diskussionen sowie der notwendigen Top-Management-Zusammensetzung des Projektteams ist es in der Konzeptionsphase eines Balanced Scorecard-Projektes nicht sinnvoll, vertiefend über Balanced Scorecard-Softwarelösungen zu diskutieren. Erst in der Umsetzung, d.h. nach der Erarbeitung der Gesamtarchitektur und eines Umsetzungsplans, sollte für die Pflichtenhefterarbeitung und Softwareauswahl eine Arbeitsgruppe gebildet werden.

Martin G. Bernhard

Mit einer einfachen Softwarelösung starten

Wie bereits bei früheren Kennzahlen-Projekten, z.B. die Erarbeitung eines Management-Informationssystems, kann auch bei der Erarbeitung eines Balanced Scorecard-Kennzahlen-Systems die Situation eintreten, dass ca. 30 bis 50 Prozent der notwendigen Kennzahlen für die Balanced Scorecard noch nicht »per Knopfdruck« im Unternehmen vorhanden sind. Zudem existieren für diese Kennzahlen mitunter noch keine Erfahrungswerte. Ein Konzept zur Gewinnung der notwendigen Daten für die aktuelle und zeitnahe Bereitstellung dieser Kennzahlen (aus welchen Datenbanken und Anwendungen kommen die Daten, wie müssen die Prozesse von den Zuliefersystemen her gestaltet werden?) muss erarbeitet werden. Spätestens hier beginnt die operative Umsetzungsarbeit.

Für jede Balanced Scorecard sind verschiedene Attribute zu erarbeiten. Vergleiche dazu auch das Kapitel von Martin G. Bernhard in diesem Buch »Strategieumsetzung durch Balanced Scorecard: Entwicklung eines Kennzahlensystems und Steuerung der Management-Prozesse«:

Die Attribute können sein:

- ⇨ Ziel und Definition der Kennzahl
- ⇨ Verknüpfungshinweise zur Kennzahl: Welche Leistungstreiber beeinflussen die Kennzahl? Welche Kennzahlen beeinflusst die Kennzahl selbst?
- ⇨ Management-Ebene der Kennzahl
- ⇨ Wertebereich und Interpretationsmöglichkeiten
- ⇨ Verantwortlicher für die Kennzahl und Verweis darauf, ob und ggf. wann die Kennzahl in ein Zielvereinbarungssystem integriert werden soll
- ⇨ Ersteller und Erstellungsfrequenz der Kennzahl
- ⇨ Empfänger der Kennzahl
- ⇨ Lieferantensysteme der Kennzahl: IT-Systeme und Datenquellen
- ⇨ Datenqualität der Kennzahl
- ⇨ Bemerkungen

Des Weiteren sind die Ursache-Wirkungsbeziehungen (haben wir die richtigen Hypothesen zur Erreichung der Strategie?) noch nicht stabil und können sich nach dem Konzeptprojekt noch ändern. Einzelne Balanced Scorecard-Kennzahlen können sich noch inhaltlich ändern. Strategische Änderungen und daraus resultierende Änderungen in den Balanced Scorecard-Kennzahlen müssen leicht und flexibel innerhalb der Softwarelösung integrierbar sein. Das hört sich natürlich leicht an, aber aus diesen Gründen sollte nicht zu Beginn der Umsetzung eine zu komplizierte Softwarelösung eingeführt werden, sondern mit einem einfachen Softwaretool zur Visualisierung (Spreadsheet-Lösung mit Präsentationswerkzeugen) der Balanced Scorecard-Kennzahlen. Zumindest, um schnell erste Projekterfolge vorzuweisen, sollten die Ziele und ersten Kennzahlen mit einfachen Werkzeugen dargestellt werden und im Intranet (z.B. mit monatlicher Aktualisierung) hinterlegt werden.

Der Software-Auswahlprozess muss sorgfältig durchgeführt werden

Die jeweilige Lösungsvariante ist abhängig von den Anforderungen und der spezifischen Ausgangssituation. Für einen derartigen Auswahlprozess müssen folgende Schritte durchlaufen werden (vgl. Abb. 1): Pflichtenhefterstellung, Einholung von Angeboten, Überprüfung von Referenzen, Bewertung auf Basis von Nutzwerten, Cost of Ownership, Einführungsverfahren und Empfehlung).

Die Phasen mit den wesentlichen Schritten werden im folgenden beschrieben.

Folgende Schritte sind in der Phase eins, der Pflichtenhefterstellung, zu leisten:

- ⇨ Erarbeitung der Gliederung zum Pflichtenheft für die Balanced Scorecard-Software
- ⇨ Beschreibung der funktionalen & systemtechnischen Anforderungen
- ⇨ Erstellung eines Fragenkatalogs mit Minimalanforderungen (an die Anbieter und Systeme)
- ⇨ Festlegung von Anforderungen an die zu überprüfenden Referenzkunden (während der Angebotserstellungsphase durch die potenziellen Anbieter)
- ⇨ Erarbeitung der Vorgaben an die Struktur der zu erstellenden Angebote

Einfach starten und dann eine geeignete Softwarelösung einführen

Bevor jedoch mit einer Softwareauswahl begonnen wird, müssen u.a. folgende Fragestellungen geklärt werden:

- ⇨ Welche Software-Tools stellen sicher, dass möglichst viele der gewünschten Balanced Scorecard-Kennzahlen integrierbar sind und eine geeignete Präsentationsoberfläche bieten?

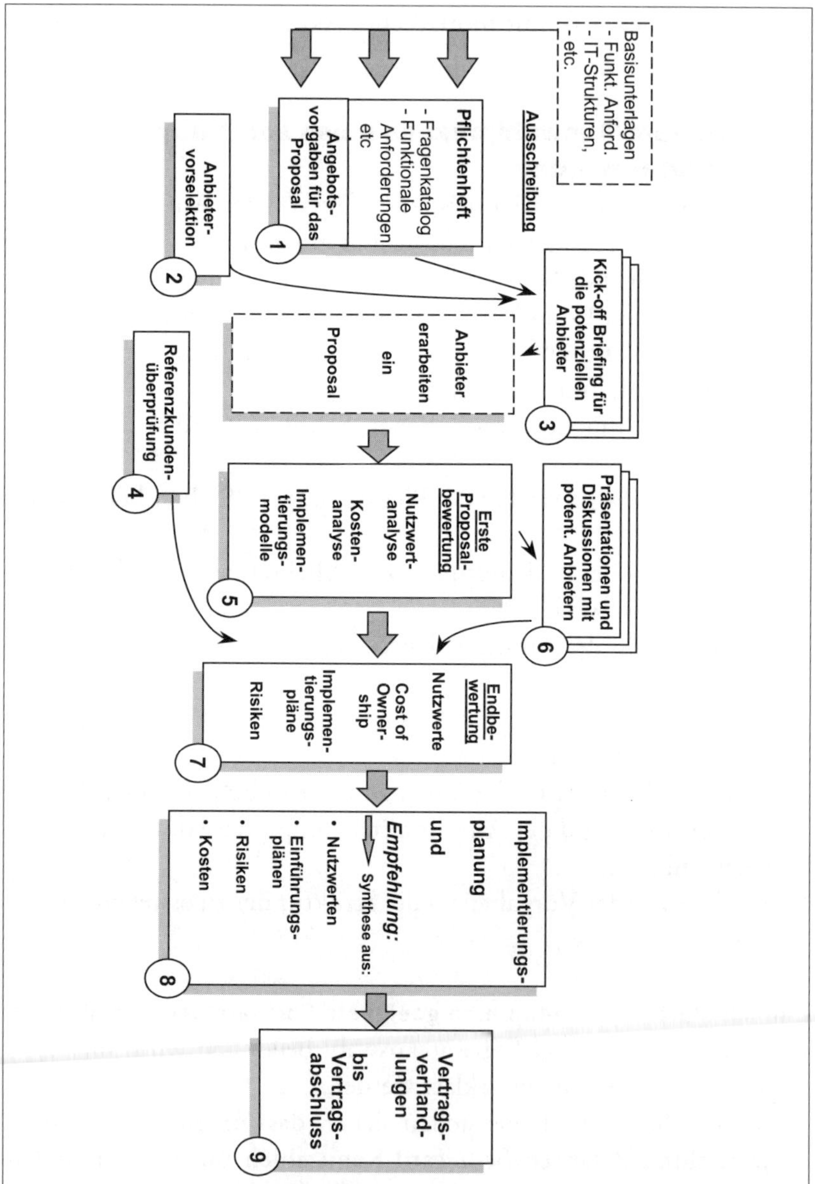

Abb. 1: *Auswahlprozess einer Balanced Scorecard-Software*

- ⇨ Soll das Balanced Scorecard-System als permanentes Management-Controlling-System eingeführt werden?
- ⇨ Sollen Planungs- und Budgetierungsverfahren mit Bestandteil der Software sein?
- ⇨ Sollen Sensitivitätsanalysen und Simulationsverfahren durch die Software mit unterstützt werden?
- ⇨ Sollen Ursache-Wirkungsbeziehungen nur durch Pfeile oder durch Formeln mit der Software hinterlegbar und visualisierbar sein?
- ⇨ Soll das Balanced Scorecard-System auch als Teil der operativen Prozesse eingeführt werden?
- ⇨ Sollen Portfolioverfahren mit Bestandteil der Softwarelösung sein?
- ⇨ Soll eine Maßnahmenverfolgung mit Bestandteil in der Balanced Scorecard-Softwarelösung sein?
- ⇨ Soll in der Softwarelösung ein Projektmanagement-System integriert sein (oder existieren Schnittstellen zu marktgängigen Projektmanagement-Systemen)?
- ⇨ Welche (aktivierbaren) Schnittstellen zu Standardsoftwarepaketen sollten durch die Softwarelösung mitgeliefert werden?
- ⇨ Ist ein Output der Balanced Scorecard-Reports und -Kennzahlen in Form von statischen Webseiten gewünscht oder sollen die Webseiten dynamisch aktualisiert werden?
- ⇨ Wie kann sichergestellt werden, dass Änderungen in der Balanced Scorecard durch strategischen Wechsel sich schnell IT-technisch realisieren lassen?
- ⇨ Wie kann sichergestellt werden, dass das Scorecard-Software-System ständig mit den aktuellsten Daten und in der notwendigen Qualität versorgt wird (Datengewinnungs- und -zulieferprozesse)?
- ⇨ Wie kann die Scorecard-Software in die IT-Gesamtarchitektur des Unternehmens eingebettet werden?
- ⇨ Welche Sicherheitsmechanismen sind in den Informations-Verteilungsprozessen über die Scorecard-Kennzahlen zu integrieren, damit sensible Informationen nicht zu Wettbewerbern oder Dritten gelan-

gen, aber andererseits als breites Kommunikationsinstrument in der internen Organisation genutzt werden können?

In der Anbietervorselektion, Phase zwei, sind folgende Schritte zu bearbeiten:

⇨ Selektion und Analyse potenzieller Anbieter
⇨ Vorbewertung der Anbieterkompetenzen sowie der funktionalen und systemtechnischen Merkmale der angebotenen Anwendungssysteme
⇨ Auswahl der Anbieter, welche die wichtigsten Mindestanforderungen erfüllen

Grundsätzliche Realisierungsvarianten für ein Balanced Scorecard-System

Für die Realisierung eines Balanced Scorecard-Systems sind zunächst fünf grundsätzliche Realisierungsstrategien denkbar (vgl. Abbildung 2):

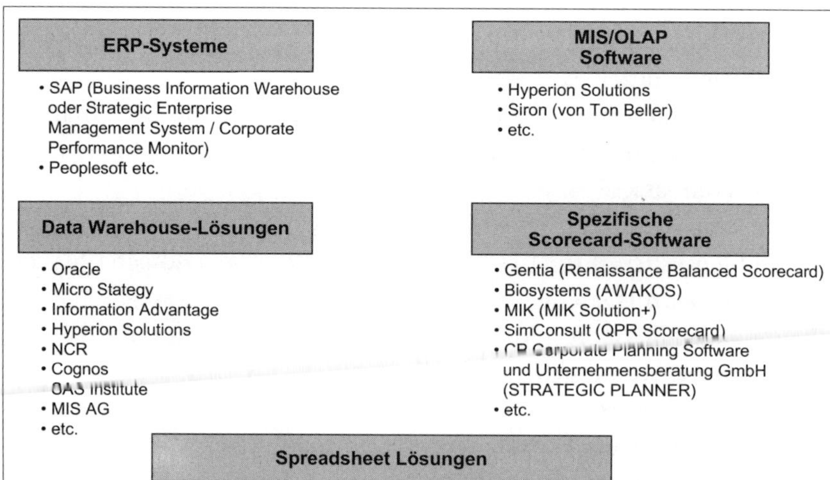

Abb. 2: *Grundsätzliche SW-Lösungsmöglichkeiten zur Realisierung eines Balanced Scorecard-Systems*

Mit Zusatzmodulen auf ERP-Lösungen (Enterprise Resource Planning) aufbauen

ERP-Lösungen (z.B. SAP R/3, Peoplesoft) mit den mitgelieferten Auswertungstools (z.B. ABAP, einem Data Warehouse oder Simulationssystem): Dieser Lösungsansatz ist dann sinnvoll, wenn im Unternehmen von einer ERP-Lösung bereits zahlreiche Anwendungsmodule im Einsatz sind und ein großer Teil der Scorecard Kennzahlen-Informationsbedarfe aus den existierenden Datenbeständen zu gewinnen sind. SAP bietet beispielsweise Zusatzmodule, das sog. Strategic Enterprise Management System (SEM) sowie das Business Information Warehouse.

MIS-Tools in heterogenen Anwendungslandschaften einsetzen

MIS-Tools (z.B. Hyperion, Siron) können ein geeigneter Lösungsansatz bei sehr heterogenen Anwendungslandschaften sein. Die MIS-Tools sollten als Merkmale insbesondere hervorragende Präsentationsformen bieten, die Voraussetzungen für Trend-Aussagen liefern und statistische Auswertungen durch OLAP (on-line analytical processing) ermöglichen.

Das existierende Data Warehouse strategisch ausrichten und erweitern

Die Realisierung eines Balanced Scorecard-Systems durch eine Data Warehouse-Lösung ist dann zweckmäßig, wenn bereits ein Data Warehouse in der Organisation vorhanden ist (mit entsprechenden MIS-Werkzeugen) und ein großer Teil der Informationen für die Scorecard-Kennzahlen sich aus den Datenbeständen im Data Warehouse oder einzelnen Data Marts generieren lassen. In einem solchem Fall kann durch das Balanced Scorecard-System das Data Warehouse strategisch neu ausgerichtet und erweitert werden.

Spezifische Balanced Scorecard-Softwarelösungen einsetzen

Speziell zugeschnitten auf die Anforderungen des Balanced Scorecard-Ansatzes hat sich ein weiterer Markt mit Softwareprodukten gebildet.

Diese Produkte bieten Differenzierungsmerkmale, von denen nachfolgend einige genannt sind

⇨ die Scorecard-spezifischen Präsentationsmöglichkeiten (Oberfläche mit Cockpit) und Funktionalitäten für die individuelle Berichterstattung,

⇨ eine durchgängige Darstellung von Zielen, Scorecard-Kennzahlen und Aktionen,

⇨ die Darstellung der Abhängigkeiten zwischen den Scorecard-Kennzahlen und den Management-Prozessen

⇨ Visualisierung der Ursache-Wirkungsbeziehungen,

⇨ Simulationsverfahren zu den Ursache-Wirkungsbeziehungen,

⇨ Hinterlegung von Maßnahmen und Aktionen,

⇨ Integration von Planung und Budgetierung,

Zudem kann es für eine Organisation vorteilhaft sein (z.B. i.S. der Zugriffsrechte, Sicherheit, etc.), über nur eine Anwendung i.S. eines einzigen Zugangs zu Führungs- bzw. Scorecard-Informationen zu gelangen.

Spreadsheet Lösungen – Start as simple as possible

Spreadsheet Lösungen sollten dann herangezogen werden, wenn nur wenige Balanced Scorecard-Kennzahlen abzubilden sind oder ggf. als Ergänzung zu einer ERP-basierten Softwarelösung, um möglichst schnell zu Umsetzungserfolgen zu gelangen oder zu Beginn der Umsetzung. Es ist davon auszugehen, dass Spreadsheet-Lösungen zunächst budgetfreundlicher sind, aber langfristig in den Prozessen zur Datensammlung aufwendiger sind.

Bei Spreadsheet-Lösungen sind Daten verschiedener Zuliefersysteme in manueller oder automatisierter Form zu integrieren. PC-Tools hierfür sind u.a. Excel, Access, Visual Basic, Lotus, Delphi, HTML, etc. Ein Beispiel dafür ist das EVITA-Projekt von ABB, in welchem eine Scorecard mit fünf Perspektiven entwickelt wurde, die über ein »Präsentation Support System« via PC kommuniziert wurde.

Softwaremarkt-Überblick

Die nachfolgende Tabelle bietet einen Überblick über die vorhandenen Softwarelösungen zur IT-technischen Realisierung eines Balanced Scorecard-Systems. Die Tabelle ist untergliedert nach Hauptkategorien, Anbieter, Softwareprodukte und Internetadressen. Auf eine Bewertung der Softwarelösungen ist hier verzichtet worden, da sich diese Softwareprodukte in permanenter Weiterentwicklung befinden.

Einsatzgebiete von Balanced Scorecard-Softwarelösungen

Eine weitere Klassifizierung der Softwarelösungen lässt sich für diese e.g. fünf Typen von Lösungsansätzen abhängig von den funktionalen Anforderungen bilden. Es lassen sich drei unterschiedliche Kategorien bilden (Abbildung 3):

Die Erstellung von Zeitreihenanalysen und darauf aufbauenden Trendanalysen sowie anspruchsvollen Auswertungen wird durch die OLAP-Technik möglich (on-line analytical processing). Auch Multikorrelationsanalysen sind denkbar, um die gegenseitigen Abhängigkeiten verschiedener Kennzahlen untereinander aufzuzeigen. Sind mehrere Organisationseinheiten mit dem Scorecard-System zu versorgen, so sind u.U. mehrere Interface-Lösungen für die Datensammlung zu entwickeln. Für komplizierte Scorecard-Systeme kann es sich um eine Vielzahl von Zuliefersystemen handeln. Daher sind bei komplexen Scorecards eher flexible Interfaces zu den Zulieferersystemen zu entwickeln anstelle separater Scorecard-Applikationen. Scorecard mit Integration OLAP/ Reporting: Hierunter wird eine automatisierte Datensammlung aus zahlreichen verschiedenen Zuliefersystemen mit umfangreichen mehrdimensionalen Auswertungsmöglichkeiten wie Trendaussagen, Zeitreihenanalysen, etc. verstanden.

Scorecard mit Simulationen: Bei Simulationen werden komplexe Ursache-Wirkungsbeziehungen oder auch Zeitreihenbetrachtungen mit unterschiedlichen Parameterausprägungen simuliert, um z.B. zu ermitteln, wie lange es dauert, bis sich getätigte Kosten für F&E-Projekte in den Finanzdaten positiv niederschlagen. Mit den Ursache-Wirkungsbe-

Bildlegende/: Tabelle 1: Softwaremarkt-Überblick			
Hauptkategorie	**Anbieter**	**Softwareprodukt**	**Internetadresse**
ERP-Systeme	SAP	SAP Strategic Enterprise Management	Www.sap.com/ sem/sem_over.htm
	Peoplesoft	Peoplesoft Enterprise Performance Management (Balanced Scorecard)	Www.peoplesoft.de
Data Warehouse-Lösungen	Oracle	Oracle Warehouse Builder, Strategic Enterprise Management	Www.oracle.de./ orcl/dbssi/app-financials.htm
	Micro Strategy	MicroStrategy 6	Www.micro strategy.com
	Information Advantage (Computer Associates Intl.)	EBusiness Intelligence (Neugents, Decision Base, Jasmine ii)	Www.sterling.com
	Hyperion Solutions	Hyperion Essbase OLAP Server	Www.hyperion.de
	NCR	NCR Teradata @ctive Warehouse Solutions	Www.ncr.com
	Cognos	Cognos Power Play	Www.cognos.com
	SAS Institute Inc.	SAS Warehouse Administrator	Www.sas.de
	MIS AG	MIS Alea	Www.mis.de
MIS/OLAP Software	Hyperion Solutions	Hyperion Essbase OLAP Server	Www.hyperion.com
	Ton Beller AG	Siron	Www.tonbeller.com
Spezifische Scorecard Software	Gentia Software	Renaissance Balanced Scorecard	Www.gentia.com
	Biosystem GmbH	AWAKOS 4.0	Www.biosystem.de
	MIK GmbH	MIK Solution +	Www.mik.de
	Delphi Software West GmbH	WebIntelligence	www.delphi-west.at/
	Simpel Systems	Simpel Scorecard	www.simpel.com/ pms.htm
	Procos AG	Strat&Go Business Intelligent System	www.procos.com
	SimConsult / Die Denkfabrik	Q.P.R. ScoreCard	Www.qpr-tools.com oder www.denkfabrik.de
	CorVu Deutschland (CorVu Corp.)	CorManage	W3.corvu.com
	Arcplan Informations Services AG	InSight	Www.arcplan.com
	CP Corporate Planning GmbH	Strategic Planner	Www.corporate-planning.com

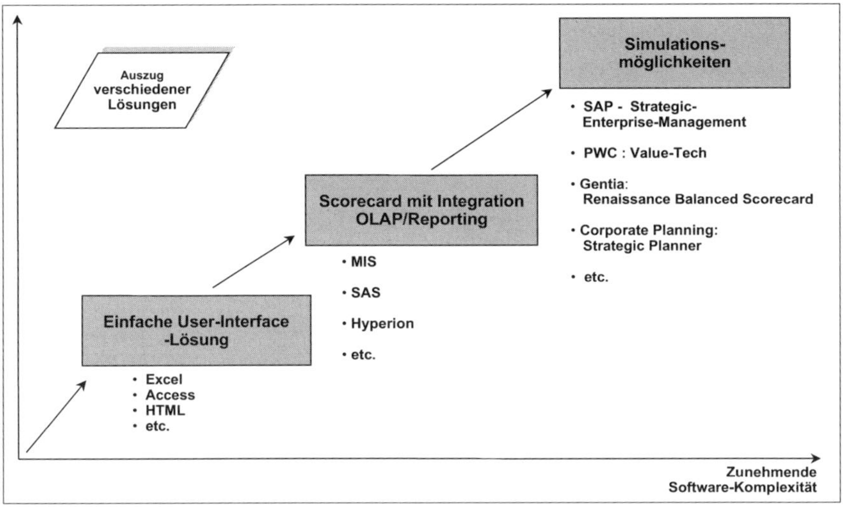

Abb. 3: *Einsatzgebiete von Balanced Scorecard-Softwarelösungen*

ziehungen können damit frühzeitig die Diskussionen über strategische Aussagen begonnen und ggf. verändert werden. Die Anwender werden im Vorfeld zum gründlichen Nachdenken gezwungen, um verschiedene Simulationsmodelle im System zu integrieren. Softwarelösungen sind u.a. das Strategic Enterprise Management-System von SAP sowie Renaissance Balanced Scorecard von Gentia.

In der Phase drei, dem Kick-off-Meeting mit den potenziellen Anbietern, sind folgende Etappen zu durchlaufen:

⇨ Vorankündigung an die potenziellen Anbieter über das geplante Vorhaben der Balanced Scorecard-Softwareauswahl
⇨ Vorbereitung des Kick-off-Meetings für die potenziellen Anbieter
⇨ Kick-off-Meeting für die Anbieter und Übergabe der Ausschreibungsunterlagen

Bei der Referenzkundenüberprüfung, der Phase vier, sind folgende Schritte nötig:

⇨ Festlegung von Beurteilungskriterien und einer Interview-Guideline

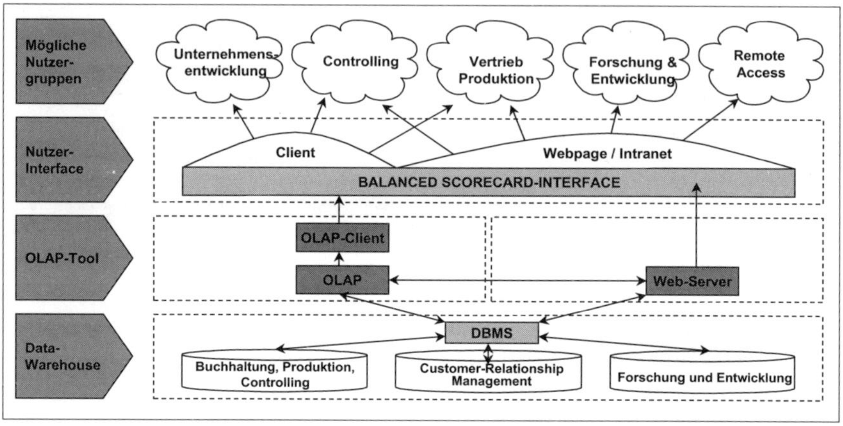

Abb. 4: *Das Balanced Scorecard System benötigt eine flexible technologische Architektur*

- ⇨ Terminorganisation
- ⇨ Telefonische Befragung oder alternativ der Besuch von ausgewählten Referenzkunden
- ⇨ Bewertung der gesammelten Erfahrungen der Referenzkunden anhand der Nutzwertanalysekriterien (mit nachfolgender Integration in die Nutzwertanalyse)

Eine Einschätzung und Zufriedenheit der Referenzkunden mit der Service- und Betreuungsqualität der jeweiligen Software-Anbieter nach Einführung der Balanced Scorecard-Softwarelösung können bei den Referenzkunden erfragt werden.

Folgende Aufgaben sind in Phase fünf und Phase sieben, der Angebotsbewertung (erste Bewertung und nach der Anbieterpräsentation die abschließende Bewertung), zu erfüllen:

- ⇨ Festlegung der Kriterien und Gewichtungen für die Nutzwertanalyse
- ⇨ Durchführung der Nutzwertanalyse
- ⇨ Durchführung einer Cost of Ownership Analyse für die verschiedenen Optionen
- ⇨ Analyse der Implementierungsmodelle
- ⇨ Einschätzung der Risiken

Folgende Aktionen sind in Phase sechs, der Durchführung von Anbieterpräsentationen, durchzuführen:
- ⇨ Einbeziehung ausgewählter Fachexperten und Meinungsbildner
- ⇨ Klärung der noch offenen Fragen (aus der Bewertung der Angebote) für die Angebotsbewertung
- ⇨ Abschließende Bewertung der Optionen

Folgende Schritte sind in Phase acht, der Ableitung der Empfehlung, nötig:
- ⇨ Erarbeitung einer Einführungsplanung für die Balanced Scorecard-Software auf Basis der Angebote
- ⇨ Synthese aus Nutzwertanalyse, Kostenanalyse, Einführungsmodelle sowie der Risiken und Ableitung der Empfehlung
- ⇨ Präsentation und Abstimmung der Ergebnisse mit Meinungsführern (insbesondere mit den Kennzahlen-Verantwortlichen bzw. Ownern)

Erst nach dem »Go« durch ein Lenkungsgremium kann mit den Vertragsverhandlungen (der Phase neun) begonnen werden. Aus wettbewerbstaktischen Gründen sind die Verhandlungen mit mindestens zwei Anbietern zu führen. Die Anbieter dürfen zu keinem Zeitpunkt im Balanced Scorecard-Softwareauswahlverfahren irgendwelche Hinweise erhalten, welche Benotungen sie jeweils in der Nutzwertanalyse innerhalb des Bewertungsprozesses erhalten haben.

Einführung der Balanced Scorecard-Software

Nach der Softwareauswahl erfolgt als nächster Schritt die Implementierung der Software. Einfache Erst- oder Übergangslösungen sind zu ersetzen oder zu integrieren durch die ausgewählte Software.

Integration im Intranet

Die Internet-Technologie als »Frontend« dürfte heutzutage ein abgesicherter Implementierungsweg sein. Das heißt ein Teil des Balanced

Scorecard-Software-Implementierungsprozesses ist die Integration der Software im Intranet.

Mit dem Intranet können verschiedene IT-Lösungen (OLAP und Web-basiert) in einem System integriert werden. Mit einem Browser kann der Anwender auf die Auswertungen und Informationen zugreifen. Zudem sollte es möglich sein, auf das Scorecard-System über einen OLAP-Client zuzugreifen. Mit dem OLAP-Client können dann anspruchsvolle Auswertungen, Abhängigkeits- und Trendanalysen durchgeführt werden. Sowohl über den OLAP-Client als auch über den Web-Browser sollte auf ein Data Warehouse der Zugriff möglich sein. Das Data Warehouse sollte Daten aus allen anderen Unternehmensbereichen und Anwendungen (aus Vertrieb, Verwaltung, Produktion, Entwicklung, Forschung), den Zuliefersystemen, enthalten.

Die Scorecard-Software-Lösung kann dann als zusätzliches Interface zu OLAP und Web-Servern in die IT-Gesamtarchitektur eingebettet werden (vgl. Abbildung 5).

Aber am Ende ist die Software lediglich das Hilfsmittel für die Implementierung einer Balanced Scorecard. Die Balanced Scorecard-Software ersetzt oder entwickelt nicht die Strategie, sondern leistet nur Hilfe im Prozess.

»Software ist wie Entropie. Sie ist schwer zu begreifen, wiegt nichts und gehorcht dem zweiten Hauptsatz der Thermodynamik: Sie nimmt stetig zu.«
N.R. Augustine

Literatur

[1] BERNHARD, M.: *Balanced Scorecard mit Software-Unterstützung, IT Management, Oktober 1999*

[2] BERNHARD, M.: *Softwareauswahlprozesse: Eine strategische Entscheidung, IT Management, Juni 1999*

[3] KANANI, P.: *Balanced Scorecards as Business Intelligence, Intelligent Enterprise Magazine, www.iemagazine.com, 1998*

[4] MOUNTFIELD, A., SCHALCH, O.: *Konzeption von Balanced Scorecards und Umsetzung in ein Management Informationssystem mit dem SAP Business Information Warehouse, Controlling, Heft 5, 1998*

[5] MÜLLER, PROF. DR. A., THIENEN, L. VON, MOEDE, H.: *Einsatz der Balanced Scorecard im eBusiness, Der Controlling-Berater, Haufe Verlag – 2000*

[6] OLVE, N.-G., ROY, J., WETTER, M.: *Performance Drivers – A practical guide to using balanced scorecard, John Wiley & Sons, 1999*

[7] SEIDENSCHWARZ, W., SCHWAB, W.: *IT-Unterstützung zur Umsetzung moderner Managementmethoden – Die Balanced Scorecard und ihre IT-technische Realisierung, Arbeitspapier des SAS Institute und Horvath & Partner 1999/2000*

Corporate Planning Software – Ein Hilfswerkzeug für die richtige Lösung

In diesem Teil des Buchkapitels geht es um die Beschreibung und Einsatzmöglichkeiten von Software, hier um Corporate Planning-Software. Ich möchte die folgenden Beispiele als das verstanden wissen, was sie sind, nämlich Beispiele, die auch anders gewählt sein können. Stellvertretend für andere seriöse Anbieter sehe ich die Software nicht als Lösung zur Durchführung eines erfolgreichen BSC-Projektes, sondern als Hilfswerkzeug zur Unterstützung ernsthafter Ansätze.

Peter Sinn

Wir haben die Lösung!

Die ersten Schritte sind getan. Die Vision ist klar und mit viel Elan erarbeitet, festgeschrieben und so gut wie möglich operationalisiert. Die Perspektiven und Wertschöpfungssäulen konnten spezifiziert werden, erste Zielsetzungen wurden gemeinsam mit den Mitarbeitern definiert und kritische Erfolgsfaktoren sind bereits auf diese Ziele ausgerichtet. Ein erstes Set von Ursache-Wirkungszusammenhängen, Messgrößen und Kennzahlen steht bereit - es ist also »angerichtet«.

So mancher Verantwortliche eines BSC-Projektes wäre sicherlich froh, wenn es so einfach wäre. Doch wie bei vielen Dingen trifft auch in diesem Fall zu: Der Teufel steckt im Detail!

Wie schön ist es doch, dass es für das Projekt Balanced Scorecard entsprechende Software gibt. Es ist so einfach: Internet-Anfrage starten, BSC-Software-Anbieter suchen, Prospektmaterial anfordern, auswählen, implementieren, anwenden und glücklich sein.

Leider ist dieser vermeintliche Königsweg in sehr vielen Köpfen vorhanden. Viele Software-Anbieter unterstützen die Illusion der leichten Lösung mit vielen bunten Bildern und Gerede über die neueste Datenbanktechnik. Schlaue Köpfe in den Marketingabteilungen leisten ebenfalls ihren Beitrag. Die Strategie scheint aufzugehen. Ob ERP, BI-, MIS- oder Datenbankanbieter, alle haben sich das Zauberwort BSC auf die Fahnen geschrieben. Der Feldzug kann beginnen.

Die Software

Corporate Planning ist ein Hamburger Softwareunternehmen und seit über zehn Jahren spezialisiert auf die Entwicklung leistungsstarker und flexibel einsetzbarer Software für Unternehmenssteuerung. Die Produktpalette reicht von operativ ausgerichteter Controllingsoftware über Software für Strategieplanung bis hin zu Spezialsoftware für das Risikomanagement. Alle Softwareprogramme haben eine herausragende Stärke, nämlich die volle Integration der Controllingbereiche Planung, Information, Analysen und damit die optimale Voraussetzung zur Steuerung von Unternehmen.

Hauptzielsetzung der CP-Software ist es, fachlich und qualitativ hochwertige und gleichzeitig schnell und einfach einzusetzende Anwendungen für Führungskräfte zu ermöglichen.

Eines der Hauptziele des BSC-Ansatzes ist es, Unternehmensstrategien in Unternehmen transparent und lebbar zu machen. Die bewährte »Mischung« bei CP aus operativ und strategisch ausgerichteten Managementsystemen verlangte geradezu danach, das Thema Balanced Scorecard mit dieser Software intensiv anzugehen. Zudem enthalten die Programme wichtige Funktionen, die im BSC-Prozess benötigt werden. Hierbei handelt es sich um das Kennzahlensystem, das Bewertungssystem für qualitative Größen, das Reporting sowie das Visualisierungstool.

Der Strukturaufbau

Eine Balanced Scorecard beinhaltet immer einen andauernden dynamischen Prozess. Neue Erkenntnisse, Zielsetzungen, Organisationselemente und Prozesse führen immer wieder zur Notwendigkeit, das aktuelle BSC-Modell zu verändern und anzupassen. In der Corporate Planning-Software wird deshalb gerade auf die Möglichkeiten der Strukturveränderung besonderer Wert gelegt. Zu Beginn, während und nach Abschluss von BSC-Projekten kann zu jeder Zeit und vor allem ohne großen zeitlichen oder systembedingten Aufwand die Struktur an neue Situationen und Entwicklungen angepasst werden.

Die Software enthält eine detaillierte Aufstellung über die Vorgehensweise und alle wichtigen Schritte, die notwendig sind um einen ersten BSC-Ansatz zu definieren und zu gestalten (siehe Abb. 1). Ausgehend vom Kaplan/Norton-Ansatz, erlaubt das System die Festlegung

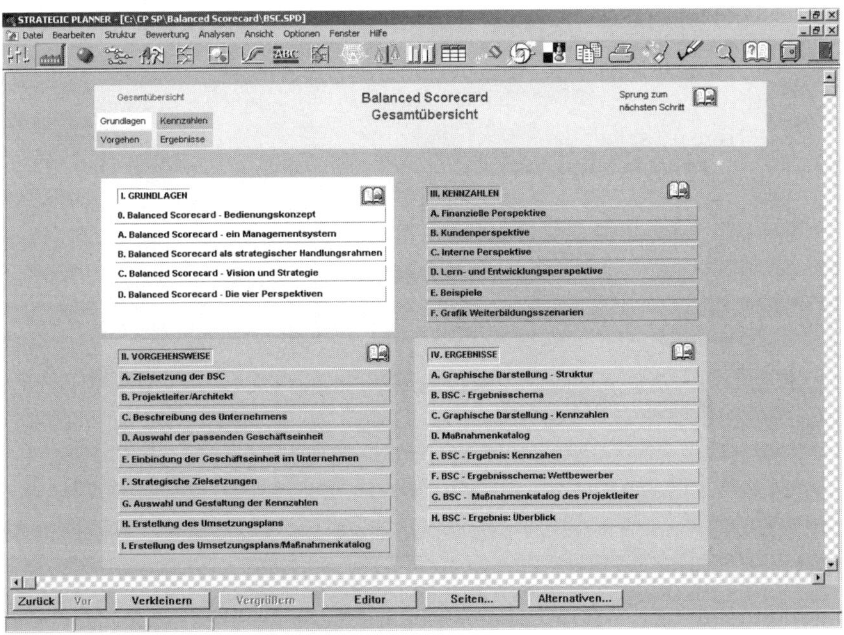

Abb. 1: *Balanced Scorecard Gesamtübersicht*

der Balanced Scorecard–Ziele. Alle Verantwortlichen im BSC-Prozess werden dadurch sehr früh mit dieser Fragestellung konfrontiert, was für den späteren Verlauf von großem Vorteil ist.

Wer sind die Verantwortlichen im BSC-Projekt? Wer ist im BSC-Team? Auch diese Fragen sollten relativ früh beantwortet werden. Unbestritten ist es, dass das Management uneingeschränkt hinter dem Projekt stehen muss. Aber auch die Projektverantwortlichen, BSC-Architekten und Projektleiter sind Schlüsselgrößen für einen späteren Erfolg und sollten sorgfältig ausgewählt werden. Bereits hier können im Programm detaillierte Maßnahmenkataloge hinterlegt werden, die Beschreibungen der Teilschritte, deren Wertigkeit, Verantwortlichkeiten sowie zeitliche Zielvorgaben etc. enthalten (siehe Abb. 2). Es ist somit frühzeitig klar, welche Rechte und Pflichten Einzelne in ihrer Rolle wahrzunehmen haben.

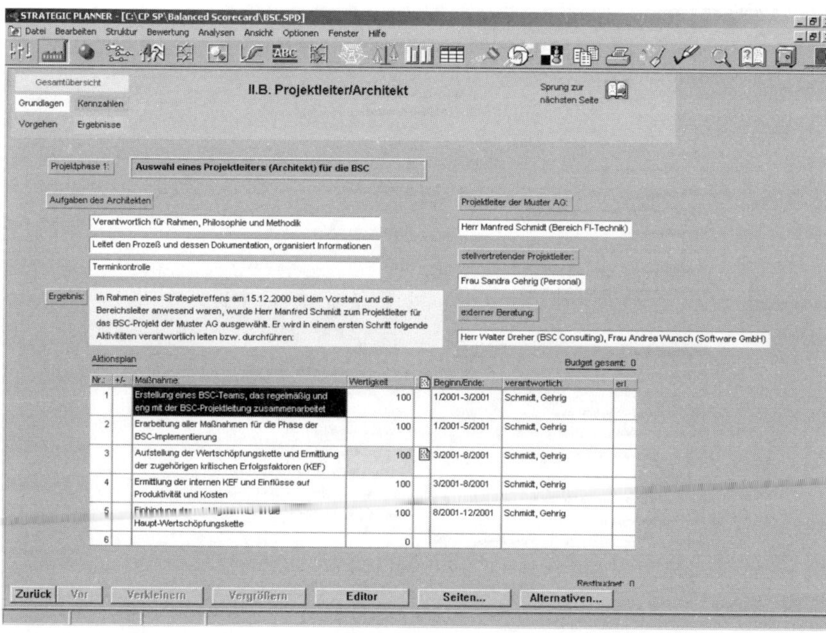

Abb. 2: *Projektleiter/Architekt*

Entscheidend ist auch die Frage, wie sich die Unternehmensstruktur darstellt. Gibt es beispielsweise bestimmte Geschäftseinheiten oder Abteilungen, die für ein erstes Pilotprojekt in Frage kommen? Wie kann die Ausrichtung von Teilbereichen auf die Gesamtstrategie gewährleistet werden? Hier kommt es darauf an, eindeutige Zuordnungen und Unterteilungen zu finden, damit die späteren Ergebnisse auch wirklich in die gleiche Richtung zielen. Eine »BSC-Struktur« kann sich von einer existierenden gewachsenen Organisationsstruktur erheblich unterscheiden. Die CP-Software unterstützt den Anwender, indem sie verschiedene Daten-Dimensionen zur Verfügung stellt. Dadurch kann die Struktur mehrdimensional dargestellt und analysiert werden. Sichtbar wird die Mehrdimensionalität an der jeweiligen Einstellung, der sogenannten Orientierungsleiste im oberen Screenbereich.

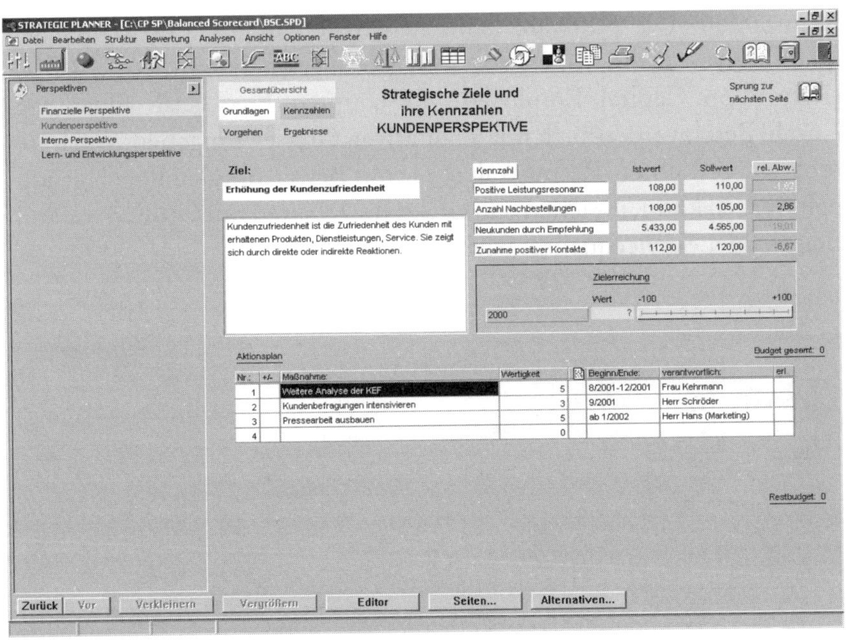

Abb. 3: *Kundenperspektive*

Ein wesentlicher Teil des BSC-Prozesses ist die Zieldefinition unter Berücksichtigung der Perspektiven, die für das Unternehmen wichtig sind. Die Anzahl der Perspektiven kann beliebig sein, man muss sich nicht an die vier klassischen Perspektiven halten. Auch wie die Perspektiven heißen, kann flexibel definiert werden. Die Erfassung der finanziellen, kundenorientierten, prozess- und lernorientierten Ziele erfolgt zunächst durch einfaches Neuanlegen. Die Ziele können dann näher spezifiziert werden. Hierzu können zum Beispiel ausführliche Texteinträge dienen.

Nachdem die Perspektiven mit den zugehörigen Zielen definiert wurden, kann damit begonnen werden, die entsprechenden Kennzahlen und Messgrößen den Zielen zuzuordnen. Auch diese Elemente der BSC-Struktur können vom Anwender frei bestimmt werden (Abb. 3).

Ein komfortabler Formeleditor gestattet die Berechnung eigener Formeln, das Kennzahlensystem bietet eine ganze Reihe vordefinierter Kennzahlen. Die Software kann neben den in der Praxis üblichen quantitativen Kenngrößen wie ROI (Return on Investment), ROCE (Return on Capital Employed), Discounted Free Cash Flow oder Anzahl Beschwerden auch mit qualitativen Größen umgehen. Softwaretools wie gewichtete Ratingskalen, die mit Bewertungskatalogen gekoppelt werden können, sichern ein effektives Arbeiten mit Größen wie zum Beispiel der Servicequalität (siehe Abb. 4).

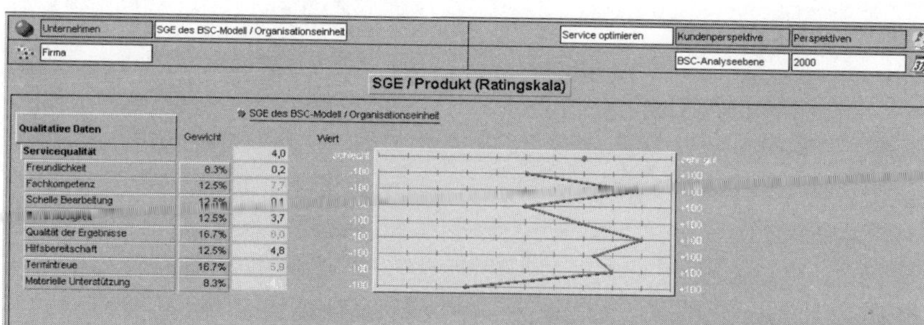

Abb. 4: *SGE/Produkt (Ratingskala)*

Unter Berücksichtigung der definierten Strategie gilt es nun, Ursache-Wirkungsbeziehungen der Messgrößen zu erarbeiten, die in mittel- oder unmittelbaren Zusammenhang mit den übergeordneten strategischen Zielgrößen gebracht werden. Ziel ist es, die Stärke der Abhängigkeiten zu quantifizieren: Wie stark beeinflussen sich die einzelnen Elemente der Wirkungskette gegenseitig? Besteht überhaupt ein Zusammenhang? Zum anderen ist die zeitliche Abhängigkeit von Ursachen und Wirkung von Interesse: Wie lange dauert es, bis eine Wirkung erzielt wird?

In beiden Fällen ist man meistens auf bisherige Erfahrungen und Schätzungen angewiesen. Ein Ziel im späteren BSC-Prozess wird es sein, gemachte Einschätzungen zu verifizieren bzw. zu falsifizieren.

Im Beispiel (Abb. 5) wird ausgehend von einer ersten Einschätzung über die Zusammenhänge zwischen der Qualität der Mitarbeiter beim Telefonverkauf und den zu erzielenden Umsätzen ein Wirkungsgefüge

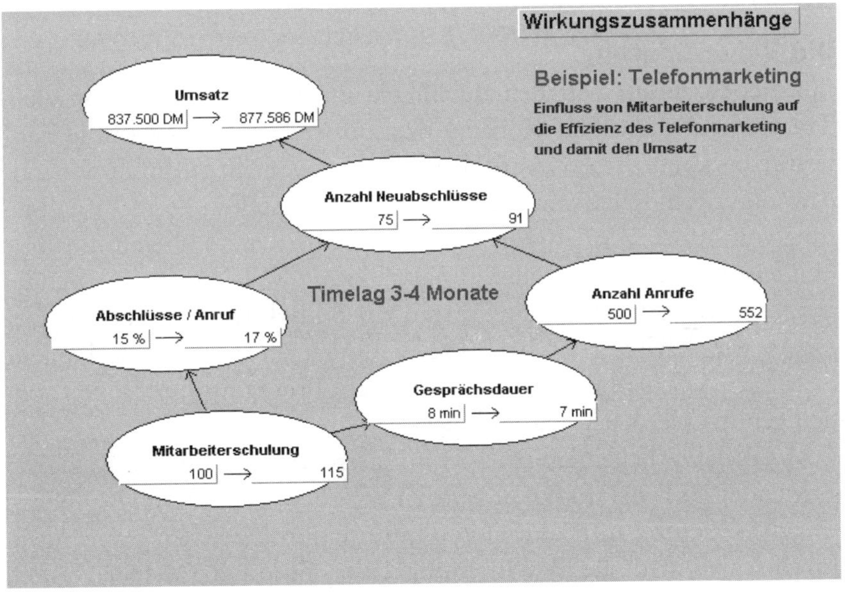

Abb. 5: *Beispiel Telefonmarketing*

definiert. Dabei spielen für jeden Wertschöpfungsprozess erarbeitete kritische Erfolgsfaktoren wie zum Beispiel die Größen »Gesprächsdauer« und »Anzahl Anrufe« sowie »erzielte Abschlüsse« eine entscheidende Rolle. Zielsetzung ist es, durch Verbesserungen in der Perspektive »Lernen und Entwicklung« positive Effekte in den Perspektiven »Interne Prozesse«, »Kunden« und »Finanzen« zu erzielen. Nach der Definition der Messgrößen und -verfahren werden die erwarteten Abhängigkeiten in ihrer quantitativen, qualitativen und zeitlichen Ausprägung ständig geprüft.

Erfolgsfaktoren, auch Leistungstreiber genannt, sind die entscheidenden Elemente im BSC-Prozess. Eine »gute Auswahl« dieser Faktoren ist mit entscheidend, ob es gelingt die strategischen Ziele des Unternehmens in der Praxis lebbar zu machen. Das BSC-Team hat im ständigen Austausch mit den jeweiligen Mitarbeitern die Aufgabe, die richtigen internen und externen Faktoren zu erarbeiten.

Die Visualisierung

Für die Akzeptanz bei allen Beteiligten im BSC-Projekt ist vor allem Transparenz und offene Kommunikation von großer Bedeutung. Unterstützen kann die Software diese Aspekte vor allem durch einfache Anwendungsmöglichkeiten, ansprechende Darstellung und Visualisierung von Informationen. Die CP-Software besitzt ein überaus flexibles und leistungsfähiges Visualisierungswerkzeug, welches dem Anwender gestattet, individuelle Darstellungen am Bildschirm zu gestalten. Elemente wie Kreise, Kästchen, Pfeile, Linien etc. sowie verschiedene Schriftarten, Schriftgrößen und dynamische Programmfunktionen können genutzt werden (siehe Abb.6).

Ähnlich wie bei einem Browser im Inter- oder Intranet kann sich der Anwender im Programm von Seite zu Seite bewegen. Durch Anklicken einer Markierung wird zu weiteren Informationsbereichen gesprungen. Im Beispiel wird die Beschreibung einer Vision dargestellt. Durch Klicken auf den Button »Details« erreicht man über Zwischenfenster

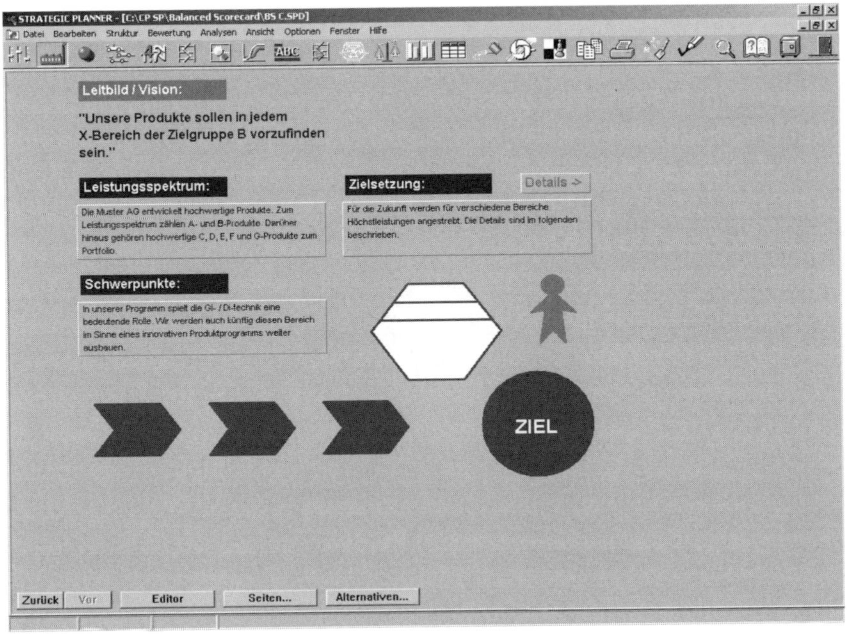

Abb. 6: *Leitbild/Vision*

irgendwann die Übersicht der *Wertschöpfungskette Vertrieb Anlagen* mit den zugehörigen Prozessen, kritischen Erfolgsfaktoren und Messgrößen (siehe Abb. 6 und 7).

Individuelle und leicht gestaltbare Layouts dienen einzelnen Abteilungen oder Mitarbeitern zur Informationsgewinnung. Sie erhalten schnell einen guten Überblick über die aktuelle Situation, über Ziele und Ergebnisse. Ampeldarstellungen mit Warnfarben sind Elemente, welche die Informationen visuell zusätzlich unterstützen (Abb.8).

Auch Grafiken spielen hier eine große Rolle. So ist es zum Beispiel möglich, durch einfaches Anklicken einer Säule detailliertere Informationen zu bekommen. Diese sogenannte Drill-down-Technik erleichtert das Erkennen und Verstehen von Zusammenhängen.

Ein weiterer und letzter Aspekt soll nicht unerwähnt bleiben. Der Anspruch, Informationen im BSC-Prozess für möglichst jeden Mitar-

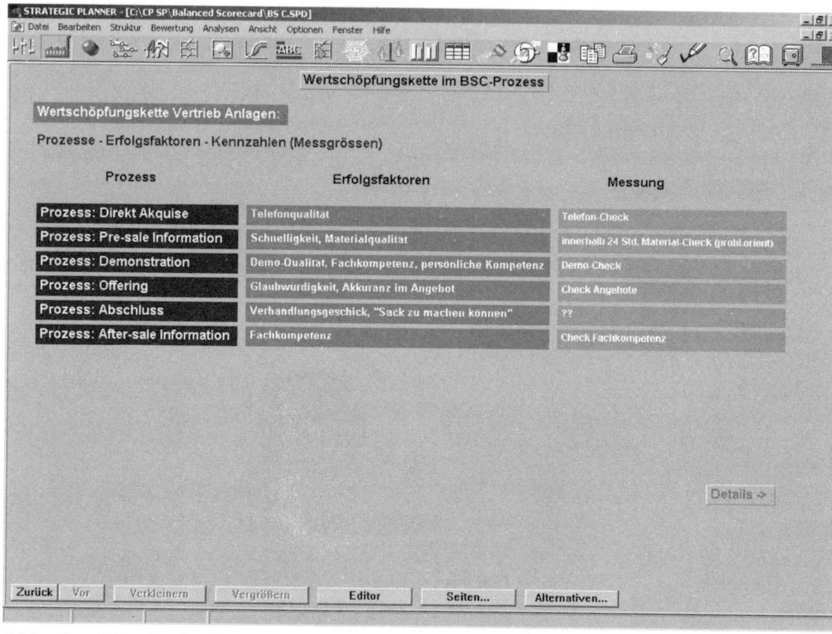

Abb. 7: *Wertschöpfungskette Vertrieb Anlagen*

beiter zur Verfügung zu stellen und damit transparent zu machen, kann hervorragend mit Inter- bzw. Intranettechnologien erfüllt werden. Zu unterscheiden sind dabei dynamische auf der einen und eher statische Systeme auf der anderen Seite. Bei der CP-Software können Informationen auf Knopfdruck im HTML-Format an Inter- oder Intranet-Seiten oder an das CP-BSC-Intranet übergeben werden. Dabei ist es oft unvermeidlich, dass sich das Aussehen im HTML-Format verändert und zu Qualitätsverlusten führt. Der einfache und allgemein bekannte Umgang mit Browsern, mit der Folge, dass jeder befugte Anwender zu jeder Zeit an jedem Ort Informationen abrufen kann, überwiegt diesen Nachteil jedoch bei weitem.

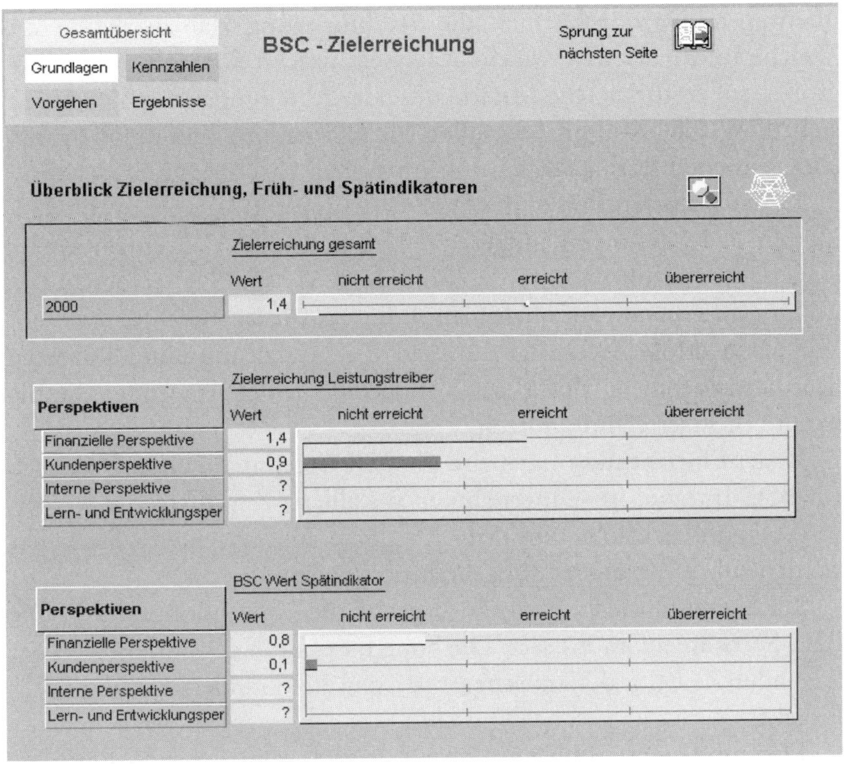

Abb. 8: *Überblick Zielerreichung: Früh- und Spätindikatoren*

Implementierung

Im Prozess der Implementierung der BSC-Software können vier Phasen unterschieden werden:

- Analysephase
- Strukturierungsphase
- Einrichtungsphase
- Anwendungsphase

Am Anfang steht die Analysephase. Hier geht es darum, die Anforderungen des Unternehmens und des BSC-Teams auf die Software zu übertragen. Dazu gehört es, die Strukturierung klar zu definieren. Welche Informationen, welche Analysen, welche Kontroll- und Messgrößen sollen für welche Mitarbeiter oder Abteilungen zur Verfügung stehen? Welche Messgrößen sollen zur Anwendung kommen? In welcher zeitlichen Abfolge sollen Informationen zur Verfügung stehen?

In der nächsten Phase, der Strukturierungsphase, werden die definierten Anforderungen umgesetzt. Die Software wird entsprechend eingerichtet, Strukturen werden hinterlegt, Messgrößen werden, wenn nötig, mit Rechenregeln belegt und die Visualisierung wird realisiert. Weiterhin erfolgt, wenn gewünscht, die Gestaltung eines Balanced Scorecard-Intranets. Bei dieser Variante kann der Anwender die bekannte Browsertechnik nutzen.

In der Einrichtungsphase wird die BSC-Software sowie auf Wunsch ein BSC-Intranet im Unternehmen installiert, Zugriffsrechte werden vergeben und es erfolgt eine erste Testphase. Die einzelnen Mitarbeiter werden sukzessive anwendungsorientiert geschult.

Nach vollständiger Freigabe beginnt die Anwendungsphase. Die BSC-Software ist im Einsatz. Die hohe Flexibilität gewährleistet in der folgenden Zeit eine dynamische Anpassung an Veränderungen im BSC-Projekt.

Die Implementierung kann zeitlich je nach Anforderung sehr unterschiedliche Dimensionen haben. Sind gute Vorarbeiten geleistet, dauert die Implementierungsphase der CP-Software netto jedoch nur wenige Wochen.

Fazit

Leistungsfähige Software ermöglicht dem Anwender die softwaretechnische Unterstützung zur Begleitung, Darstellung und Umsetzung von Balanced Scorecard-Projekten. Dazu gehören eine mehrdimensionale Datenarchitektur, ein leistungsfähiges und leicht anzuwendendes Visualisierungstool, beliebig einsetzbare und grafisch aufbereitete Analysen und die Unterstützung von Webtechnologien. Grundlegend für einen erfolgreichen Einsatz sind flexible und variable Anwendungsmöglichkeiten sowohl für operative als auch strategische Fragestellungen.

Kurzbiographie
Herr Peter Sinn ist Geschäftsführer der CP Corporate Planning GmbH in Hamburg

Ein Blick in die Zukunft

Zusammenfassung und Ausblick

von Martin G. Bernhard, Stefan Hoffschöer

Zusammenfassung und Ausblick

Wir denken, dass wir mit den beschriebenen Praxiserfahrungen ein lebendiges und greifbares Bild vom Konzept der Balanced Scorecard sowie der Anwendung dieses Konzeptes in praktischen Beispielen vermitteln konnten. Ein Balanced Scorecard-Programm kann in privatrechtlichen und öffentlichen Unternehmen und verschiedenen Typen von Service-Einheiten erfolgreich zur Operationalisierung der Strategie und als Management-System angewandt werden. Der Balanced Scorecard-Ansatz kann bei erfolgreicher und professioneller Einführung leicht jedem einzelnen Mitarbeiter kommuniziert und vermittelt werden und in der Organisation zu einer strategieorientierten Mobilisierung aller Kräfte führen.

MARTIN G. BERNHARD, STEFAN HOFFSCHRÖER

Die zentralen Herausforderungen

Vor Projektbeginn muss geprüft werden, ob das Unternehmen bzw. die Organisation die Voraussetzungen für ein Balanced Scorecard-Programm überhaupt erfüllt. Damit eine Balanced Scorecard eingeführt werden kann, müssen bestimmte kulturelle, organisatorische und inhaltliche Voraussetzungen vorliegen. Die zentralen Herausforderungen liegen im Entwicklungsprozess der Balanced Scorecard, die mit ihren Kennzahlen die Vision und Strategie vermitteln soll. Eine besondere Schwierigkeit liegt dabei in der Entwicklung der Leistungstreiber und einer pragmatischen Herangehensweise bei der Verknüpfung von Ursache-Wirkungsbeziehungsketten. Nach der Entwicklung aller Scorecards für die Organisation erfolgt die Integration in die verschiedenen Management-Prozesse und die Verankerung der Balanced Scorecard als ein dauerhaftes und gelebtes Führungs- und Management-System.

In den vergangenen zweieinhalb Jahren hat in Deutschland die große Einführungswelle von Balanced Scorecard-Programmen in privatwirtschaftlichen und in öffentlichen Unternehmen stattgefunden. Balanced Scorecard hat in Deutschland in zahlreichen Branchen (z.B. in der Automobilindustrie, Pharmaindustrie, Chemiebranche, Elektro- und Elektronikbranche, IT- und Telekommunikationsindustrie) eine starke Durchdringung erreicht. Im Dienstleistungsbereich befinden sich überwiegend Banken und Versicherungen in Balanced Scorecard-Einführungsprogrammen. Im öffentlichen Sektor führen zahlreiche Stadtwerke und Stadtverwaltungen, wenn auch mit geringfügiger zeitlicher Verzögerung, Balanced Scorecard-Projekte durch.

Ab 1999 wurden erstmals zahlreiche Balanced Scorecards eingeführt in verschiedenen Service-Einheiten größerer Unternehmen (z.B. in der Informationstechnologie, im Personalwesen, der Forschung, der Entwicklung, im Qualitätsmanagement und in der Logistik). Betrachtet man die Angebote der großen deutschen Konferenz- und Seminarveranstalter sowie Veröffentlichungen zu diesem Thema, so kann man feststellen, dass zahlreiche Balanced Scorecard-Programme in IT-Organisationseinheiten durchgeführt werden (intern oder auch als Ausgründungspartnerschaften).

Welche Anwendungsfelder werden sich zukünftig verstärkt entwickeln?

Wir sehen in Deutschland grundsätzlich folgende Anwendungsfelder in den nächsten zwei bis fünf Jahren:
- Kleine und mittelständische Unternehmen
- Kleinere Serviceeinheiten (IT, Forschung, Entwicklung, etc.)
- Start-up-Firmen, die einen Börsengang planen
- Non-Profit-Organisationen
- Unternehmerisch geführte Sportvereine und Sport-Events
- Größere, strategisch wichtige Projekte

Kleine und mittelständische Unternehmen mit offener Unternehmenskultur

Für kleinere und mittlere Unternehmen sowie kleine Serviceeinheiten muss eine pragmatische und weniger Ressourcen verschlingende Vorgehensweise mit einfachen Einführungs- und Umsetzungsrezepturen verwendet werden. Allerdings: Durch Veröffentlichungen und Praxisbeispiele, die bei verschiedenen Konferenz- und Seminarveranstaltern vorgestellt werden, könnte man den Eindruck gewinnen, die Balanced Scorecard sei insbesondere ein Strategieumsetzungsprogramm für Großunternehmen. Dieser Eindruck trügt. Denn gerade in kleinen und mittelständischen Unternehmen lässt sich die BSC sehr gut einführen.

Der Vorteil dieser Unternehmen im Vergleich zu großen Konzernen liegt vor allem in den wesentlich einfacheren Entscheidungsstrukturen. Projekte und Maßnahmen können pragmatischer und vor allem schneller umgesetzt werden. Zudem sind in diesen Einheiten vor allem die »strengen Methodenprediger« und Philosophen nicht oder nur in Einzelfällen vorzufinden. Das Balanced Scorecard-Verfahren ist z.B. für

- kleine Fertigungs- und Dienstleistungseinheiten
- Unternehmensberatungen, Personalberatungen und M&A-Beratungsfirmen(Mergers & Aquisition)
- Werbeagenturen und Multimediaagenturen,
- Rechtsanwaltskanzleien,
- größere Arztpraxen,
- Ingenieurbüros etc.

ein wertvolles Instrument zur strategischen Ausrichtung und zur Zielverfolgung. Hierfür sind einfache Umsetzungsrezepte einzusetzen, wie z.B. die s.g. »Balanced Scorecard-Light«, die besonders unter dem Gesichtspunkt einer notwendigen Kosten-Nutzenabschätzung in wenigen Workshops bereits zu sehr guten Ergebnissen führt.

Kleinere Serviceeinheiten (Informationstechnologie, Forschung, Entwicklung)

Auch in mittelständischen Unternehmen, in denen die internen Servicebereiche hohe immaterielle Werte und intellektuelles Kapital gebildet haben - insbesondere Informationstechnologie, Forschung, Entwicklung, Logistik (oder logistische Teilfunktionen), Marketing sowie Personalwesen – dürften sich in den nächsten Jahren für Balanced Scorecard Möglichkeiten der Einführung ergeben.

Start-up-Firmen, die einen Börsengang planen

Sinnvoll ist der Einsatz des Balanced Scorecard-Ansatzes auch für Start-up Firmen. Diese erhalten damit ein Instrument zur Visualisierung und Strategieüberwachung für potentielle Venture-Capital-Geber. In Betracht kommen insbesondere Firmen aus der New-Economy wie

- Internet- und E-Commerce-Firmen,
- Biotechnologiefirmen
- Gentechnologiefirmen

Eine Top-Scorecard und Scorecards für die verschiedenen Geschäftsbereiche einer Start-up-Firma sind sinnvolle Ergänzungen zu den Business-Plänen. Start-up-Firmen können damit frühzeitig beweisen, dass sie in der Lage sind, nicht nur Strategien zu entwickeln, sondern auch umzusetzen und zu überwachen.

Non-Profit-Organisationen

Aus unseren Seminarerfahrungen laßt sich erkennen, dass in Non-Profit-Organisationen ebenfalls mit zahlreichen Balanced Scorecard-Einführungen zu rechnen ist. Durch die Visualisierung der Mission und Strategie einer Non-Profit-Organisation und den immateriellen Leistungen können die Beziehungen zu den Sponsoren verbessert werden und zudem können Wettbewerbsvorteile (z.B. bei der Verteilung von Spenden und Fördergeldern) erzielt werden.

Unternehmerisch geführte Sportvereine und Sport-Events

Erfolgreiche Sportvereine (Fußball, Basketball, Eishockey, Tischtennis) mit professionellem Management und hochbezahlten Leistungsträgern, die u.a. gekennzeichnet sind durch:
- Finanzkräftige Sponsoren,
- professionelle Führungsstrukturen mit bezahlten Managern,
- Spieler mit sehr hohen Gehältern,
- professionelle Vermarktung der Leistungen und des Images des Vereins mit Hilfe der verschiedenen Medien und
- neue Wege der Mittelakquisition, z.B. über einen angestrebtem Börsengang (z.B Borussia Dortmund)

In derartig unternehmerisch geführten Sportvereinen wäre es durchaus sinnvoll, eine Top-Scorecard für den gesamten Verein sowie Scorecards für die wichtigsten Hauptabteilungen neben der eigentlichen Hauptsportart aufzustellen.

Denkbar für eine weitere Anwendung des Balanced Scorecard-Ansatzes sind auch besondere internationale oder globale Sportereignisse (Olympische Spiele, Welt- und Europameisterschaften im Fußball). Solche Ereignisse sind internationale oder sogar globale Großprojekte, welche eine hochprofessionelle Organisation mit Projektmanagement und entsprechend ausgestatteten finanziellen Ressourcen bis hinein in den Milliarden-Bereich benötigen. Kaplan und Norton [3] haben bereits die Anwendung des Balanced Scorecard-Ansatzes bei den Massachusetts Special Olympics beschrieben.

Durch die Visualisierung der Mission, der Strategie und der immateriellen Leistungen können auch hier in beiden Fällen (Sportvereine und Events) die Beziehungen zu den Sponsoren verbessert werden und zudem können Wettbewerbsvorteile (z.B. bei der Verteilung von Fördergeldern) erzielt werden.

Größere, strategisch wichtige Projekte

Die Balanced Scorecard ist auch in großen strategisch wichtigen Projekten für ein Unternehmen ein sinnvoller Ansatz, um die Erreichung der strategischen Projektziele permanent während des Projektverlaufs zu kontrollieren. Im Vergleich zum Gesamtbudget ist ein Budget für die Verankerung und Überwachung der Scorecards sicher angemessen.

Man denke beispielsweise an Projekte in großen Unternehmen, wie:

- »Transform the company to an e-business company«
- »Globaler Roll-out des SAP R/3 Systems«

Für solche Projekte kann eine Scorecard für das gesamte Projekt und für die Teilprojekte (Projektleiter und wichtige Projektmitarbeiter) gebildet werden.

Die Integration der Balanced Scorecard in die Management-Prozesse bedeutet für solche Projekte:

- Kommunikation in die Portfolio-Boards (Projektlenkungsausschuss), in dem die Projekt-Stakeholder
  vertreten sind sowie
- Integration der strategischen Ziele und Kennzahlen (mit Zielwerten) in die Anreiz- und Vergütungssysteme.

Scorecards in Geschäftsberichten und Business-Plänen

Große Kapitalgesellschaften können Scorecard in die Geschäftsberichte integrieren. Darin enthalten sein können neben Bilanz, GuV und diversen Beschreibungen der gegenwärtigen Situation und der wichtigsten zukünftigen Aufgaben (die das gesamte Unternehmen oder die Geschäftsfelder zu erfüllen haben), auch Scorecards für die obersten Unternehmensebenen. Die Scorecards sollen die Zielerreichung und Kennzahlen für das Unternehmen und seine Geschäftsbereiche visualisieren. Die Beschreibung von Vision, Mission und Strategie genügt allein nicht mehr! Durch die Scorecards kann nachgewiesen werden, dass das Unternehmen bis hinein in das operative Tagesgeschäft auch in der Lage ist, Strategien wirkungsvoll umzusetzen und die Einhaltung der Strategie zu überwachen und zu messen. Die Darstellung der Scorecards in den jeweiligen Geschäftsberichten kann das Vertrauen der Shareholder fördern. Vorstellbar sind eine Top-Scorecard für das gesamte Unternehmen und mehrere Scorecards für die darunter liegende Ebene der strategischen Geschäftseinheiten:

- Welches *waren* die strategischen Ziele, Kennzahlen und Zielwerte (bezogen auf die Kennzahlen) und was wurde bis zum Geschäftsberichtstag erreicht?
- Welches *sind* die strategischen Ziele, Kennzahlen und Zielwerte zum nächsten Geschäftsberichtstag und unter welchen Voraussetzungen können diese erreicht werden?

Schönheitsschmuck vor Mergers und Verkäufen

Die o. g. Ausführungen dürfen nicht nur für die regelmäßig zu erstellenden Geschäftsberichte gelten, sondern müssen auch im Hinblick auf das übliche »Window-Dressing« vor Fusionen, geplanten Firmenverkäufen und Spin-Offs mit nachgelagertem Börsengang berücksichtigt werden. Typische Maßnahmen vor Mergers oder Verkäufen sind, Projekte zum Aufpolieren der Unternehmenswerte: »Man schmückt die Braut vor dem Verkauf.«

Durch die Einführung von Balanced Scorecards in solchen Situationen werden auch die Managementfähigkeiten und Potenziale im Zeitverlauf aufgezeigt. Denn ein zentraler Punkt bei der Bewertung eines Unternehmens oder einer einzelnen Unternehmenseinheit vor einer Fusion oder einem Unternehmensverkauf ist die Bewertung des Top-Managements.

Diese möglichen weiteren Anwendungsfelder eines Balanced Scorecard-Programms zeigen: Balanced Scorecard ist und wird noch sehr lange ein strategisches Management-System und auch Führungssystem bleiben. Balanced Scorecard wird noch in weitere Anwendungsfelder vordringen, die zukünftigen Entwicklungen bleiben also spannend.

Literatur

[1] ELLIS, LYNN: *Evaluation of R&D Processes – Effectiveness Through Measurements, Artech House, 1997, S. 15 – 16 und S. 239*

[2] HORVÁTH, PROF. DR. P. und GAISER, DR. B.: *Implementierungserfahrungen mit der Balanced Scorecard im deutschen Sprachraum – Anstöße zur konzeptionellen Weiterentwicklung, Betriebswirtschaftliche Forschung und Praxis 1/2000, S. 31-34*

[3] KAPLAN, R. und NORTON, D.: *The Balanced Scorecard: Translating Strategy into action, Harvard Business School Press, Boston, 1996*

Report Wissensmanagement –
Wie deutsche Firmen ihr Wissen profitabel machen

Zum geschäftsrelevanten Wissen gehört heute nicht nur das Knowhow zur Fertigung hochwertiger Produkte und Dienstleistungen. In immer stärkerem Maße zählt auch die Kenntnis der Entwicklungstrends in den Abnehmermärkten und das strategische Einordnen von neuen Erfahrungen im Wettbewerb dazu.

Wo es früher noch möglich war, Wissenslücken durch Intuition zu schließen, werden Defizite bei der Erschließung des Wissens gefährlich.

Im Report Wissensmanagement geben Fachjournalisten und Experten einen profunden und leicht verständlichen Überblick über den Stand des Wissensmanagements in deutschen Unternehmen. Der Report zeigt:

- ⇨ welche Wissensmanagement-Werkzeuge es gibt und wie Sie sie einsetzen,
- ⇨ wie Sie Vorbehalte des mittleren Managements und der Mitarbeiter gegen das Erfassen ihres Know-hows überwinden,
- ⇨ welche Arbeitsformen den Wissensaustausch fördern,
- ⇨ wie Wissensmanagement die Innovationskraft ihres Unternehmens verbessert.

Mit zahlreichen Tabellen und Abbildungen, Checklisten und Software-Steckbriefen ist der Report Wissensmanagement nicht nur ein systematischer Einstieg in das Thema, sondern auch auf praktische Umsetzung hin angelegt.

Report Wissensmanagement - Wie deutsche Firmen ihr Wissen profitabel machen
Hrsg.: Prof. Dr. C.H. Antoni, Dr-Ing. Tom Sommerlatte,
Paperback, 173 Seiten, Juni 1999; ISBN 3-933814-02-2,
DM 58,00, EUR 29,65 (inkl. MwSt., keine Versandkosten)
Verlag Symposion Publishing

Symposion publishing

Bestellung per Fax: 0211 – 866 93 23
Bestellung und weitere Informationen zu diesem Buch im Internet: www.symposion.de/wissen